Géographie économique et Théorie des conventions

産業集積と制度の地理学

経済調整と価値づけの装置を考える

立見淳哉
Junya Tatemi

ナカニシヤ出版

はしがき

　1970年代から1980年代にかけて，産業集積が「再発見」され，世界な注目を集めてきた。この傾向は今日まで続いており，伝統工芸から先端産業の拠点まで，あるいは繊維産業や自動車産業といった特定産業の集積地域から多様な産業で構成される大都市集積まで，対象も多岐にわたる。本書は，慣　行（コンヴァンシオン）という概念を手がかりに，産業集積の制度的な基盤を改めて捉え直し，それが経済活動に対してもつ意味を，理論的に，また経験的な研究を通じて探っていく。まず，産業集積研究が活発となった社会経済状況の歴史的な背景を少し丁寧に確認したうえで，本書のアプローチと構成を示すことにしたい。

＊＊＊

　産業集積への注目を考えるとき，まず，第二次世界大戦後，先進諸国の高度成長を支えた「フォーディズム」体制とその終焉から始めなくてはならない。フォーディズムとは，大量生産・大量消費を基調とする社会経済システムのことであり，分配と再分配を通じて成長と社会的平等を一定程度両立させるものであった。そして，それを可能にしたのが，資本－労働関係（団体交渉制度と生産性インデックス賃金，終身雇用制度）やケインズ主義的国家（社会保険や公的扶助など社会保障制度，再分配を行う公共事業）など，資本主義に内在するとされる諸矛盾や社会的コンフリクトを調　整（レギュラシオン）する諸制度であった。

　近代化と科学技術の時代であった20世紀には，まず生産現場においては構想と実行を分離して分業を徹底させる「テイラー主義的労働」の導入と活発な設備投資を通じて生産性が向上した。そして，団体交渉制度を通じて生産性の上昇に比例する形で実質賃金が上昇（生産性インデックス賃金）することで，労働者の可処分所得が増加し，社会保障の充実による将来への安心も加わり，消費性向も上昇した。ひるがえってこれは需要の拡大を意味し，企業は得られた利潤を投資に回すと同時に生産を拡大させ，規模の経済効果を通じてさらに生産性が上昇したのだった。

　こうした仕組みが1960年代後半から1970年代にかけてさまざまな要因によって行き詰まり，国民経済レベルでは新たな成長レジームの模索と苦悩が続く。そのなかで，特定の都市・地域において，経済の復活という現象がみられたのである。

すなわち，一方は，ニューヨークやロンドンといった世界都市，もう一方は，イタリアの北東部から中部にかけての「第三のイタリア」やアメリカ西海岸のシリコンバレー，ドイツのバーデン゠ヴュルテンベルク州といった，工業経済の時代には周辺的な位置づけにあった都市・地域である。

産業構造の転換と脱工業化の進展とともに，アメリカや欧州における伝統的な工業地域が斜陽化し「鉄さび地帯（Rust Belt）」となるなか，これらの地域での産業は前述のフォーディズム的な大量生産とは多くの点で異なる特徴を有し，ポスト・フォーディズム経済の萌芽を宿した「新産業空間（new industrial space）」[1]（Storper and Scott 1988）として捉えられることとなる（Benko and Scott 2004）。ベンコとスコット（Benko and Scott 2004）によると，それらの地域を特徴づけるのは，イノベーティブな変化を生み出す集団的能力を備えた，フレキシブルで分散的な生産ネットワークであった[2]。そしてこうした文脈のなかで，1980年代から1990年代にかけて，経済地理学のなかでも地域への関心が再び高まっていくのである。

1980年代の議論は，したがって，ポスト・フォーディズム論との関連で，狭義の生産システムにとどまらず，社会・経済レジームの変化をめぐる政治経済学的論点を有するものであった。ムラートとセキア（Moulaert and Sekia 2003）によると，たとえばこの時期を代表する議論の一つであるカリフォルニア学派のストーパーとスコット（Storper and Scott 1988）の「新産業空間」論は，産業地区（Brusco 1986），フ

---

1) 新産業空間論では，生産システムの集積効果という狭義の経済だけではなく，社会的レギュラシオン（調整）・システムの役割が強調されている。それは，①企業間取引の調　整（コーディネーション）と起業家活動のダイナミクス，②ローカルな労働市場組織と労働者の社会的再生産，③コミュニティ形成のダイナミクスと社会的再生産をもたらす（Moulaert and Sekia 2003）。新産業空間が生み出された政治経済学的な背景の一つとして，従来の産業経済を特徴づけてきた特定場所に固着した労働運動ないしは社会的批判を回避するという資本主義の側面も見過ごすべきではない。スコット（Scott 1988）によると，新産業空間の登場は，「伝統的な労働者階級に隣接した場所（location）から，オルタナティブな生産場所への投資の移行」と関係している。そして，「そうした場所では，資本主義のローカルな歴史が，いわば，新たに再構築されている。たとえばアメリカのサンベルト地帯のハイテク産業クラスターが，典型的に，過去にどのような重要な工業発展もなかった，政治的に保守的なエリアに定着してきたのはこのためである」(Scott 1988: 14)。この時期に生じた資本主義の「移動」が，地理的な移動を意味していた点については，ボルタンスキーとシャペロ（2013）も指摘している。
2) 1980年代から90年代前半にかけてのフレキシブル論争を整理したものとして，友澤（1995）を参照のこと。

レキシブルな生産システム（ピオリ・セーブル 1993），社会的レギュラシオン（ボワイエ 1990；Lipietz 1986），ローカルなコミュニティ動態（Storper and Walker 1983）などいくつかの議論から多くの示唆を得ていた。

　なかでも，多くの議論にとって，ピオリとセーブルの『第二の産業分水嶺』(1993)が与えた影響は大きい（Storper 1997）。このピオリとセーブルの議論を，今日的観点も加味して特徴づけると，フォーディズムに固有の安定（安全）性・階層性・硬直性といった諸要素が回避され，プロジェクトとネットワークを通じた柔軟な分業と労働，そして高レベルの不安定性と不確実性が特徴となる時代（Scott 2007；2008）に適した生産・分業モデルを，「柔軟な専門化（flexible specialization）」として先駆的に概念化したものといえる。

　「柔軟な専門化」とは，各工程に専門化した中小企業などが，プロジェクトに応じて分業を柔軟に組み替えることで，市場の不確実性に対処しつつ，不断のイノベーションを実現することができるとするものである。換言すると，しばしば，企画開発など，いわば非物質的生産を担う企業が中心となり，地域外から仕事を獲得し，専門的な技術・能力を有する個人／中小企業に関連工程をアウトソーシングするモデルである。製造業であれば，分業関係は，製品に応じてその都度柔軟に組み替えられ，デジタル機器を使用した熟練労働による質の高い製品が生産される。産業集積の地域コミュニティを基盤とすることで，企業間の競争と協調のバランスが保たれ，諸企業が切磋琢磨することで不断のイノベーションが実現するとされた。1980 年代を通じて，「柔軟な専門化」モデルは産業集積の理想像となっていく。

　ところで，日本において「柔軟な専門化」モデルは，製造業の効率的な分業モデルとして扱われることが多く，サイエンス型産業や創造産業を対象としたイノベーションや知識創造の議論とのつながりが必ずしも意識されていない。しかし，実際には，これらの産業は「柔軟な専門化」によって強く特徴づけられており，その意味で「柔軟な専門化」は産業の垣根を越えて今日の支配的な潮流になりつつあるといえる。

＊＊＊

　知識基盤経済（knowledge-based economy）への移行が自明のこととして考えられるようになるにつれ，分業の効率性や取引費用の節約に代わって，イノベーションを支える学習と知識創造に関心が移行する。アクターは産業集積の領域的文脈に埋め込まれていることで（Harrison 1992），暗黙知の相互移転とイノベーションを実

現することができるとの認識が普及していった。「生産の世界」論，イノベーティブ・ミリュー論，集団学習論，社会ネットワーク論などさまざまな議論が展開されているが，分業よりもむしろ，共有された制度・慣行・ルーティン・社会ネットワーク・コミュニティなど純粋な経済領域の外部にある，「取引されざる相互依存性」(Storper 1997) の役割が強調されるようになっている (第1章図1-1を参照)。「取引されざる相互依存性」は，アクター間の意図の調整（コーディネーション）を可能にし，したがって，知識の相互移転を促進するものである。

　フロリダ (2008) によると，創造経済の拡大に伴い，ハリウッドの映画産業の論理が広く観察されるようになっている。映画産業では，プロデューサーが投資家から資金を集め，映画製作というプロジェクトを立ち上げる。俳優や技術者たちが一時的に結集し，制作にあたる。作品が完成するとプロジェクトは解散し，各人は別の仕事（プロジェクト）に移っていく。ネットワークとプロジェクト志向の経済においては，人々は転職を繰り返し，フリーランスや契約社員として働く。

　ハリウッドの映画産業の生産システムは，IT産業の聖地であるシリコンバレーと並んで，「柔軟な専門化」の典型例として位置づけられてきたものである。「柔軟な専門化」の強みは，市場の断片化や移ろいやすさが一般化するなかで，映画製作という「プロジェクト」のように，自由に分業を組み替えることによって生産システムの柔軟性や効率性を担保して市場の不確実性に対応することにあった。産業集積を形成し地理的に近接することで，分業の組み替えに伴って発生する取引費用を削減することができる (Scott 1988)。さらには，「独立した「プロデューサー」（すなわち起業家）が投資家に「脚本案」（事業計画）を売り込むように，企業自体が特定の目的のために結成されることが多く，その後すぐに解散し，「才能あふれる人」（高度な技能を持つ職業人）はまた新しい事業へと移っていく」（フロリダ 2008：35）ようになっている。こうした，プロジェクトとネットワークに基づく分業や協業は，ボルタンスキーとシャペロが描き出したように，現代の資本主義を支える規範（シテ＝コンヴァンシオン）となっているといえるものである。

　スコットは，こうした新たな資本主義における都市経済の特徴を捉えるうえで，認知的・文化的経済（cognitive-cultural economy）という言葉を提起する (Scott 2008)。この語は，ムーリエ＝ブータンらの認知資本主義論から着想を得たものであるが，特に空間的観点においては，認知資本主義が社会経済のグローバル化の時代に対応すると同時に，大都市集積と密接なつながりを有していることが重要である。たとえばネグリとハート (2012) は，非物質的労働が主導的になるにつれて，大都市が生産

の空間として重要性を増しているとする。大都市はまさに，コモンとしての「富の厖大な蓄積場所のひとつ」であり，かつての工場空間に置き換わりつつあるという（ネグリ・ハート 2012：（上）246）。大都市には建造環境を形作る物的インフラストラクチャーだけではなく，「さまざまな文化的慣行や知的回路，情動ネットワーク，社会制度などが織りなす生きたダイナミズム」（ネグリ・ハート 2012：（上）247）がある。今や，工場内での協業に代わって，特異性の偶然の出会いによって場を組織することが重要であり，その組織空間が大都市であるとされる。事実，イノベーションの活動自体が，企業の垣根を越えた社会ネットワークによる知識の結合にますます依拠するようになってきている。近年，社会ネットワークを通じたイノベーションの研究が増加しているが，こうした現実の変化に対応したものであろう。社会ネットワークは人々の出会いと，知識というコモンの生産の支えとなる。「喜ばしい出会いは経済的に意義のある行為であるばかりか，多くの面で生政治的経済の頂点をなす」のである（ネグリ・ハート 2012：（下）93）。

＊＊＊

　産業集積研究は，1990 年代以降，およそ 30 年間にわたってイノベーションや知識の学習に強い関心を寄せてきた。なかでも，イノベーティブ・ミリュー論（以下，ミリュー論）に代表されるような制度に着目する議論が一定の影響力をもってきた。そこでの産業集積は，諸アクターが互いの意図を調整し，知識を交換することを可能にする共通の文脈の提供元として捉えられる。それは，領域的な文脈が相互期待（mutual expectation）を調整すること，すなわち諸アクターが互いの能力や行為について見積もることを可能にするような役割をもつとするものである。

　しかしながら，ストーパー（Storper 1997）がかつてミリュー論について指摘したように，相互期待の調整と知識移転の文脈という位置づけを超えて，創造された知識がイノベーションへと至る諸条件については，少なくとも理論的な枠組みの水準では十分に考察が深められていない。これには，サレとストーパーが「生産の世界」論において示したように，財・サービスの生産者の論理だけではなく，そうした財・サービスに価値を付与し，買い手がそれを判断することを可能にするような市場の役割を含めて考察することが不可欠である。

　本書は，こうした観点に基づき，産業集積を中心に，調整と財・サービスの価値づけの空間について考察を進めていく。そしてその際に依拠するのが，サレとスト

ーパーの理論的なベースともなっている，コンヴァンシオン経済学の諸研究である．

コンヴァンシオン経済学は，1980年代に学際的な交流のなかで徐々に形成されてきたフランスの制度経済学の一派である．レギュラシオン理論が，基本的にマクロ経済のスケールを分析単位とするのに対して，コンヴァンシオン経済学は方法論的個人主義の批判的検討に始まり，企業，産業，市場といったミクロからメゾレベルでの分析に強みをもつ．コンヴァンシオン経済学もまた，不確実性に満ちた状況のもとでアクター間の相互期待の調整はいかにして可能かという問題から出発する．しかし，同理論のオリジナリティとして，少なくとも以下の4点を挙げることができる．

第一に，知識が頭の中だけではなく外部の環境からも与えられるとする分散認知（distributed cognition）の考えを導入することで，制度・慣行・ルーティンと呼ばれるような諸規則はそれ単体で機能するのではなく，集合的表象・ルーティンといった規則，特定の行為を誘発するモノの特性（アフォーダンス），認知的な人工物（分類，格付け，指標，道具），他者といった異質な諸要素の結合と固有の配置のなかで機能すると考えることである．アクターは，その認知能力の限界にもかかわらず（限定合理性），認知的な環境を整えることでその意思決定能力を担保することができる．分析単位は，個別のアクターではなく，認知的なシステムへと移されることになる．

第二に，ある特定の行為へと諸アクターの認知と行為を調整する仕組みは，しばしば装置（dispositif）と呼ばれるが，そうした装置の構築において人間の価値判断能力が鍵となることである．構築の過程においてはアクター間での関心や利害の対立が存在しうるが，諸アクターは，特定の規範的慣行を参照することで，自らの主張を一般化し，ある装置の構築を正当化するのである．この観点において，認知的な装置は，人やモノの質を規定するような，何らかの規範的秩序を支える役割を果たす．

第三に，ひるがえって，市場もまた，財・サービスそして諸アクターの質を規定し（qualification），意思決定や計算を支える装置の構築なくして，機能することはできないとする点である．諸存在の質を規定する慣行は，「質の慣行（conventions de qualité）」と呼ばれ，考察の焦点となる．それによって，諸アクターの行為原理もまた規定される．

第四に，資本主義分析への応用である．なかでも，フランスの社会学者ボルタンスキーとシャペロの『資本主義の新たな精神』(2013)は，資本主義の規範となる慣行（コンヴァンシオン）から，現代資本主義の特徴を描き出す．それは，まさしく，プロジェクトとネットワークという結合主義的な規範であり，フロリダや認知資本主義論による特徴づけと補完的である．

本書では，コンヴァンシオン経済学と産業集積研究の接合を試みることによって，経済調整の制度的・空間的基礎の考察だけではなく，①規範的秩序への合意（財や人の質の規定（qualification））をめぐる利害の調停といった政治経済学的な視座を導入し，②市場構築や財の価値づけなど，イノベーションの実現と不可分なテーマを掘り下げていく。そして，③できる限り，現代資本主義の変化という文脈のなかで，産業集積や価値づけの活動の特徴を捉えていく。

＊＊＊

　本書は以下のような構成をとる。
　第1章「産業集積論概説」では，まず，産業集積の基本的な概念について概観する。これによって，以降の議論がより明快になるものと思われる。
　第2章から第4章までは理論的なフレームに関する内容である。第2章「産業集積と制度・慣行――イノベーティブ・ミリュー論の射程」は，イノベーティブ・ミリュー論を題材に，産業集積と制度の関係を明らかにする。産業集積が相互期待を調整し，学習の基盤となる制度的な論拠について詳細に示す。第3章「コンヴァンシオン経済学と産業集積――サレとストーパーの「生産の世界」論」は，コンヴァンシオン経済学の概説と，それに依拠した「生産の世界」論の理論的な構成について紹介する。コンヴァンシオン経済学については，やや集積論から離れる部分もあるが，同理論が日本では依然としてなじみが薄いことを考えると，ある程度概観的な説明は必要であろう。第4章「知識，規範，そして「フォルムへの投資」」は，コンヴァンシオン経済学の特徴を詳細に描くことで，前章の内容を補完し，認知システムと規範的価値という二つの次元を橋渡しするものである。
　第5章から第8章までの四つの章は，理論的なフレームを実際の経験的分析に応用したものである。第5章「産業集積の動態と関係性資産――児島アパレル産地の「生産の世界」」と第6章「フランスのショレ・アパレル縫製産地の変容」は，主として「生産の世界」論に依拠し，経済調整のシステムの実態を描き出す。第7章「パリのファッション産業における価値づけの装置」と第8章「資本主義の新たな精神と豊穣化の経済――地場産業製品への価値の再付与」は，財・サービスの価値づけの仕組みにアプローチしている。第7章は，パリのファッション産業を事例に価値づけを支える装置について，第8章は，現代資本主義における価値づけ形態＝コンヴァンシオンの特徴にスポットをあてている。

初 出 一 覧

本書は，以下の既発表論文をベースにしている。

「はしがき」と第1章は新たに書き下ろし，第2章から第4章については，下記の論文を再構成し，できるだけ最新の内容を反映できるよう大幅な加筆修正を行った。

立見淳哉（2007）：産業集積への制度論的アプローチ―イノベーティブ・ミリュー論と「生産の世界」論，『経済地理学年報』53(4)：369–393.
立見淳哉（2008）：知識・学習・産業集積―認知と規範をつなぐ，『経済学雑誌』58：37–58.
立見淳哉（2019）：イノベーティブ・ミリュー概念の拡張―産業集積へのコンヴァンショナリスト・アプローチ，『ジオグラフィカ千里』(1).

第5章から第8章は，初出論文の軽微な修正に留めた。

第5章：立見淳哉（2004）：産業集積の動態と関係性資産―児島アパレル産地の「生産の世界」，『地理学評論』77(4)：159–182.
第6章：立見淳哉（2015）：フランスのショレ・アパレル縫製産地の変容―制度・慣行の役割，『地理学評論』88(1)：1–24.
第7章：立見淳哉（2018）：パリのファッション産業における価値づけの装置，『人文地理』70(1)：25–48.
第8章：立見淳哉（2018）：資本主義の新たな精神と豊穣化の経済―地場産業製品への価値の再付与，『創造都市研究』17/18：15–33.

目次

はしがき　*i*
初出一覧　*viii*

01　産業集積論概説 ─────────────────────── *1*

1　産業集積と集積利益　*1*
2　産業集積の機能：外部経済から「産業雰囲気」へ　*4*
3　産業集積と制度論的なアプローチ　*10*
4　認知的近接性とイノベーション　*12*
5　経済地理学の潮流と本書の位置づけ：制度論的，関係論的な経済地理学　*16*

02　産業集積と制度・慣行 ───────────────────── *23*
イノベーティブ・ミリュー論の射程

1　はじめに　*23*
2　イノベーティブ・ミリューと領域的制度　*24*
3　手続き合理性とは何か：合理性から産業集積を考える　*32*
4　コーディネーション問題とミリューの効果　*35*
5　おわりに　*39*

03　コンヴァンシオン経済学と産業集積 ───────────────── *41*
サレとストーパーの「生産の世界」論

1　コンヴァンシオン経済学の展開　*41*
2　慣行（コンヴァンシオン）への戦略的アプローチと解釈学的アプローチ　*45*
3　ボルタンスキーとテヴノーの「規範的秩序のエコノミー・モデル」　*50*
4　「生産の世界」論　*56*
5　おわりに　*64*

04　知識，規範，そして「フォルムへの投資」──────────────── *67*

1　はじめに　*67*
2　知識，学習，認知　*68*
3　知識のコード化とフォルムへの投資　*73*
4　認知論から規範的秩序へのエコノミー・モデルへ　*77*

5　おわりに　*82*

05　産業集積の動態と関係性資産　―――――――――――――――――― *85*
　　　児島アパレル産地の「生産の世界」

　　1　はじめに　*85*
　　2　方法論的枠組み：関係性資産と「生産の世界」論　*87*
　　3　児島アパレル産地の「生産の世界」　*96*
　　4　児島アパレル産地のコンヴァンシオン　*109*
　　5　おわりに　*116*

06　フランスのショレ・アパレル縫製産地の変容　―――――――――― *119*

　　1　はじめに　*119*
　　2　フランスのファッション・アパレル産業の発展と生産システムの変容　*124*
　　3　ショレ地域の概要と歴史的発展過程　*132*
　　4　ショレの生産システムと制度・慣行の編成　*138*
　　5　おわりに　*148*

07　パリのファッション産業における価値づけの装置　――――――――― *151*

　　1　はじめに：知識構造から価値づけへ　*151*
　　2　集積から価値づけへ　*153*
　　3　パリのファッション産業の概観　*158*
　　4　パリにおける「ファッション」の生産過程　*165*
　　5　市場的装置と価値づけ　*173*
　　6　おわりに　*181*

08　資本主義の新たな精神と豊穣化の経済　――――――――――――― *183*
　　　地場産業製品への価値の再付与

　　1　はじめに　*183*
　　2　資本主義の精神と「プロジェクトのシテ」　*185*
　　3　「豊穣化の経済」と「コレクション」形態　*189*
　　4　地場産業製品の価値づけ：「標準」形態から「コレクション」形態へ　*196*
　　5　「地場産業」から創造産業への転換：高岡銅器産地の変容　*203*
　　6　おわりに　*208*

あとがき　*211*
文　　献　*215*
事項索引　*238*
人名索引　*242*

産業集積論概説　01

　本章では産業集積をめぐる基本的な概念を紹介するとともに，経済地理学の諸潮流のなかで本書が占める位置づけを示すことにしたい。

1　産業集積と集積利益

　産業集積，工業集積，産業クラスター，地域イノベーション・システムといった言葉は，広く知られるようになっている。学術的な議論だけではなく，地域レベルでの産業政策の場面でもこれらの言葉が頻繁に登場する。海外にはこれらに加えて，「産業地区（industrial district）」「地域生産システム（systèm productif local : SPL）」「競争力の極（pôle de compétitivité）」など，さまざまな用語が存在する。

　それぞれの強調点は異なるものの，いずれも特定の地理的な範囲に産業活動が集中することで，そこに立地する企業にとって何らかのメリットが発生している状態を指す。しばしば，工業団地が特にそうであるように，工場がただ多く集まっているだけで取引関係もコミュニケーションも存在しない場合は，偶然集積と呼ばれ，集積することで利益が発生する純粋集積とは区別される。当然ながら，産業集積研究の対象は後者の純粋集積である。

　本書では，さまざまな呼称が存在していることを踏まえながらも，それらがいずれも地理的現象であるという共通項に着目し，それらを総称して産業集積と呼ぶことにしたい。産業集積は，地理的範囲もさまざまであり，たとえば大田区や東大阪市のような自治体レベルもあればその内部の一部のエリアのみを指すこともあるし，アメリカ西海岸にあるハイテク産業の聖地であるシリコンバレーのように，大阪府の2倍ほどもある一帯を指すこともある[1]。集積のスケールは，問題設定の仕方に応じて非常に可変的である。

　したがって産業集積を特定するうえで重要なのは，ある限られた地理的範囲にお

いて何らかの集積利益が発生しているかどうかである。集積地域のスケールは、あくまでも産業集積の機能との関係で異なってくると考える必要がある。ただし、業種構成によっても、あるいは企業間関係や関連機関との関係性によっても、その機能は大きく異なりうる。集積の機能を大きく分類したものが、図1-1である。産業集積はまず、地場産業地域や企業城下町のように、特定産業に特化している場合と、（大）都市のようにさまざまな業種から総合的に構成される場合に区別される。それぞれ異なる集積利益を有し、前者は「局地化（地域特化）の経済」と呼ばれ、後者は「都市化の経済」として機能的に区別される。

「局地化の経済」は、特定産業のクラスター[2]（ブドウの房のように関連業種が集まっている状態）によって発生する利益である。外注の利用、労働市場へのアクセスなど費用節約効果が得られる。これに対し、「都市化の経済」は、都市が形成されることによる利益であり、同様の費用節約効果が得られるが、たとえば都市に固有の条

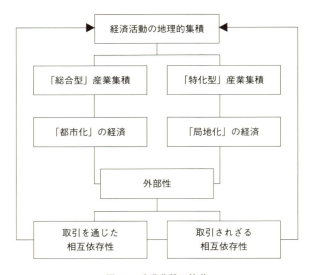

図1-1　産業集積の基礎
(出所：ディッケン (Dicken 2011：69) の図を一部改変)

---

1) シリコンバレーは地名ではなく、サンフランシスコ湾南端のパロアルト市からサンノゼ市までを中心とする一帯を指す。東大阪市が61.81km^{2}であるのに対し、シリコンバレーは3,840km^{2}という広大な地域である。
2) もともとは、M. ポーターに由来する用語である。

件である．多様なインフラストラクチャーの利用や，「接触の利益」と呼ばれる多様な業種・人材・消費者へのアクセスなどを含む．これらの集積利益はいずれも，経済学の概念では正の外部性（externality）として理解されるものである．それは一般的には，「規模の経済」と「範囲の経済」を含む．前者は生産規模が地域全体として拡大することで得られ，後者は共通の技術・工程・知識などを利用することで得られるもので，個々の企業に平均費用の低下をもたらす．

こうした集積利益ないし正の外部性（外部経済）をもたらす要因もまた，大きく二つに区別することが可能である．一つは，取引あるいは分業を通じた企業間の相互依存的関係（取引を通じた相互依存性（traded interdependencies））である．取引主体が互いに近接していることで，輸送費の削減，補完的な機能の利用，技術・市場情報の獲得など利益が得られる．

ディッケン（Dicken 2011）は，また，ここに取引費用の節約を含めている．取引費用とは，情報収集能力と情報処理能力が制限され（限定合理性），また自己利益のためには裏切りも辞さないような機会主義的行動をとるエージェントを想定した場合，市場取引に発生する費用のことで，適切な取引相手を探索し，監視し，契約を遵守させるためにかかる費用のことをいう．産業集積地域では，地理的近接性のために，エージェント間で情報が共有され，こうした取引費用を削減する効果があると考えられる．

取引費用概念から集積利益を捉え直したのは，スコットである[3]．スコットは，フォーディズムが終焉して以降，市場の不確実性の増大によって垂直統合型（関連工程の内部化）の生産モデルから垂直分割（関連工程のアウトソーシング）への移行が起こり，そのなかで取引費用節約のために産業集積が「新たな産業空間（new industrial space）」として出現する論理を体系的に示した（Scott 1988）．

これに対し，もう一つの「取引されざる相互依存性（untraded interdependencies）」は，ストーパー（Storper 1997）によって提起された概念であり，取引以外での企業間ネットワーク，規範・制度・慣行（コンヴァンシオン）の共有を通じた企業間の相互依存的な関係性を指す．ここでは，費用節約の効果もあるが，むしろ企業間で知識・情報をやり取りし，イノベーションを起こす学習の基盤としての役割が強調される．1990年代以降の知識・学習・イノベーションに着目する議論ならびに本書の考察は，このタイ

---

[3] 日本における取引費用論と集積研究の関係については，「接触の利益」を企業間分業の組み替え費用，すなわち取引費用＋輸送費（リンケージ費用）と位置づけなおした藤川（1999）も参照のこと．

プの相互依存性の効果を主として扱うものである．図 1-1 では外部性を形成する要素の一つとして位置づけられているが，後述のように新古典派（ミクロ）経済学に由来する外部性概念にはとどまらない射程をもつものでもある．

なお，集積地域にとってこの二つの相互依存性は決して対立するものではなく，ともに補完的に機能することが望ましく[4]（立見ほか 2012），また明確に区別することも困難なのが実際である．たとえば取引費用の節約に関していえば，「取引されざる相互依存性」が存在することで，取引相手の思惑や行為を予測し，互いに望ましい行為に至ることが可能になり，機会主義的行動を抑制する信頼が得られる．

2 産業集積の機能：外部経済から「産業雰囲気」へ

2-1 外部経済

集積利益の中身は，その具体的な効果の違いはさておき，外部経済（external economy）として一般的に概念化される．この概念を生み出したのは，イギリスの経済学者 A. マーシャル（1842-1924 年）である．マーシャルは，新古典派経済学の創始者の一人であるが，その後の理論体系には含まれないさまざまな考察を行っており，産業集積もその一つである．マーシャルは，19 世紀末イギリスで当時「産業地区（industrial districts）」と呼ばれていた地場産業地域の観察を通じて，今日の産業集積研究にとって重要な意味をもつ二つの概念を創出した[5]．その一つが「外部経済」であり，もう一つが「産業雰囲気（industrial atmosphere）」である．前者は費用節約など企業の外部で働く経済的利益であり，後者は人々の考え方や行為に影響を及ぼす集積地域に固有の文化，ないしは制度的な素地のことである．

まず，外部経済の概念は，新古典派経済学の基本的な考え方を抜きに理解することは難しい．その分野の教科書では，通常，完全競争市場における価格均衡モデルをまずは前提とする．第 2 章第 4 節の「純粋な市場論理」の検討で改めて詳述する

---

[4] たとえば，日本の機械工業における下請システムをみても，これら二つの相互依存性は重なりをもって機能してきた．工業集積地域において，中小零細企業間では仕事量や加工内容に応じて「仲間取引」と呼ばれる仕事の相互受発注関係が広く観察されたが，それは地域的な顔の見える関係（コミュニティ）を前提としていた．ただし，近年では取引関係の広域化や廃業などを通じて，異業種交流会での活動はあっても取引はないなど，これらの一致は必ずしも容易ではなくなっている現実もある．

[5] 松原（1999）は，A. ウェーバーの工業立地論の系譜とは異なる近年の集積論の創始者としてマーシャルを位置づけている．

が，そこでは，市場参加者（企業や消費者といった諸主体）は互いに分離されていて，相手の行為や意図（さらには自身の行為や意思決定が相手に及ぼす効果）をおもんぱかることもなければ互いにコミュニケーションをとることもなく，価格情報のみを頼りに独立に意思決定（たとえば生産量や消費量の決定）を行うとされる。それが均衡価格と経済全体として最適な資源配分をもたらすのである。各主体は市場を通じてのみ関係をもつのであって，その意味で，価格以外で主体の意思決定や利益に影響を及ぼす効果は，「外部性（externality）」と呼ばれ考慮の外に置かれるのである。

しかし現実の経済では，主体間が何らかの形で互いに影響を及ぼし合う関係にあるのがむしろ通常である。外部経済とは，そうした正の外部性を捉えた概念であるといえる。したがって，産業集積との関連では，安価で容易な原材料の購入，情報の入手，取引相手の探索・監視に関わる取引費用の節約など，諸種の費用節約をもたらす産業集積の利益は外部経済として説明される[6]。外部経済は従来，集積利益と呼ばれてきたものをおおよそ包括する鍵概念であるといってよい。

ただしマーシャルは，産業集積論においては，外部経済概念の創始者として知られるが，力学的な均衡分析のみを行っていたわけではない。彼はその限界を認識しており，生物学的メタファーを導入することで，時間概念と収穫逓増を踏まえた動態論を発展させようとしていた（ホジソン 2003）。とりわけ，1980年代以降の「取引されざる相互依存性」に着目する研究で言及されるのは，多くの場合新古典派経済学者としてのマーシャルについてではなく，むしろ経済生物学を発展させようとしたマーシャル（1986）についてであり，産業雰囲気（industrial atmosphere），信頼，相互知識といった社会的ミリュー（環境）に関するマーシャルの記述である（Asheim 2000）。

2-2　産業雰囲気

外部経済に比べて，産業雰囲気の方は，本来的に，新古典派経済学の体系には収まりきらない概念であると考えることができる。なぜなら，産業雰囲気は「一連の共有された認知的・道徳的・行動的態度を伴うもの」であって（Becattini et al. 2009：xviii），他者から切り離され，影響を受けることのない原子論的な人間像に変

---

[6] 工業集積地域では，関連産業と労働者が集積することで原材料の調達が容易になり，販売先が豊富かつ近くに存在することで取引が円滑に行われ，また市場・技術情報が入手しやすく，熟練の技能・技術をもった労働力を苦労せず利用することができ，新技術・新製品の模倣・学習（スピルオーバー）という恩恵を得やすい。

更を迫る要素を含むからである。すなわち,新古典派経済学では最大化原理に基づく合理的選択を行為原理としてあらかじめ想定しており,それが揺らぐことはない。これに対し,産業雰囲気とは,人々の行為原理ないしは認知的枠組みそのものの形成・変化に関わるものなのである。ローカルな産業雰囲気のいかんによっては,私的利益の追求とは本質的に異なる互酬的な行為原理と,それに基づく社会・経済秩序もありうることになる。

A. マーシャルの産業地区に関する考察は,戦後の高度成長期すなわち大企業による大量生産モデルを特徴とするフォーディズムの時代にあって,長らく顧みられることはなかった。しかし,1970年代に中小企業を主体とする「第三のイタリア」地域[7]の繁栄を受けて,イタリアの研究者ベカティーニによって再評価され,その後,外部経済と産業雰囲気の概念を二本柱として,「制度の経済学」や進化経済学,あるいは経済社会学をベースに,多くの研究者によって洗練されていくことになる。

これらの研究では,マーシャル型の産業地区の特性として,特定の自然地理的境界のなかで歴史的に形成された社会的・文化的な一体性を備えていることが重視される。そこでは,特定の認知的枠組み(産業雰囲気)が共有され,社会生活上のコミュニティをベースにした社会ネットワークによって柔軟な分業が可能となる。したがって産業集積は,従来の集積理解のような「取引を通じた相互依存性」あるいは取引の束としてではなく,自助的倫理感・企業家精神・ローカルな帰属意識(Amin 1999;Becattini et al. 2009)といった産業雰囲気を構成するさまざまな制度的・文化的な諸要素,すなわち「取引されざる相互依存性」を備えた「領域」として捉えられることとなる。

近年の知識創造とイノベーションを重視した研究は,こうした考えを引き継ぎ,経済主体が上記のような産業集積の領域的文脈に埋め込まれていることを前提とする(Harrison 1992)。なぜなら,共通の社会・文化的コンテクストによって,円滑なコミュニケーションと知識(とりわけ暗黙知)の相互移転が行われると考えるからである(Camagni 1991)。すなわち,産業雰囲気を構成する要素が,企業間の暗黙知や

---

7) イタリアの北東部から中部にかけての数多くの地場産業地域から構成される一帯のことで,後述の「柔軟な専門化」の典型例として捉えられてきた。イタリアは,南北の経済格差が高い国として知られる。北部はミラノ・トリノ・ジェノバといった工業都市を中心に繁栄する一方で,南部は重化学工業への大規模な政策的投資にもかかわらず衰退している。「第三のイタリア」は,第一のイタリア(北部)とも第二のイタリア(南部)とも異なるために,「第三」のイタリアなのである。

情報の伝達を容易にし，技術の形成と移転，およびイノベーションの生成と拡散を促進するとされる。そして，イノベーティブ・ミリュー論をはじめとする諸議論は，後述するように，制度的なものに着目し，理論的に発展してきたのである。

　もちろん，こうした領域的な資産が重要であるとしても，地域が閉じられているわけではない。むしろ，実際の生産活動はますます地域の垣根を越えたつながりのなかで行われるようになっている。また，イノベーションの局面にとっても，新奇知識の獲得という点において地域外との結合は重要である。近年では，ラディカルなイノベーションや学習にとって不可欠な新奇知識の獲得が，領域外の企業とのネットワークに依存しているとの指摘がいっそう重視されるようになってきている（Bathelt et al. 2004；山本 2005；水野 2005）。産業集積はイノベーションにとっての万能薬ではなく，強みを発揮できる部分とそうでない部分が整理され，よりバランスのとれた議論が行われるようになってきたといえよう[8]。

2-3　グローバル化と領域としての産業集積

　産業集積の役割について考察を進めるうえで，グローバル化した今日において，国際的な分業の進展を抜きに考えることはできない。1990年代以降，地理的な障壁がなくなり，フラットな世界が登場するという言説が活発化したこともあった（立見・長尾 2013）。しかし，実際には，グローバル化のシンボルでもある IT 産業自体がシリコンバレーに産業集積を形成したように，グローバル化とローカル化の同時進行が進んでいる（宮町 2008）。

　図 1-2 は，ストーパーが国際分業の進展と産業集積の関係を整理したものである（Storper 1997）。横軸に領域化の程度，縦軸に国際分業の進展の程度をとっている。いわゆる「グローバル化」として理解されてきたのは，国際分業が進展し，領域化の程度も低いタイプ 2 のようなケースである。技術的な標準化が進み，代替不可能な場所が原則的に存在しないような産業や，マクドナルドをはじめ多くの対消費者サービスに該当する。ホームベースとなる国はあるとはいえ，ユニクロや ZARA などの SPA（製造小売業）の大手アパレル企業などはここに含められるだろう。

　しかし，実際には，この象限への収斂は起きておらず，むしろ国際分業に組み込まれているが，核となる活動はある領域に根ざしているといった，タイプ 1 もま

---

8) この点については，必ずしも産業集積に対象を絞ったものではないが，水野（2005，2007）による整理が参考になる。

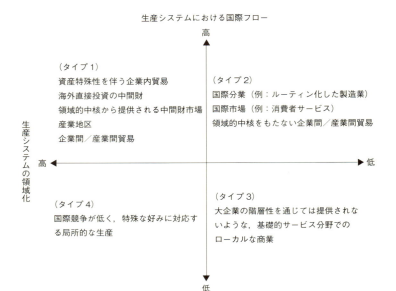

図1-2 領域化と国際化
(出所：ストーパー (Storper 1997) より著者作成)

た一般化している。たとえば，シリコンバレーのようなハイテク産業における生産システムが該当する。このタイプにあてはまる企業では，たとえば新技術の開発や，新しい製品・サービスの企画・開発などをある特定の領域で行いつつ，中間財については企業内・企業間貿易や，海外直接投資を通じて海外生産を行う[9]。日本の機械金属工業についても，1980年代後半以降，これまでの国内完結型から東アジアレベルでの分業構造に変化してきた（渡辺2011）。中間部品をグローバル調達する理由としては，その製造システムが脱領域化していることもあれば，他地域の専門知を利用するためであることもありうる。これには，領域的な生産システムによって生産された財を，世界規模での商品連鎖を通じて国際供給するような産業地区もあてはまる。第5章で扱うパリのファッション産業もまた，ファッションの知識生産と価値づけの場所としてパリに依拠しつつ，製造の多くは海外で行われている。

なお，タイプ2やタイプ1における国際分業の高まりは，技術的にはモジュール

---

9) iPhoneの裏側には，「アップルによってカリフォルニアでデザインされ，中国で組み立てられた (Designed by Apple in California Assembled in China)」と書かれている。

化の進展とも関係が深い。モジュール化とは，玩具のレゴのように一定の完結した機能をもつモジュール（レゴのブロック）の組み合わせによって，製品を生産可能にするものである。パソコンが典型例だが，機能部品すなわちモジュール間の連結ルール（共通のインターフェース）を産業レベルであらかじめ決めておけば，製品メーカーとの綿密な擦合せを行うことなく部品（モジュール）メーカー単位での独立した製品開発が可能となる。これによって，取引費用など企業間の調整（コーディネーション）に関わる費用が節約され，スピーディーなイノベーションと，グローバルレベルでの部品調達を容易に行うことができる。

これに対し，タイプ4のように，領域化の程度が非常に強く，生産面での国際的な結びつきが弱いケースがある。他地域では代替不可能なその領域に固有の資産を用いて，特殊な好みに向けて生産する産業がこれに該当する。たとえば地域の特性を強く帯びた地場産業製品やアグリフード産品が挙げられる。グローバル化によって，このタイプでもタイプ2やタイプ1への収斂がみられるものの，近年では，ワイン産業などブランド化した農業・食品加工業，あるいは第8章で扱うような「豊饒化の経済」におけるデザイン性の高いクラフト製品（地場産品）に典型的にみられるように，場所の特異性が知財としての価値を生み出すような産業分野が拡大しており，生産のローカル化が価値を生み出す源泉として重要性を増している。このタイプ――本書では第6章と第8章に関わる――は，ある領域の歴史・文化・技術・素材・気候などが地域の個性として表象されることで，産品のブランド価値を支えており，この地域的な特殊性によって付加されるテイストを維持しながら市場をグローバルに拡大させつつある。

なお，タイプ3は，領域化の程度が低く国際フローも低調なケースで，一昔前までは各地にみられた地域の小売店舗が該当する。輸送面での制約が大きい時代には地理的な障壁によって市場競争から守られていたが，今日では存続が難しくなっている[10]。

---

[10] ハーヴェイ（2013）の表現を借りれば，地理的障壁の存在から企業は独占レントを得ていたといえる。独占レントとは，ある特別な質をもった資源・商品・立地を独占的に所有し支配することで得られる独占価格に基づくレントである。なお，タイプ4は，しばしば領域の歴史・文化などからレントを得ている。ブルゴーニュのシャンボール＝ミュジニー村のような特別な土地で生産されたワインが独占価格で販売されるだけではなく，その土地そのものも取引の対象になりうるように，レントは直接的にも間接的にも得られうる。

以上のことから，今日の経済地理的なランドスケープとしては，消費者の好みと技術の標準化にグローバルな生産・流通システムを全面的に展開することで対応するタイプ2と，その反対に，取引費用の節約など取引を通じた相互依存性に加えて，領域に特殊な関係性資産（「取引されざる相互依存性」）に基づいて技術学習や製品の差別化（あるいは特異性の上昇）を行うタイプ1やタイプ4が際立ってきている。

　産業集積研究との関わりでは，「グローカル」なタイプ1と「ローカル」なタイプ4が問題となるが，国際フローは中間財の貿易など「取引を通じた相互依存性」にのみに関わるわけではない。領域の特殊性あるいは学習の基盤となる関係性資産を構成する「取引されざる相互依存性」もまた，グローバルな取引，投資，人的なコミュニケーションネットワークに開かれており，そのなかで，領域内だけでは流通しない新奇的知識の獲得と「取引されざる相互依存性」そのものが更新されていく。その意味では，タイプ4であっても，製品のデザインなどの知識生産においては，集積地域を越えたネットワークに依拠しており，タイプ1の側面をもつのである。

3　産業集積と制度論的なアプローチ

　ところで，ベンコとスコット（Benko and Scott 2004）によると，彼らが「ニュー・リージョナリズム」と呼ぶこうした地域への着目は，直接的には，独立してはいるがパラレルな関係にある三つの学派によってとりわけ開拓され，牽引されたものとしている。一つは，1970年代半ば以降の「第三のイタリア」地域の産業ルネサンスを扱う，バニャスコ（Bagnasco, A.），ベカティーニ（Becattini, G.），ブルスコ（Brusco, S.）といったイタリアの経済学者・社会学者の一派である。二つ目は，第2章で考察する，パリ第1大学の経済学者エイダロ（Aydalot, P.）を中心に結成されたGREMI（イノベーティブ・ミリューに関するヨーロッパ研究者グループ）で，産業イノベーションの環境（ミリュー）としての地域に関心を向ける。三つ目は，スコット，ストーパーなどの地理学者からなるグループで，南カリフォルニア地域を拠点に，当初は当該地域のハイテク産業や映画産業の活力の源を捉えようとするものであった。

　このほかにも，認知的距離（Torre, A.; Nooteboom, B.），「埋め込み（embeddedness）」「学習地域（learning region）」（Cooke, P.; Morgan, K.; Asheim, B. T.; Florida, R.），「制度的厚み（institutional thickness）」（Amin, A. and Thrift, N.）などの議論をここに追加することもできよう。いずれにしても，さまざまな論者によって多様な議論が展開さ

れているが，これらは何らかの形で「制度の経済学」を参照し，「制度」への注目という点で共通している。その意味で，これらを産業集積への制度論的なアプローチとして捉えることが可能である。

ところで，アミン（Amin 1999）によると，1990年代以降の動向として，経済の地域的な競争優位性を説明しようとする潮流は大きく二つに分けられる。一つは，前述の「制度の経済学」に依拠する流れであるが，もう一つが，主流派経済学ないしはそれと近い関係にある議論で，たとえば内生的成長理論，ポーターのクラスター論，クルーグマンの新経済地理学である。

実際には後者に含まれるとされうる諸アプローチ間の違いは大きいが，アミンは，特定産業とその関連産業に特化した場所が有する規模の集積経済と専門化に付随する優位性に着目する点に，共通の特徴をみているといえる。関連産業の空間的クラスター化，熟練労働，技術的イノベーションが，収穫逓増，取引費用の削減，近接性に付随する経済性，企業間の交換，特殊なノウハウ，技能，技術的優位性など，成長と競争力を支えるいくつかの鍵要素をもたらすと考えるのである。

なかでもクルーグマンらの「新経済地理学」は，主流の経済理論のうちでも，グローバル化する経済におけるローカルな集積の経済的根拠を示した点において，1990年代以降強い影響力をもった。アミンは触れていないが，伝統的な経済学が外部性（外部経済）をうまく扱うことができず，経済合理的な決定の結果としてのみ集積を捉えざるをえなかったのに対し，収穫逓増やポジティブフィードバックを通じて集積という外部性をモデル内に組み込んだことの意味は大きい。

古典的な立地論や地域科学の伝統は，オーソドックスな新古典派経済学的アクター，すなわち，環境（外部性）から影響を受けることなく最適な意思決定を行うことができる，完全合理的で，いわば「原子」のような人間像を前提としてきたといえる。しかし，1980年代以降，主として90年代以降の動向にとって，この前提は受け入れがたいものであった。地域企業のイノベーション能力を育む環境として産業集積を捉える視座にとっては，環境という外部性と行為能力の形成の関係を扱うことが課題だったからである。あるいは地理学一般になじみの深い表現を用いれば，従来の新古典派的伝統では，「社会・空間弁証法」を扱うことができなかったのである。

以上の事情を考慮するならば，クルーグマンらの「新経済地理学」が，空間分析を含んでいたとはいえ，新古典派経済学のフレームを拡張したものであったにもかかわらず，近年の経済地理学に「革命」的なインパクト（Boschma and Frenken 2006）

をもたらすことができたのは，クルーグマンが有する主流派経済学界での権威だけではなく[11]，外部性をモデル内に組み込んだことの意味が大きいと考えられる。

しかしながらそれでも，経済地理学者の多くは，ローカルな社会的・文化的・制度的な布置のなかに，ローカルな優位性の源泉を求めた（Amin 1999）。彼らにとってクルーグマンらの「新経済地理学」は，経済「地理学」というよりも地理的「経済学」であって（Martin 1999；水野 2013），知識移転と学習の基盤となるような現実の場所がもつ特性にアプローチするものではなかったのである（Amin 1999）。

場所の特性は，歴史的時間あるいは経路依存性（path dependency）のなかで育まれた，制度・慣行・ルーティン・文化といった諸要素の組み合わせから構成されるものであり，「新経済地理学」を含む新古典派的伝統とは異なり，エージェントの行為原理あるいは能力そのものに影響を及ぼすものである。1990年代以降，多くの研究が制度の経済学や進化経済学を参考にしながら専心してきたのは，とりわけ形式化されていない慣行やルーティンがどのように行為の共通のコンテクストを提供し相互期待を調整（コーディネーション）することで，知識の移転や学習が促進されるのか，ということであったといえる。すなわち，「取引されざる相互依存性」への着目である。こうした「取引されざる相互依存性」あるいは制度が果たす役割については，第2章において詳細に検討することとして，以下では，比較的最近になって展開されてきた，認知的近接性に関する議論へと進むことにしたい。

4 認知的近接性とイノベーション

4-1 認知的近接性，学習，イノベーション

ところで，上述のような産業集積研究の動向においては，イノベーションに必要な知識，とりわけ暗黙知の移転にとって地理的近接性の役割が強調される傾向にあった。言語を通じて伝達可能な形式知に対して身体化の度合いが高い暗黙知は，イノベーションへの寄与は大きいが容易に伝達することが困難で，フェーストゥフェースの接触を支える地理的な近接性，すなわち産業集積が鍵となると考えられてきた。しかし，実際には，諸種の知識類型がありうるし，それらはしばしば距離を隔てたアクター間の結合やネットワーク構築のなかで流通し，重要なイノベーション

---

[11] クルーグマンは，国際貿易と経済地理学への貢献が評価され，2008年にノーベル経済学賞を受賞している。

へと帰結する（鎌倉・松原 2012）。

　これに対し，認知的距離という概念が，学習やイノベーションの生起との関わりで提起されるようになっている（Nooteboom 2008；水野 2007）。認知的距離は，領域的制度と領域を越えるネットワークの関係を整理し，地理的距離の役割を相対化して捉えることを可能にする。これは，制度の経済学などで論じられてきた，制度（法律規則・慣行・ルーティン・規範など）の認知的役割を認知的距離として表現したものである。この見方に従えば，知識の移転にとってベースとなるのは，認知的枠組みとしての制度の共有度合いであるということになる。認知的距離を担保する要素を特定したうえで，地理的距離との影響関係を明らかにするという手続きをとることで，集積と（グローバル）ネットワークの関係を整合的に理解することができる。

　この議論に従えば，認知的距離が離れていれば，コミュニケーションする相手との間で話がかみ合わず，相互期待を調整することができない。これに対し，認知的距離が近接していれば他者から発せられる知識の吸収能力は高く，知識の相互移転が容易に行われることになる。しかしながら，イノベーションにとっては，認知的距離が小さければよいわけではないことには注意が必要である。日常生活を考えても，たしかに10年来の親友や夫婦であれば意思の疎通は容易だが，反面，新しい視点やアイデアなどは生まれにくい。何らかの気づきや新たな発想は，背景を異にする相手との出会いで，ふとした瞬間に生まれることが少なくない。イノベーションでも同様のことがいえるのである。

　ノートブーム（Nooteboom 2008）によると，イノベーションは大きく，漸進的イノベーションとラディカル・イノベーションの二つに区別される。前者は改良・改善型のイノベーションで，後者は既存の知識基盤や常識そのものを刷新し，新たな産業や市場を創出するようなインパクトをもったイノベーションである。知識の学習という点からは，前者は古くて確かなものの活用（exploitation），後者は新しい可能性の探索（exploration）を必要とする[12]。なお，活用と探索の区別は，第3章の評価モデルとしての慣行に関する考察で言及する「シングルループ学習」と「ダブル

---

12) 活用と探索とは，マーチの組織学習論のなかで展開されている概念である。マーチ（March 1991）によると，活用の本質は，既存のコンピテンス（能力）・技術・パラダイム（範型・世界観）の精緻化や拡張であり，探索の本質は，新たなオルタナティブの実験にある。キーワード風に示すと，活用は，精緻化・選択・生産・効率・選抜・履行・実行といった言葉と，そして探索は，探査・変化・リスクをとる・実験・遊び・柔軟性・発見・イノベーションといった言葉と関連が深いといえる。

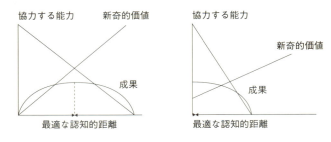

図 1-3　認知的距離のトレードオフ
(出所：ノーテブーム (Nooteboom 2008：130) の図を基に作成)

ループ学習」(Argyris and Schön 1978) にも対応する。

　図 1-3 が示すように，新奇 (novel) 知識の獲得可能性とコミュニケーションの容易さはトレードオフの関係にある (一方を増やせばもう一方が下がる)。図 1-3 の右図は知識の活用，左図は新しい知識の探索にそれぞれ適した認知的距離を示す (右図の方が新奇的価値の限界効用は低く，反面，協力能力の低下の傾きは大きい)。パフォーマンスが一番高まるポイントで最適な認知的距離が決まる。したがって，古くて確かなものの活用では認知的近接性が高い方がよく，新たな可能性の探索においては，小さすぎず大きすぎない認知的距離が適していることになる。

　学習との関連では，レイヴとウェンガーの実践共同体論も，産業集積においてしばしば言及されるようになってきた議論である (レイヴ・ウェンガー 1993)。日本の経営学の文献では，実践共同体が「場」と訳されることもある (ウェンガー・スナイダー 2007)。実践共同体とは，簡単にいうと，「何かを生産したり，船舶によって航行したり，管理保守したり，何かを演じたり (音楽，演劇など)，研究や開発をするといった実践のために組織化された社会グループ」のことである (上野・ソーヤー 2006：45)。メンバーの自発的参加に基づいて協同作業 (実践) する集団といってよい。

　実践共同体の例として，徒弟制的な職人集団を挙げることができる。知識や技能は親方の頭の中から弟子に一方的に教え込まれるものではなく，構築された状況における実践のなかで徐々に習得されていくものである。実践共同体には，集団に固有の言語，ルーティン，規範，機械や道具などの人工物，物語のレパートリーが蓄積されている。メンバーは，親方や兄弟弟子との関係のなかで，それらの共的なレパートリーを身につけ，利用し，全体的な仕事の仕組みや個別の作業の意味を理解しながら，一人前の職人に必要な経験と学習を積んでいく。実践共同体はこうした

徒弟制の職人集団だけではなく，現在は企業組織のなかでもさまざまな形で存在しているとされる。

　ただし，実践共同体は，とりわけ徒弟制のような強いコミュニティを想定した場合，ラディカルなイノベーションに対して弱くなる恐れがある。経済社会学者のグラノベッターは，「弱い紐帯の強さ」という言葉で，新しい知識が，強い紐帯よりも弱い紐帯によってもたらされることを示したが，実践共同体が密度の濃い強い紐帯であるならば，新しい知識の流通には不向きであるということになる（Nooteboom 2008）。ノーテブームは，ウェンガーたちの実践共同体論が広い射程をもつとしつつも，新しい可能性の探索（exploration）よりは古くて確かなものの活用（exploitation）に適した学習と捉えている。先述したことの繰り返しになるが，前者は既存の知識基盤からの断絶を伴うラディカル・イノベーションに，後者は改良の積み重ねに基づく漸進的イノベーションに対応するものである。

4-2　認知的近接性と集積のタイプ

　ここで水野と立見（2008）を参考にしつつ，以上の議論を都市の形態に関連づけて考えておきたい。都市を産業集積として捉えた場合，大きく二つの形態に区別して考えることが可能である。すなわち，地方の地場産業都市のように同一業種を中心に集積した形態と，東京や大阪のように多種多様な異業種が集積した大都市型の形態である。地方の地場産業地域では，産業活動と地域社会の一体性が高く，産業活動に対する考え方も似通っているケースが多くみられる。比較的閉じられたコミュニティで内部の同質性が高く，認知的近接性が非常に高いことが想定される。このような集積形態においては，改善の積み重ねによるイノベーションには強いが，反面，ラディカルなイノベーションが起こりにくいということになる。

　他方で，大都市には異業種が集積しており，ラディカル・イノベーションと親和的である。大都市には多種多様な人材や企業がグローバルに集まり，さまざまなネットワークやコミュニティを発展させている。都市という単位でみると，豊富な異質性と多様性から，新奇性の高い知識が流通する可能性がある。ここで，ネグリとハート（2012（上・下））が指摘するコモンの工場としての大都市の役割が想起される。特異性を維持した諸個人すなわちマルチチュードの偶然の出会いと緩やかな結合は，適度な認知的距離に基づくラディカルな要素を含むイノベーションを可能にするものであると捉えることができるのである。

　集積のタイプについては，産業の区別とそれに対応した知識の類型と合わせて考

表 1-1 知識の分類

(出所:ガートラー (Gertler (2008)),水野 (2011) を基に筆者作成)

分析的知識	統合的知識	象徴的知識
「なぜか」を知る (know-why)	「どうやって」を知る (know-how)	「誰か」を知る (know-who)
科学的法則を適用して自然世界について新知識を作りだす	既存の知識を新しいやり方で適用・統合する	意味,美的な質,感情など(記号やイメージ)を創造する
科学的知識,モデル,演繹的	問題解決,カスタム生産,帰納的	創造的プロセス
フォーマルな研究ユニット内・間での協力	顧客やサプライヤーとの相互的な学習	スタジオやプロジェクトチームでの体験による学習 (learning-by-doing)
コード化された知識内容,高度に抽象的で普遍的	部分的にコード化されるが,暗黙的な知識,より文脈依存的	解釈の重要性,強く文脈依存的
場所によって意味が(相対的に)変わらない	場所によって意味が異なる	場所によって意味が強く変わる
製薬	先端的機械	広告
大学・研究機関の周辺への立地	集積の形成,都市に限定されない	多様性をもつ都市

えることもできる。表 1-1 は,「分析的」「統合的」「象徴的」という三つの知識類型と,それに対応する産業ならびに集積の形態を整理したものである。この分類を踏まえれば,大都市集積が特に優位性を保つのは,異なる背景をもつ人と人との出会いのなかで生起し流通するような「象徴的知識」の生産に関わる産業であることがわかる[13]。

5 経済地理学の潮流と本書の位置づけ:制度論的,関係論的な経済地理学

5-1 制度概念の多様性

以上,みてきたように,1990 年代の産業集積研究において,「制度」という概念が重要な意味をもつ。しかし,それにもかかわらず,制度概念をめぐってさまざまな

---

[13] 第 8 章の創造産業に関する検討は,この事例を提供している。また,與倉 (2009) は,さらに,時間性からみた通常の産業集積のような「パーマネント」と,見本市やカンファレンスなどの「テンポラリー」な集積に区別し,さらに「分析的」「統合的」「象徴的」という知識分類をかけあわせて整理している。

理解が混在し，必ずしも統一的な見解が得られていないのが実際である。たとえば，エスレッツビヒラーとリグビー（Essletzbichler and Rigby 2007）は，それらの研究が，「社会経済組織の容器」あるいは「社会経済的実践の制度化の過程」として制度を緩やかに解釈しているだけであり，必ずしも統一したパラダイムを構成しているわけではないとする。制度は「行為を導き，可能にし，制約する」ものであり，経済発展を説明するうえで重要な要因であるという以上のコンセンサスは得られておらず，ほとんど「ブラックボックス」化した概念となっている（Bathelt and Glückler 2014：340）。

たとえば，青山らの『経済地理学―キーコンセプト』(2014) は，経済地理学の重要概念を手際よくまとめた便利な本だが，そのなかで制度は次のように定義されている。すなわち，制度とは「社会を構造化し，日々の生活をより着実なものに，より予測可能なものにする一連の行動パターンである。それらは組織（たとえば，世界銀行），法と規則，社会的・文化的伝統（たとえば，婚姻）として，そして，社会経済活動をつかさどるフォーマル・インフォーマルなルール・規範・慣習のなかに現れてくるもの」(青山ほか 2014：137) とされる。これは包括的で，非常に広範な特徴づけである一方，結局のところ「一連の行動パターン」へと制度を縮減してしまっているようにも見える。たとえば，規範のような集合的表象が意識を調整する規則であるとすれば，それが行動パターンへと還元されないことは明らかである。

これは，制度概念自体が，社会科学において非常に多義的に使用されていることに起因する面も大きい。シャバンス (2007) は，『入門 制度経済学』のなかで，「制度の経済学」の著しい多様性を強調している。同書で扱われる範囲も，制度主義の元祖である歴史学派（シュモラー），制度学派（ヴェブレン，ハミルトン，コモンズ，ポランニー），オーストリア学派（メンガー，ハイエク，オイケンのオルド自由主義），新制度派経済学（ウィリアムソン，ノース），比較制度分析（青木昌彦，グライフ），レギュラシオン理論，コンヴァンシオン経済学，ホジソンの進化論的制度主義に及ぶ。

とりわけ，方法論的個人主義とホーリズムという二つのアプローチの違いが問題である。たとえば，主流派経済学と同様に方法論的個人主義の枠内で，制度を個人の合理的行為（他者の予想を予想して自己利益の最大化を目指す戦略的合理性）の結果出現するものとみなすのか（ゲーム理論におけるナッシュ均衡），あるいは社会学にしばしばみられるように，アプリオリに人々の外側にあって人々の行為を制約し再生産するものとみなすのか，といった違いである。さらには，制度は組織を含むのか否か（組織は制度の一つなのか，制度に従う／を構築するプレイヤーなのか）ということ

一つをとっても共通のコンセンサスはない（シャバンス 2007）。

　近年の「制度の経済学」の多くは，純粋な方法論的個人主義でも，純粋なホーリズムでもない，すなわち行為主体と構造の対立と，そのいずれかへの還元を回避しようとする。しかし，それでも，出発点として想定される理論的前提からみると，レギュラシオン理論は，ホーリズムに近い立場であるといえるし，新制度派経済学やコンヴァンシオン経済学は方法論的個人主義との関連が強いとみなされうる。集積研究に関していうと，1980年代のレギュラシオン理論やハーヴェイなどポスト・フォーディズム論との関連については前者と，1990年代以降に展開されたアクター間の相互作用に基づくイノベーションに着目する動向は後者との関連が強いと考えられる[14]。

　本書では，このような制度概念の定義をめぐる困難を認めつつ，比較的広く受け入れられている定義として，ノースによる制度理解を採用しておくこととしたい。これは，すなわち「人々によってつくられた制約であり，人間の相互作用を構造化する」ようなゲームの規則として，制度を捉えるものである。そして，そこには，法的規則などのフォーマルなものから，慣行・信頼・雰囲気・文化といったインフォーマルなものまでが含まれる[15]。

　ただし，本書の立場としては，第3章と第4章で詳述するように，制度のなかで

---

[14] イノベーティブ・ミリュー論や「生産の世界」論など主として経済学者によって構築された理論は，方法論的な立場が比較的クリアで，理論的な整合性が高い。これに対し，地理学者は現象を説明するためのツールとして理論を使う傾向があり，諸議論の複雑な影響関係のもとで，立場の異なる異質な理論を組み合わせて利用することも少なくない。こうした姿勢は，その利点にもかかわらず，学術的な混乱の元になっている面があるように思われる。たとえば，1980年代のスコットやストーパーなどカリフォルニア学派の議論は，一方で，方法論的個人主義とみなされうる取引費用論を採用しつつ，よりホーリスティックなレギュラシオン理論の議論も援用するなど，方法論的には異なる立場の議論を組み合わせて使用している。1990年代までの産業集積におけるイノベーション研究の特徴と影響関係をレビューしたムラートとセキア（Moulaert and Sekia 2003）も参照のこと。

[15] ノースは，1990年代以降，こうしたゲームの規則としての制度だけではなく，「共有されたメンタル・モデル」として，制度を捉えるようになる（Denzau and North 1994）。これは制度の認知的役割であり，共通のメンタルモデルとして，個人間のコミュニケーションや知識の交換を促進する役割を果たす。ストーパーの「取引されざる相互依存性」は，コンヴァンシオン経済学の慣行概念に依拠すると考えられるが，基本的には，ノースのいう，インフォーマルな制度を想定し，ゲームの規則に加えて制度の認知的役割に着目するものであるといってよい。

も慣行(コンヴァンシオン)と呼ばれる規則を中心的な概念として重視している。コンヴァンシオン経済学によると，あらゆる規則は不完全であり，状況における解釈の余地を残す。そしてその際の解釈の支えとなるのが，「正当化された共通世界」に関して集団で共有された表象（あるいは共有信念）としての慣行である。すなわち，諸アクターは，状況のなかで，「諸制度を解釈し，取り扱うためのロジックとして慣行を適用する」（Diaz-Bone and Favereau 2019：9）。コンヴァンシオン経済学は，制度のなかから慣行概念を分析上区別することによって，ゲームの規則が維持され機能する背後に慣行の役割を見出すのである（ベッシー・ファヴロー 2011）。

5-2 経済地理学の諸潮流

経済地理学は1990年代以降，さまざまな学術的パラダイムを取り入れ，多くの「ターン」を経験してきた（Hassink et al. 2014）[16]。そのなかで，緩やかであれ，いくつかのスタンスが形成されるに至っている。ただし，用語や概念が入り乱れて使用されているため，ここで経済地理学の潮流を整理し，本書のスタンスを位置づけておくことは有用だろう。

ハシンクら（Hassink et al. 2014）は，図1-4のように，特に経済学の理論動向と

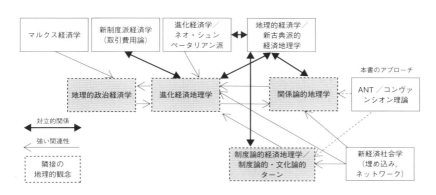

図1-4　経済地理学と関連分野の関係図
(出所：ハシンクら（Hassink et al. 2014：1300）の図に加筆修正)

注）オリジナルの図には「新経済地理学／カリフォルニア学派も含まれているが，適切な位置づけではないと判断し，除外した。他方で，ANT／コンヴァンシオン経済学は筆者が追加したものである。

---

16) たとえば，制度論的ターン，進化論的ターン，文化論的ターン，関係論的ターンなどがある。

の関わりで，四つの潮流を特定している。「地理的政治経済学」「制度論的経済地理学」「進化経済地理学」「関係論的地理学」である。この整理は，地理学における「学派」ごとの関係をまとめたものであり，理論的な特徴を踏まえて相互関係を捉えたものにはなっていないことに注意する必要があるが，錯綜したさまざまな潮流を便宜的に区別し，鳥瞰的に把握するうえでは有用である。

このうち，「地理的政治経済学」は，政治経済学とりわけマルクス経済学に依拠し，多くの議論を含む包括的な概念である（Sheppard 2011）。いずれも，国家・労働・資本の関係と資本主義に内在する傾向を踏まえて地理的不均等発展の問題を扱う（Hassink et al. 2014）もので，経済地理学では古くから存在するアプローチである。これに対し，「制度論的経済地理学」は，1990年代以降の集積研究のトレンドを含み，2000年前後から「制度論的ターン」や「文化論的ターン」といった特徴づけとともに現れてきた名称である。「進化経済地理学」は，進化論に立脚して制度変化を強調するものである。ここに含まれうる研究自体は1990年代頃からあったものの，急速に普及するのは2006年以降のことである。

「関係論的地理学」もまた，2000年代前半にバテルトとグリュックラー（Bathelt and Glückler 2003）らを中心に提起された名称であり，人文地理学ないしは経済地理学における関係論的思考を取り入れた，より広範な潮流の一部をなす（Hassink et al. 2014）。これらの動向のうち，本書の立場に関しては，制度論的なアプローチとともに，関係論的な潮流と関連が強いと考えることができる。

5-3　関係論的地理学と本書の位置づけ

関係論的地理学は，水野（2013）によると，地域科学や空間経済学など地理的経済学に対して提起されてきた，この20年間の経済地理学を特徴づける動向の総称である。それは「制度・文化的視点」と「ネットワーク視点」の双方を含み，主体と構造，異なる空間スケール間，社会と空間の相互規定関係に注目するものである[17]。また，山本（2013）は，関係論的地理学に批判的リアリズムと呼ばれる社会構築論的立場を

17）アクターと環境との相互規定関係が重要である。取引費用論もまた代表的な制度の経済学であり，その意味で関係論的であるといえそうである。しかし，ボシュマとフレンケン（Boschma and Frenken 2006）によると，取引費用論は新古典派経済学と同様に「原子」論的な経済エージェントを前提にしているために，取引費用論を用いて集積の出現を説明したスコットの議論を除いて経済地理学では普及しなかった。

見出す。このようにみると，関係論的地理学は，制度論的経済地理学，さらには進化経済地理学とも必ずしも明確に区別することが困難である。そして，制度概念と同様に，関係論的経済地理学もまた，あまりにも広範な方法論的立場を許容しているゆえに，関係論というフィルターを通じて，どのような分析視角や問題設定が可能なのかが不明瞭になっている面もある（Bathelt and Glückler 2013；Jones 2013）。

そもそも，上記の三つのアプローチについては，いずれも広い意味での制度を問題としながら，制度へのアプローチ方法をめぐる緩やかな違いによって，やや曖昧に区別された分類とみなすこともできる。制度論的経済地理学は，多様な制度理解を含みながらも領域的な制度を重視する傾向があると考えられるが，進化経済地理学では，分析単位として企業を重視し制度は基本的にルーティンとして捉える。

たとえば，エスレッツビヒラーとリグビー（Essletzbichler and Rigby 2007）は，制度を「思考習慣」とするヴェブレンの古典的な定義を引き合いに出しつつ，それを基本的にはルーティンと変わらないものとして考える。こうした立場は，おおむね，進化経済地理学の論者たちのスタンスであると考えてよい（Boschma and Frenken 2006）。「進化経済学において，制度は相対的に安定した実体として理解され，それは時間をかけて緩やかにしか変化せず，したがって企業レベルでのルーティンと同じ機能を果たす。それらは結晶化した過去の社会的実践であり，投資決定，新規制の探索，職業訓練といった個人的行為を伝えるものである」（Essletzbichler and Rigby 2007：557）。

なお，ここでいうルーティンとは，生物の遺伝子に相当するような，習慣化した行為の規則性のことを指す。自然淘汰を潜り抜けた環境適応的なルーティンは，企業組織の「コンピテンス」を構成するものである。コンピテンス（＝ルーティン）は，かつて直面した問題の解答を記載し，類似の問題処理のために自動的に利用されるある種のプログラムである（エイマール＝デュヴルネ 2006）。

ただし，このように制度を捉えると，新古典派経済学とは対照的に，人間の意思決定の果たす役割は後退し，むしろルーティン＝制度へと結晶化するエージェントの実践を淘汰＝選択（selection）する環境が重要性をもつ。「制度的な差異はまた，ローカルなエージェントの行為に影響を及ぼす，地域的な淘汰＝選択環境の差異として解釈される」（Essletzbichler and Rigby 2007：557）のである。

関係論的地理学に関しては，当初はかなり包括的な分類であったが，近年になって「プラクティス・シフト」を経験しつつあるという（Jones 2013）。特にバテルトとグリュックラー（Bathelt and Glückler 2013）は，フーコーのミクロ権力論から着想

を得ながら，アクターネットワーク理論（ANT）やコンヴァンシオン経済学に接近しつつある。これらのアプローチは，やや乱暴な特徴づけではあるが，いずれも分散認知の考えを採用し，モノ，モノの配置（空間），規則，表象，分類法などの認知的人工物といった，異質な諸要素の結合と配置から構成される，いわば社会的・物質的コンテクストとして制度を捉える。

　バテルトとグリュックラー（Bathelt and Glückler 2013）が述べるように，「近年，経済的相互作用の文化的基礎に対する関心が高まっており，とりわけそれは，市場の人類学（Callon 1998），コンヴァンシオン経済学（Boltanski and Thévenot 2006），そして市場の規則と慣行（コンヴァンシオン）の発展と交渉（たとえば，Berndt and Boeckler 2009；Hall 2008；Swain 2006）に焦点を当てるものである」（Bathelt and Glückler 2013：356）。ベルントとベックラー（Berndt and Boeckler 2009）は，こうした立場から，市場の構築を掘り下げようとしている。

　なお，思考や行為をある特定の活動へと方向づけるような枠組みは，装置（dispositif）や配置（agencement）などと呼ばれる（本書第4章と第8章参照）。コンヴァンシオン経済学では装置，アクターネットワーク理論のM. カロン（カロン 2016a, 2016b, 2017a, 2017b）では配置という用語がしばしば用いられる。この観点において，地理学にとっては，物的空間もまた制度の一端を担っていることが重要である。そして，それは，知識移転や学習の制度的枠組みと同時に，人・モノ・財の質的規定（qualification）あるいは価値づけの過程のなかに，利害の対立や調整などの論点を見出していく可能性を含む。ただし，アクターネットワーク理論とコンヴァンシオン経済学は人間の扱い方に違いがある点に触れておかなくてはならない。前者は人間とモノなどの非人間を存在論的に区別しないのに対して，後者は，人間の価値判断能力を重視するのである。

　以上を踏まえると，本書の理論的立場は，制度論的経済地理学とも関係するが，むしろ関係論的地理学，とりわけその近年の方向性のなかに含まれるものであり，さらにそのなかでも人間存在の役割を重視するアプローチであるといえる。そこでは，装置の背景に規範的秩序が見出され，そして，その構築においては，人間の批判や価値判断の能力が役割を果たす。本書では，コンヴァンシオン経済学を手がかりに，経済活動の調整と財・サービスの価値づけ（valuation）に作用する産業集積の役割について考察していく。

産業集積と制度・慣行
イノベーティブ・ミリュー論の射程

02

1 はじめに

　近年の産業集積研究は，制度を鍵概念としながら，知識，学習，イノベーションとの関わりで議論されることが多い。この背景には，現代資本主義において，企業の競争力と価値の源泉として，知識の重要性が認識されてきていることが濃厚に影響している。本章では，制度論的／関係論的な議論の代表例の一つとしてイノベーティブ・ミリュー論を取り上げ，産業集積における制度の理論的役割について検討する。制度論的な集積論は，さまざまな論者によって提起され，また具体的な強調点も異なっている。しかし，ローカルな制度を通じて，アクターの行為能力が形成される側面を重視している点において共通している。

　取引費用論に基づくスコット（スコット 1996）のアプローチを含め，1980年代までの立地論系譜の議論は，程度の差はあれ経済主体の最大化仮説を擁護し，そうした選択の帰結として産業集積を説明してきた。スコットの議論の切れ味のよさにもかかわらず，この観点からは，産業集積という事業環境が経済主体の行為原理に影響を及ぼす作用はみえてこない。ストーパー（Storper 1997）の表現を借りれば，産業集積はいまや，静学的条件下における個人行動の最大化に帰せられるものではなく，（環境として個人行動そのものの形成に関わることで）資本主義の動態を生み出す貢献者である，ということになる。イノベーティブ・ミリューは，そうした環境を主題化している。

　本章では，近年の認知論的な「制度の経済学」を手がかりに，以上の課題に対して，産業集積と制度の関係について理論的な整理を行う。この作業を通じて，「生産の世界」論を含む制度論的／関係論的な集積論が前提として共有している集積の効果を明らかにしたい。まず，イノベーティブ・ミリュー論の内容を明らかにし，さ

らにそれが前提としている理論的背景について詳しく検討する。

2 イノベーティブ・ミリューと領域的制度

2-1 イノベーティブ・ミリュー論の系譜

　イノベーティブ・ミリュー論は，日本でも詳細な検討がなされ，広く知られる存在である（友澤 2000；山本 2005；立見 2007 など）。ミリュー（milieu）とはフランス語で環境を意味する言葉である。次章以降で詳述することになる，サレとストーパーの「生産の世界」論がコンヴァンシオン経済学の特殊性を抜きに理解しがたいのに対し，ミリュー論は「制度の経済学」に共通のコンセンサスが明確に見出しやすく，制度としての集積の役割を考えるうえでよい対象である。

　事実，クルボアジェ（Crevoisier 2006）は，ミリューの機能に関する考察が「コーディネーション問題」を扱った理論的アプローチを参照してきたとする。ただし，イノベーティブ・ミリュー論は，ミリューの集団的次元を重視しており，その点で，ヒエラルキー・市場・ネットワークの区別に関するウィリアムソン（Williamson 1985）の研究を超えて，「取引されざる相互依存性」（Storper 1997）や「近接性の経済」（l'économie de la proximité）（Gilly and Torre 2000）といった近年の概念を介しつつコンヴァンシオン経済学（*Revue économique* 1989 で特集）から，またより一般的には「制度の経済学」（Hodgson 1998）と総称される潮流から理論的な着想を得てきた。

　イノベーティブ・ミリュー論が誕生したのは，1980 年代半ばの欧州である。1970 年代から，イタリアの研究者によって産業地区の経験的研究は蓄積されていたものの，当時，集積地域の発展を説明する理論はほとんど存在していなかった。世界的にみると，ルントクヴィスト（Lundqvist, M.），ヨハンニソン（Johannisson, B.），マスケル（Maskell, P.）らのスカンジナビア学派，ジリー（Gilly, J.-P.），ラレ（Rallet, A.），トール（Torre, A.）らフランスの「近接性学派」，スコット（Scott, A.）とストーパー（Storper, M.）のカリフォルニア学派，シュテール（Stöhr, W.）とテトリング（Tödling, F.）のオーストリア学派，さらにガロフォリ（Garofoli, G.）やビアンキ（Bianchi, P.）などイタリアやスペインの多くの研究者たちの研究と並行して，また互いに影響を及ぼしつつ展開してきたとされる（Camagni 2006）。

　イノベーティブ・ミリュー論は，産業・イノベーション研究の「空間論的展開（retournement spatial）」に対応して，1984 年にパリ第 1 大学の P. アイダロによってイノベーションに関する欧州研究グループ GREMI が結成されたことに直接の源流

を求めることができる[1]。当時のミリューに対する基本認識は，次のようなアイダロの言葉に示されている。

> 革新的企業はローカルな環境 (milieux) より以前に存在しているのではなく，それはミリューからにじみ出るものだといえる。ミリューはイノベーションと革新的企業の「託児所」であるということができる。こう考えること (ce choix) は革新的な行為がナショナルではなくて，ローカルないしはリージョナルな水準で決まる諸変数に基本的に依存しているということを意味する。技術的知識へのアクセス，産業組織の命令，市場への近接性のインパクト，熟練労働のプールの存在，といったものが，そこにおいてイノベーションの要因となる［…略…］企業は，孤立したイノベーションのエージェントではない。企業はミリューに由来し，ミリューが企業の行為を可能にする。領域の過去，組織，集合的行為，領域を形作るコンセンサスがイノベーションの主要な構成要素なのである。(Aydalot 1986, 引用は Matteaccioli（2004：384）に所収のテキスト)

この引用からもわかるように，ローカルな環境（ミリュー）がイノベーションのインキュベーションとしての役割を果たし，企業の行為や能力を形成する役割を果たすという観点は示されている。ただし，当初はその理論的な仕組みは特定されておらず，ミリューはいわば「ブラックボックス」として主題化されていた。

その後，多くの研究者の関与のもと，「知識の源泉」(GREMI 2：1986-1988)，技術協力の領域間ネットワークとローカル・ミリューの相互作用 (GREMI 3：1989-1991)，ローカル・ミリューの進化，漸進的／ラディカルなイノベーションを生起させる能力，経済関係のグローバル化を管理する能力，経済・地域政策への対処 (GREMI 4：1992-1994)，ミリューの都市研究への応用 (GREMI 5：1996-2000)，自然・文化資源のミリューによる価値付与 (GREMI 6：2001-2004) といったように，次第に論点を多様化させながら，理論的なフレームを精緻化させていったのである。理論的な骨格については1980年代後半に始まり1990年代を通じて練り上げられていった。

---

1) GREMI は設立当初から，さまざまな（政府系）機関から支援を得ていた。フランスの預金供託公庫 (Caisse des Dépôts et Consignations)，国土整備庁 (DATAR)，設備省都市計画本部（現在の都市計画・建設・建築計画本部），国民教育・研究省，欧州共同体・ベルギーワロン地域・イタリア研究審議会 (Consiglio Nazionale delle Ricerche) の地域政策部の支援である (Matteaccioli and Tabariés 2006)。

2-2 イノベーティブ・ミリューの機能

　イノベーティブ・ミリュー論は，論者によって議論の幅があるが，ストーパー（Storper 1997）によると，その特徴は次のように要約可能である。すなわち，ミリューは，エージェントがイノベーションと他者との調整（コーディネーション）を可能にするようなコンテクストであり，アメリカの経済社会学者グラノベッターが社会的・経済的過程の「埋め込み」と呼ぶものの領域バージョンである。そしてミリューは，当該地域における生産者・研究者・政策立案者などの諸アクターのネットワークからなるという[2]。

　ミリューが領域的なコンテクストであるという点は，GREMI学派の代表的な論者であるカマーニ（Camagni 2003）をはじめ多くの論者が指摘してきたところでもある。カマーニによると，イノベーティブ・ミリューは，実際，産業地域の中小企業にイノベーション能力を提供するような空間的コンテクストとして定義される[3]。ただし，同時に彼らは，ミリューが「集合的アクター（acteur collectif）」でもある点を強調する。個々の企業にとってはコンテクストであるが，コンテクストを介して集合的行為が生み出されることで，ミリューそのものを一つのアクターとして捉えることができるという（Camagni 2006）。彼らが折に触れて，領域など集合的なもの（collectif）の次元を強調する意図は，方法論的個人主義に依拠する主流派経済学ならびに伝統的な立地論との違いを明確にすることにある（Camagni 2016）。この点ではウィリアムソンのアプローチよりも，次章で扱うコンヴァンシオン経済学の立場に近いスタンスであるといえよう。

　ところで，ミリューを構成する要素は，生産システム，集団，表象，産業文化といった広範な関係性から成り立つが，その基盤は地理的近接性と社会文化的な近接性にある（図2-1）。

　地理的近接性は生産費用や取引費用の削減につながるが，同時にそれは文化・社会的な近接性をともなう。社会・文化的な近接性とは，行為モデル，信頼，言語，表

---

[2] 前章でも述べたように，ストーパー自身は，本章で扱う「生産の世界」論とともに，「取引されざる相互依存性」という概念を提起している。「取引されざる相互依存性」とは，アクター間の相互依存的な関係性に基づき，不確実性の条件下において経済アクターの行為を調整するような，慣行，インフォーマルな規則，習慣といったものである。「取引されざる相互依存性」の本質的性質は，慣行（Lewis 1969）の性質に関連している（Storper 1997：25）。経済的な機能としては，ミリューとおよそ同義と捉えてよいだろう。
[3] 大企業であれば企業内部でミリューの効果を保有しうる（Camagni 2006）。

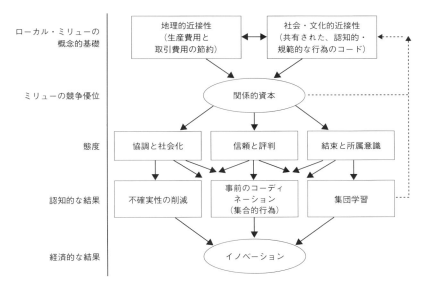

図 2-1　ローカル・ミリューの基本概念と役割
（出所：カマーニ（Camagni 2006：450）の図を基に筆者作成）

象，倫理観，認知コードが共有された状態をいう。それらは，カマーニ（Camagni 2006）が「関係的資本（relational capital）」と呼ぶような協調的な態度，信頼，結束，帰属意識の醸成を可能にし，地理的近接性とともにアクター間の相互作用とシナジー効果，インフォーマルな契約更新，機会主義的な行動の抑制，ミリュー内部における分業と協調の進展をうながす。

　ミリューの機能を経済理論との関連で考えると，それは三つの効果に帰することができ，いずれもエージェントの認知的側面に関わるものである（Camagni 2003）。まず，一つは，意思決定やイノベーション過程における不確実性を削減する効果である。もう一つは，集団的行為を円滑にする，経済主体の意図を事前調整する効果である。最後の効果は，労働市場や局所的な産業のコンテクスト（industrial context）において生じる集団学習である。集団学習は図 2-1 の右側の点線矢印のように，社会・文化的近接性を構成する共通の知識基盤（あるいはこういってよければ，ミリューという「集合的アクター（acteur collectif）」の行為原理）を新たな知識の交換と蓄積のなかで作り変えていく過程であり，生産性の向上に寄与するものである。換言すれば，ミリューに制度変化をもたらす学習といってもよいだろう。集団学習の

概念は英語圏の研究者の関心を引き，GREMI と常に近い関係にある地理学の一派 (Capello 1999；Keeble and Wilkinson 1999) によっても考察されていった (Camagni 2006)。なお，キーブルとウィルキンソン (Keeble and Wilkinson 1999) によると，集団学習は，局所的な労働市場，企業間関係，および企業のスピンアウトが，局所的な知識基盤を向上させ，利益へとつながる新製品や製法を発展させていく過程であるとされる。

ただし，こうしたローカル・ミリューの機能には限界もある。とりわけ，当該の地域が非常に専門特化し同質的な生産構造をもつ場合には，一般的に，衰退のリスクにさらされる (Camagni 2006)。このことは，1950 年代から 1960 年代にかけて，石炭産業，金属工業，造船産業，繊維工業，自動車などの伝統的工業に特化した多くの地域を襲った危機，さらには 1980 年代の貯蓄金庫の破綻にともなう，「第三のイタリア」において新しく工業化した地域（アンコーナ県の音楽器具地域，プラート地域）の危機が例証する通りである。ローカルレベルでのシナジー効果は需要条件や技術条件を根本的に揺るがすような大変化にしばしば対応することができないのである。

それではどのようにして，新しい組織形態と新しい行為モデル，すなわち「環境変化をコントロールする企業の能力を高めうる新しい「（集合的）アクター」」を出現させることができるのだろうか (Camagni 2006：91，カッコ内の補足は筆者)。あるいは，既存の知識基盤を刷新するような集団学習を起こすことができるのであろうか。

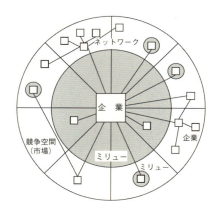

図 2-2　企業間ネットワークとローカル・ミリュー間ネットワーク
(出所：カマーニ (Camagni 1991, 2006) の図を一部改変)

この一つの鍵を握るのが，ミリュー論において早い段階から強調されてきた，ローカル・ミリューの領域的範囲を越えた企業間ネットワークの役割である（図2-2）。

ミリューの地理的境界を越えて広がる企業間ネットワークは，たとえば，ジョイント・ベンチャー，戦略提携，コンソーシアム，技術・開発協力，さらに緊密な商品化・ライセンス・フランチャイジングの合意といった形態をとる。ここに距離を隔てたアクター間の結合や新奇的知識の交換の助けとなる，展示会の役割を加えてもよい（與倉 2009；大田 2015）。こうしたネットワークを通じて，ミリュー内の企業は，費用を節約しつつ，またローカルな狭隘さに由来する制約から逃れつつ，補完的な資産・市場・技術といったものに容易にアクセスすることができるようになる。

この点については，2000年代に入ってからバテルトら（Bathelt et al. 2004）によって，ローカルバズ（local buzz）とグローバルパイプラインの関係として少し新しい角度からも捉え直されている（図2-3）。バズとは，もともとの意味にある虫の羽音のような，噂話やゴシップ，ニュースなどのことで，多くの場合，それらは断片的な情報である。当初，ストーパーとヴェナブルズ（Storper and Venables 2002）によって提起された用語である。それらは鋭敏なアクターが受け取る類の情報で，先端的で有用性が高くインスピレーションにつながるものであるが，偶然の出会いのなかで予期せずして得られるものであるため，その場所にいなくては獲得できない。アクターは，ある特定の場所や経験を共有することによって，特定の価値観，専門知識，業界用語など固有の言語をもった共通の解釈枠組みとなる知識基盤

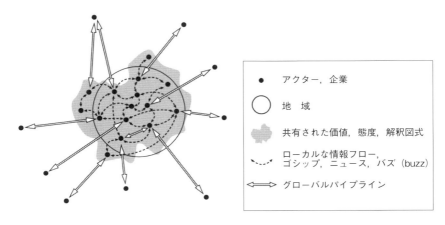

図2-3　ローカルバズとグローバルパイプライン
（出所：バテルトら（Bathelt et al. 2004）の図より筆者作成）

に基づいて，域内で行き交う断片的な情報の意味を解釈し，取捨選択することが可能となる。

しかし，「新たな知識へのアクセスは，ローカルで地域的な相互作用のみの結果ではなく，地域間・国家間範囲の戦略的パートナーシップによってしばしば獲得される」(Bathelt et al. 2004：40)。域内で流通しない知識へのアクセスを可能にする，バズの境界を越えた企業間ネットワークなどはパイプラインと呼ばれる。ロサンゼルスの映画産業，ロンドンの広告産業，そしてシリコンバレーのハイテク産業といったいくつかの事例研究が示すように，ローカルバズとグローバルパイプラインの二つは相互に補強的な関係にあるとする。

バテルトら（Bathelt et al. 2004）も言及するように，ローカルバズとグローバルパイプラインの理論的な図式は，ローカル・ミリューと企業ネットワークから集積の効果を捉えるミリュー論と非常に近しい関係にある。

2-3 集積の機能類型におけるミリューの位置づけ

ところで，イノベーティブ・ミリュー論では，早くも1980年代の終わりから，J.-C. ペラン（Perrin, J.-C.）などの論者によって，合理性概念の検討を通じて，ミリューにおける経済的行為の理論化が試みられてきた（Camagni 2006）。ミリュー論は，実質的合理性（substantive rationality）との対比で概念化される手続き合理性（procedural rationality）を前提にし，これが「主流派経済学とGREMIのアプローチの区別を特徴づける」ものとして理解される（Camagni 2006：49）。

こうした合理性の区別に基づいて，都市集積の役割を整理したのが図2-4である（Camagni 2003, 2016）。この類型は，まず空間的論理と認知的論理の二つの次元から構成されている。空間的論理には，都市を面（領域）とみるか，点（ネットワークの結び目）とみるかという区別がある。ローカル・ミリューの効果としては，「領域的アプローチ」が重要である。次に，認知的論理であるが，これは実質的合理性と手続き合理性という二つの合理性区分に基づいて「機能的・地理的アプローチ」と「関係的・認知的アプローチ」に分けられる。

「機能的・地理的アプローチ」は，主流派経済学である空間経済学や経済地理学が採用してきた，集積の経済（外部経済）にその機能を求める伝統的なアプローチである。面として捉える場合でも，交通・コミュニケーション・取引などさまざまなネットワークのノード（結び目）として捉える場合でも，効率性という観点から集積の役割が理解される。集積の経済は，生産における規模の経済の利用，専門化と分

		空間的論理	
		領域的アプローチ	ネットワーク的アプローチ
認知的論理	機能的・地理的アプローチ（実質的合理性）	●集積（agglomeration）としての都市 ・契約の量と密度 ・内的な異質性 ・専門化 ・外部性の集中 ・取引費用の削減 ・選択的あるいは偶然の出会いの空間 ・相互作用と匿名性の共存	●相互結合としての都市 ・複合的で相互作用する輸送，経済とコミュニケーションのネットワークにおけるノード（結び目） ・場所とノードの相互結合 ・グローバルな結合の提供
	関係論的・認知的アプローチ（手続き合理性）	●環境（milieu）としての都市 ・関係性の密度，コードと価値の共有 ・所属意識，アイデンティティ ・集団学習の基礎 ・不確実性の削減：社会化された，情報のコード変換 ・事前の調整（コーディネーション）（集合的行為） ・イメージ空間，共有された象徴的表象 ・楽しみ，感情，情動の促進 ・学習の再帰性の向上	●知識・創造型環境としての都市 ・グローバルなミリュー間の連結 ・象徴・コード・言語の創造とグローバルな交換 ・内的・外的なエネルギーの発電所／変圧器としての都市 ・（分析的，統合的，芸術的といった）さまざまな知識形態の混合

図 2-4　都市集積の機能類型とミリューの役割
(出所：カマーニ（Camagni 2003, 2016）の図を基に筆者作成)

注）カマーニ（Camagni 2016）では「ヒエラルキー的・分配的次元」が追加されているが，ここでは除外した。

業の発展，大規模な労働市場や下請・付随的企業の存在から得られる利益を企業にもたらす。また契約の束として集積を捉えることで，域内での情報流通を高め，取引費用を削減し，結果として特に中小企業の生産性を高める可能性をもつ。

　これに対し，「関係論的・認知的アプローチ」は，認知と行為の環境（ミリュー）として都市を捉えるアプローチである。静態的な集積の外部性，たとえば費用削減や所得の拡大だけではなく，不確実性の削減とイノベーションの過程に着目するものである。そしてこれは，創造性，知識，社会文化的イノベーションに関わる認知論的なアプローチをとる。契約の密度よりも，社会関係の密度が重要である。また，学習過程と新たなコードの創出は，都市の内部における既存のさまざまなコードの複数性との対立ゆえに生起する。

　ミリューの効果については，すでに述べてきた通りであるが，なぜ意思決定の調整が問題となるのか。これにはコーディネーション問題をめぐる理論的前提が関わってくる。また，集積地域をミリューとして捉えるための鍵とされる手続き合理性とはどのようなものなのだろうか。これらについて，イノベーティブ・ミリューあ

るいは制度に着目する集積研究においては，実際のところ，用語や概念の紹介はあってもその中身について十分な説明がなされることは稀である。これをよりよく理解するためには，制度の経済学に立ち返り，制度・慣行の役割を詳細に検討する必要があるだろう。

3 手続き合理性とは何か：合理性から産業集積を考える

まず，想定する人間の認知能力に関わる合理性の区別から始めよう。よく知られている区別に，完全合理性と限定合理性というものがある。完全合理性とは全知全能のアクターを想定した概念である。新古典派経済学において，人間は社会から孤立した存在として捉えられ，単一の目的や選好を所与として最適な意思決定を行うものとされる。ここでは，すなわち人間は，環境から情報を受け取って処理する機械（情報をインプットして記号処理を施し，何らかの結果を出力する），いわば擬似コンピューターとして捉えられる。最適な意思決定を行うことは，干草の山に針が埋まっていると仮定して，そのなかから服を縫うのに最適な一本，つまり最も先の尖った一本を探し出すようなものである（マーチ・サイモン 1977）。ある人がこの作業を実行するためには，すべての針を干草の山から膨大な時間と費用をかけて探し出し，相互に比較しなくてはならない。新古典派経済学では，この恐ろしく込み入った意思決定を難なくこなす能力，つまり完全合理性が前提とされる。

他方で限定合理性は，情報の収集と処理についてアクターの認知的能力の限界を認める，より現実的な合理性のことをいう。限定合理性はサイモン（Simon 1976）の「制約された合理性」に由来する概念であり，そこには情報収集能力と情報処理能力の双方の限界が含まれる。こうした限定合理性の仮定は，完全合理性に対して，まったく正しい主張のように思われる。

しかしながら，これに対し，イノベーティブ・ミリュー論では，実質的合理性と手続き合理性という区別が導入されていた。そして，産業集積を環境として捉える立場は，手続き合理性を前提とするものであるとされていた。手続き合理性もまたサイモン（Simon 1976）によって提起されたもので，実質的合理性との対比において説明される[4]。実質的合理性とは，新古典派経済学が想定する「結果からみた」合理性の

---

[4] サイモン（Simon 1976）は，実質的合理性を経済学由来の合理性概念であるのに対し，手続き合理性は心理学のなかで発展してきた概念であるとしている。

ことである。敷衍すると，それは効用最大化もしくは利潤最大化の目的のもとで，最適な結果を選択するような客観的合理性である。この合理性概念は，研究者の第三者的な視点に基づき，行為する当人からは切り離された理論的構築物であるといえる（Knight and North 1997）。これに対し，手続き合理性は，アクターが意思決定の場面で熟慮する際の思考プロセスの論理性を捉えた概念である。

　以上のような限定合理性，実質的合理性，手続き合理性といった概念は，いずれも H. サイモンによって提起されたものである。サイモンは，当初，完全合理性と限定合理性の区分を使用していたが，次第に，実質的合理性と手続き合理性という対概念を用いるようになっていった。ビヤンクールらによると，「限定合理性という考えは，単純に期待効用理論に対して弱められた合理性として解釈することもできるし，あるいは選択手段の現実的な限定性を考慮に入れた完成された合理性概念を指示することもできる」としている（ビヤンクールほか 2006：247，強調は筆者による）。こうした見方によると，限定合理性はあくまで完全合理性を前提にしたネガティブな合理性の把握であるといえよう。これに対し，手続き合理性はむしろポジティブな合理性把握である。

　手続き合理性の概念は，近年，制度の経済学のなかで広く受容されつつある。たとえば，C. ベッシーは，コンヴァンシオン経済学と D. ノースの新制度派経済学の関係を扱った論文のなかで次のように述べている。すなわち，制度概念は，新古典派理論によって擁護される実質的合理性の想定を疑い，たとえ特定モデルにおけるゲーム理論の使用が結果としてそうしたタイプの合理性仮説に準拠していたとしても，サイモン型の手続き合理性を支持している，という（Bessy 2002：80）。

　ここで，以上の合理性区分を踏まえて改めて集積理論を捉え直してみよう。図2-5 は，合理性の区分から産業集積論を整理したものである（立見 2008）。完全合理性と限定合理性，実質的合理性と手続き合理性というそれぞれ対をなす二つの組の合理性に，エイマール=デュヴルネ（2006）にならって，有機体的合理性を加えたものが基準となっている。

　まず，伝統的な立地論は，完全合理性と実質的合理性によって特徴づけられる。標準的な経済学と類似の人間像が想定されており，前述のカマーニの分類では「機能的・地理的アプローチ」に対応する。経済地理学の産業集積研究は，1980 年代に入るまで産業立地論を中心に展開されてきた。立地論は，20 世紀初頭に A. ウェーバーによって体系的に練り上げられたあと，1950 年代以降，E. M. フーバー，M. L. グリーンハット，W. アイザードらによって形式化されてきた。そして，その精緻

完全合理性	●実質的合理性 ・伝統的な立地論，地域科学
限定合理性	・スコットの集積論 ●手続き合理性 ・イノベーティブ・ミリュー論 ・「生産の世界」論 ・認知的近接性をめぐる議論 ●有機体的合理性 ・進化論的経済地理学

図 2-5　合理性区分と産業集積の理論
(出所：筆者作成)

化作業に使用されたのが，当時，数学的言語で完成されつつあった新古典派経済学の分析道具であった（松原 2002）。

　他方で，新古典派的な立地論への批判から，限定合理性を踏まえた，行動論的立地論も提唱されるようになる。クルンメ（Krumme 1969）によって提起された「企業の地理学」は，複数工場をもつ大企業内部での多様な立地行動を扱う（富樫 1990）。産業集積研究との関係でいえば，新産業空間論を提起した A. スコットのアプローチが，限定合理性と取引費用の節約から産業集積の成立を説明するものである。ただし，この枠組みは，取引費用の節約として最大化仮説を維持し，従来の立地論と共通性を有しているようにみえる。このことから，限定合理性を認めてはいるが，実質的合理性を暗に前提しているといえる。

　これに対し，近年の制度論的／関係論的な産業集積論は，限定合理性でありかつ手続き合理性である立場をとっているものが少なくない。なかでも，イノベーティブ・ミリュー論がそうであり，コンヴァンシオン経済学に依拠したサレとストーパーの「生産の世界」論は，手続き合理性の前提を明示している。こうしたアプローチにとって，産業集積は，アクターの行為能力を形成する環境としての役割を有する。従来の集積論においては，最大化原理に基づく個人行動の結果として産業集積が説明されてきたが，近年においてはむしろ，産業集積が個人の行為能力そのものを形成する点が注目されるようになったといってよい。

　限定合理性を扱う方向性は，手続き合理性だけではない。第 4 章で詳細に検討するが，進化理論のように，近視眼的で刺激・反応のメカニズムに従うような合理性がある（エイマール=デュヴルネ 2006）。そこにおいて，個人は生物の遺伝子に相当するようなルーティンに従って行為し，企業もしくは地域の成長や衰退は，効率的な

ルーティンの（環境による）自然淘汰の過程にゆだねられることになる。進化経済地理学自体は，厳密に進化論を適用しているとはいえないかもしれないが，ルーティン概念の強調は，個人の意思決定能力の後退と環境による決定を示唆する。その点，イノベーティブ・ミリュー論や「生産の世界論」は手続き合理性を掘り下げることで，人間の意思決定能力を担保するのである[5]。

4 コーディネーション問題とミリューの効果

　イノベーティブ・ミリュー論の重要な役割である，アクター間での相互期待の調整問題に話を進めよう。これは経済調整において，ゲーム理論家のシェリング（2008）の「フォーカル・ポイント（焦点）」を生み出すものと共通のコンテクスト（あるいは制度）が果たす役割を考えることである。産業集積研究との関わりでは，ローレンツェンとフォス（Lorenzen and Foss 2002）もまた，不確実性の削減をはじめとした，産業集積が有する認知的調整の効果をフォーカル・ポイントの論理と明示的に結びつけて理解している[6]。アクター同士の期待調整の問題（コーディネーション問題）の解決として，フォーカル・ポイントはよく知られるところであり，コンヴァンシオン経済学においても同様である[7]。まず，コーディネーション問題を理解するうえで，コンヴァンショナリストでありレギュラシオニストでもある，A. オルレアンの以下の説明を参照しておくことが有用である。

4-1　「純粋な市場論理」の不完全性：不確実性の問題

　この問題は，もはや制度経済学の共通基礎といってよく，オルレアン（Orléan

---

[5] さらに本書では，第4章での考察のように，コンヴァンシオン経済学に依拠することで，手続き合理性の路線によって状況づけられた認知へと進むことで，認知的装備を提供する環境の役割へと進めていく。

[6] 彼らは，調整を二つに区別して論じている。認知的調整以外の一つの形態は，評判の効果を通じて，地域の企業家の間で利害と行為が調整されるインセンティブの調整である。社会的な規則と慣行の地域的システムと，そこから逸脱することへの制裁によって，機会主義的行動が極めて効率的に回避されうる。そしてこうしたメカニズムは，地理的境界のおかげで，産業集積において円滑に作用することになる。

[7] ローレンツェンとフォス（Lorenzen and Foss 2002）は認知的コーディネーション問題と呼んでいる。なお，コーディネーション問題は，ゲーム理論（非協力ゲーム）を用いて形式的に示すことができる。

		プレイヤーB	
		右	左
プレイヤーA	右	1, 1	0, 0
	左	0, 0	1, 1

図 2-6　純粋調整ゲームにおける道路交通の規則
（出所：オルレアン（Orléan 1994：17）より作成）
注）左側の数字がプレイヤー A，右側がプレイヤー B の利得を示す

1994）が「純粋な市場論理」と呼ぶものの限界を確認することから始まる。オルレアンによると，標準的な経済学は次の二つの仮説からなる抽象的な社会構造を自らの学問領域とみなしてきた。すなわち，経済主体は個人的利益を追求する合理的個人であり，それは技術的制約下における効用最大化という形をとる（仮説 1），そして，これらの個人的な意思決定を相互に整合的にする社会的相互作用が市場である（仮説 2），というものである。

オルレアンは，道路交通の状況を事例に，簡単な非協力ゲームの枠組みを用いて純粋な市場論理の限界を示している（図 2-6）。以下，オルレアンの説明に従って，検討を進めていく。

車の運転手である二人のプレイヤーは，右側通行（右）と左側通行（左）という二つの選択肢を有する。二人の運転手が，（右，右）もしくは（左，左）という同一の選択をした場合，彼らは 1 の効用を得る。対して，彼らが（右，左）（左，右）という異なる選択をした場合には，効用は 0 である。この二つの交通規則は，他者が選択を変えない限りプレイヤーが変更のインセンティブをもたないような，ナッシュ均衡となっている。彼らは協力して同じ選択をすることに共通の利益を見出すが，ゲームを行う以外にコミュニケーションがとれない非協力的な枠組みにおいては，容易に協力することはできない。このような純粋調整ゲームから，プレイヤーの意思決定を困難にする三つの要因が明らかとなる。すなわち，①均衡の非決定性，②契約の不完備性，③相互期待の無限循環性，である。

まず①であるが，効用の等しい複数の均衡が存在する場合，経済主体はそのうちのいずれを選択すればよいのか判断できず，この意味において経済的進化を不確定にしてしまう。図 2-6 では，（右，右）（左，左）という二つのナッシュ均衡が存在し，効用は 1 で等価となっている。

次に②であるが，これは外的な不確実性と不完備契約に関わる。市場において企

業間の取引を可能にするものは契約である。しかし，予見不可能な偶然（外的な不確実性）が考慮されるとき，将来生起するすべての事象を事前の契約内容に含むことはできないので，契約は常に不完全となる。もしプレイヤーが外的な不確実性に直面すれば，プレイヤーはたとえば，契約の限界を非市場的な要素によって補わなくてはいけない。

最後に③であるが，これは相手の意図あるいは行為（戦略的合理性）に由来する内的な不確実性である。この問題は本章においてとりわけ重要である。図2-6ではゲームの構造上，プレイヤーは他者との選択の一致に共通の利害を見出すため，プレイヤーAはプレイヤーBの選択を予期して最良の選択を行おうとする。プレイヤーBについても同様である。プレイヤーBの選択を予測することはプレイヤーAの予測への予測を強制するものである。なぜならプレイヤーBの選択を支配するのは，このプレイヤーAの最後の予測だからである。こうして，プレイヤーたちは互いの行為に関する相互期待の循環のなかに置かれる。彼らは，なんらかの外在的な準拠点なしに互いの予測を調整することができない。

しかしながら，現実には，相互期待の循環性はしばしば回避され，プレイヤーは特定の選択に合意することができる。というのも，アクター間に共通のコンテクストから得られるデータによって，意図の調整が可能になるからである[8]。ここで，ゲーム理論家シェリング（2008）の「フォーカル・ポイント（focal point：焦点）」について語られることになる。

期待の調整が必要な，次のような場面を考えてみよう。大都市の街中ではぐれてしまったAとBという二人の友人が互いの意図を予測して落ち合おうとしている。AはBの行為を予測して自分の選択を行おうとするが，これはBもまた然りである。互いの意思決定が互いの行為に依存している。AとBはこのままでは期待を調整することができず，相互期待の無限循環のなかで再会することができない。互いの期待を調整するためには，何らかの共通の目印が必要である。そして，こうした目印を提供する論理として知られているのが，シェリングのフォーカル・ポイントである。

フォーカル・ポイントは，他者が自らと同じ目的を有することを知っているとい

---

[8] ゲーム理論家オーマン（Aumann 1992）がいうように，純粋な合理性（戦略的合理性）はそれだけではどこにも至ることができない。それは非合理性が意味をもつような広いコンテクストで初めて成り立つのである。

う前提のもと，集団に共通のコンテクスト・データに基づいて，集団的に承認された準拠点が自然発生する論理である。この準拠点こそが，交差した予測の循環的論理からエージェントが逃れることを可能にする。シェリング（2008）においては，認知的な顕現性（際立ったこと：salient）——突出，単一性，簡潔性，対照性——が，アクター同士の相互調整の目印となる[9]。このとき，前例は大きな目印となり，その場合，しばしばかつての解決が再生産される。また，次章でみるような状況づけられた認知との関係では，事物の際立った特徴もまた調整の目印となることが重要である。いずれにせよシェリングにおいて，フォーカル・ポイントを出現させるのは個人の認知的能力であり，問題解決は論理力よりも想像力の賜物である。なお，こうして選ばれた均衡点が定着すれば慣行となる。これは集団的な知を生産する過程であるという意味で，集団学習と呼ぶことができよう。

4-2 産業集積の役割

ローレンツェンとフォス（Lorenzen and Foss 2002）もまた，認知的な調整（コーディネーション）を成功させる鍵をフォーカル・ポイントに求めている。産業集積地域は，ローカルな教育制度を通じて，また日々の実践および模倣を通じて，技術知識のような明示的知識と暗黙的知識を共通の知識（shared knowledge）として蓄積している。こうした共通の知識からのフォーカル・ポイントの生成は，より容易なものとなる。

フォーカル・ポイントは，企業内はもちろんのこと，企業間取引（市場）においても形成されるが，産業集積において優位性をもつ。「社会的学習（social learning）を通して，共通のフォーカル・ポイントは，クラスターにおいて「メタ・ルーティン」として制度化されるようになり，これによって，ローカルな企業家群が彼らの期待を調整することが可能になる」（Lorenzen and Foss 2002：10）。社会的学習の過程は，企業家の地理的近接性によって促進され，またグラノベッター流の「強い紐帯」と「弱い紐帯」が豊富に存在することで，外部の世界に比べて産業集積において円滑に作用するものとされる。ローレンツェンとフォス（Lorenzen and Foss 2002）

---

[9] エイマール=デュヴルネの例えはわかりやすい。「とある大都会で再会しようとしている二人は，12時にこの都市の中でそびえ立っている場所に行くだろう。それが一つしかないかどうか，お互いが同じことを考えているかどうか，という配慮が重要である。アクターたちは自分たちの共通体験を動員する（前年，彼らはその場所でともに楽しいひと時を過ごした……）」（エイマール=デュヴルネ 2006：26-27）。この場合，共通体験が一つの均衡への焦点を提供している。

は，社会的学習という用語を使用するが，企業ではなく，産業集積においては集団学習と同一視しうると考えてよかろう。

「制度化されたフォーカル・ポイント」は，イノベーティブ・ミリュー論では，ミリューに相当すると考えられる。また「生産の世界」論では，それは慣行と呼ばれている。いずれも経済調整を円滑にする，目に見えない制度としての役割を果たす。

ここで，カマーニ（Camagni 2006）が指摘するミリューの効果（不確実性の削減，意図の事前調整）を再び想起しよう。すでに明らかなように，これらは，純粋な市場論理の不完全性を補い，経済調整を可能にする効果をもつ。

以上の議論に対応させるならば，経済主体があらかじめミリューの文化社会的コンテクストに埋め込まれていることで，①複数均衡に直面したときでも迷うことなく一つの選択肢を選ぶことができる。②予測不能な外的不確実性に直面したときでも契約内容を補い更新することができる。そして，③相互期待の循環性の内的な不確実性においても，ミリューを構成する，共通の表象や倫理観，認知コードによって，たとえば「右側通行するに違いない」という他者の行為に対する期待を形成し，互いの行為を調整することができる。もっともプレイヤーはミリューに準拠することで，多くの場合，意図の調整はすでに解決ずみである。

このような効果は，サレとストーパー（Salais and Storper 1993）の議論においてもまったく同様にみられるものである。彼らの鍵概念である慣行もまた，他者のコンピテンスと行為に関する相互期待のシステムであり，「純粋な市場論理」の不完全性を補完するものである。

5 おわりに

最後に，イノベーティブ・ミリュー論の経済理論への位置づけを，筆者なりに整理しておく。

ミリューの効果は，以上の検討から明らかなように，純粋な市場論理の不完全性を阻むようなコンテクストから得られる。たとえば，ある地域企業が地域内のネットワークに基づくミリューに属していることで次のような効果がもたらされうる。すなわち，なんらかの事業展開の変更を迫られたときでも，迷うことなく特定の経済進化の道を選択できることや，契約の不備をほとんど自動的に補完できることである。また，取引関係において他企業との意図の調整を容易に行うことができ，図面や仕様書には記載しえない類の，暗黙的で特殊な知識の移転・伝達もスムーズに

行えるであろう。

　近年重視されている，知識創造の過程における地域外企業とのネットワークの重要性も，同様の視点から捉えることが可能であろう。地域外企業とのネットワークは，領域内の企業間関係とは質的に異なるコンテクストに依拠していたり，それよりも緩やかなものであったりする。これによって，シェリングが重視するような前例の単なる再生産ではない，新たな焦点の生成と，共有された知識の創造が行われやすいものと考えられるのである。

　ここまで，合理性の区分に立ち戻り，イノベーティブ・ミリュー論を例に，産業集積の制度的な基盤について明らかにしてきた。ミリューの機能は，多くの制度論的，関係論的な集積理論にとって，共通の基礎になっていると考えることができる。とはいえ，個人と，個人を超えた集合的次元（ミリュー論では「集合的アクター」）の関係は必ずしも明らかではない。さらには，集積における，あるいは集積を超えた共通のコンテクストが，相互期待の無限循環を回避し，不確実性の削減と学習の基盤に貢献するとしても，イノベーションが生起する要因が必ずしも明らかになったわけではない。本書では，市場の次元を考慮することで，企業と集積地域の経済的成功を条件づける諸要因にアプローチする。

　次章では，コンヴァンシオン経済学を経由することで，集合的次元を扱うことが可能な，方法論的個人主義に単純に還元されない枠組みを探るとともに，サレとストーパーの「生産の世界論」と，さらには市場構築と価値づけに関する考察へと進んでいく。

コンヴァンシオン経済学と産業集積
サレとストーパーの「生産の世界」論

03

　本章では，まず，コンヴァンシオン経済学の理論的骨子について明らかにしたのち，そこに依拠するサレとストーパーの「生産の世界」論の展開について検討を加える。コンヴァンシオン経済学は，第2章までにみてきた制度の役割を超えて，独自の展開を発展させてきた。そのため，コンヴァンシオン経済学の特徴を抜きに，「生産の世界」論を理解することはできない。

　なお，本章では，極力，「生産の世界」論に関わる範囲で，コンヴァンシオン経済学の特徴を概観するが，状況における認知や，認知から規範への橋渡しの部分については，続く第4章においてさらに掘り下げることになる。そうした補完的な考察は，第7章や第8章における財の価値づけと市場の構築をめぐる議論の助けになると考えられる。

1　コンヴァンシオン経済学の展開

1-1　コンヴァンシオン経済学の生い立ち

　コンヴァンシオン経済学は，1980年代のフランスで漸進的に形成されてきた制度の経済学の一派であり，慣行(コンヴァンシオン)概念に基づいて，経済・社会・政治を統合的に論じようとするものである。彼らは制度から慣行概念を区別することで，制度の状況依存性を強調する。彼らにとって，あらゆる制度（規則）は慣行的基礎を抜きにして機能することはできないのである。ファブロー（Favereau 1995）によると，コンヴァンシオン経済学は，次のような三つの組織においてそれぞれ行われてきた研究プログラムが互いに接近し，形成されてきた。

　一つには，国立統計経済研究所（INSEE）における統計分類の対象となる社会的カテゴリーの（社会的）構築に関する研究がある。もう一つは，パリ第1，第2，第

3大学における内部労働市場論の検討作業である。内部労働市場論は，アメリカの制度主義経済学者のドーリンジャーとピオリによって提起されたものである。そして最後に，エコール・ポリテクニク（École Politechnique：理工科大学校）の応用認識論研究センター（CREA）における金融市場の予測論理に関するケインズ主義的研究がある。これらの研究テーマは一見するとまったく異なっているようにみえるが，それでも，慣行概念を機軸に，1980年代を通じて共同の研究会が開かれ，相互に問題意識を接近させていった。

フォーマルな形で開かれた最初の共同研究は，1984年の「INSEE/CNRS研究会」であった（Orléan 1994a；ドッス 2003）。これは国立統計経済研究所（INSEE）と国立学術研究センター（CNRS）が共催したもので，テヴノーとサレによって組織された。このときの中心テーマが労働管理において使用される「道具」の問題であり，一部の社会学者やレギュラシオン理論のR.ボワイエも参加するなど，比較的広い関心を集めていたことがわかる。サレとテヴノー（Salais and Thévenot 1986）の *Le travail: Marché, règle, conventions*（『労働―市場，規則，慣行』）は，この研究会の成果をまとめたものである。

正式にコンヴァンシオン経済学のマニフェストとなったのは，1989年の *Revue économique* 誌における「コンヴァンシオン経済学」特集である。この特集号の序文は，今日，コンヴァンシオン経済学の創始者たちと目される，デュピュイ，エイマール=デュヴルネ，ファブロー，オルレアン，サレ，テヴノーによる共同執筆となっている。その後，1991年には，応用認識論研究センター（CREA），雇用研究センター（CEE），そしてパリ第10大学のカエザー（CAESAR）が，「コンヴァンシオン経済学」というタイトルの討論会を共催する。その成果は，オルレアン（Orléan 1994b）の *Analyse économique des conventions*（『慣行の経済分析』）となって結実し，この時点でコンヴァンシオン経済学の枠組みが大方できあがることになる[1]。後述の検討を先取りすることになるが，この段階までで，サレの「生産の世界」論，ボルタンスキーとテヴノーの規範的秩序のエコノミー・モデル（シテ概念），テヴノーのフォルムへの投資，ファブローの集合的認知装置，エイマール=デュヴルネの「質の慣行」といった本書において鍵となる諸概念が提起される。

さらに，1990年代を通じて――直接的には本書第7章に関わる――財の価値づ

---

[1] 1995年に出版されたF.ドッス『意味の支配』（2003）では，フランスの人文・社会科学における知の新展開として，コンヴァンシオン経済学がアクターネットワーク理論と並んで大きく取り上げられた。

けと市場の構築に関わる理論的な検討が，エイマール=デュヴルネや，コンヴァンシオン経済学の第二世代にあたる C. ベッシーらを中心に行われることになる（Bessy and Chateauraynaud 1995；Bessy and Eymard-Duvernay 1997）。市場は，媒介者の関与によって構築されており，これらのアクターは「質の慣行」を生み出すことで，共通の計算空間の構築に寄与するのである。

こうした議論の背後には，分散認知理論を踏まえて，モノ，認知的人工物（媒介者によって日常的に利用される分類・広告・評価試験など），集合的表象，行為規則などの特定の結合と配置として規則というものを捉えようとするアプローチがある。認知的人工物は，活動を調整するうえで，認知的であると同時に規範的でもある（ベッシー・ショーヴァン 2018）。こうしたコンヴァンシオン経済学のアプローチは，人間と人間以外の存在物（ノンヒューマン）の異種混淆的ネットワークとして特定の活動の枠組みを捉えようとする点において，アクターネットワーク理論とも共通性をもつ。

コンヴァンシオン経済学は，さらに 2000 年代に入ると系統だった整理がなされ，発信されるようになる。2001 年には，パリ第 10 大学のフォーラム（FORUM）に所属する若手研究者が中心となって，コンヴァンシオン経済学の初の本格的な入門書『コンヴァンシオン理論の射程』（バティフリエ 2006）が出版される。執筆者としては，コンヴァンシオン経済学の第一世代であるファブローとエイマール=デュヴルネもそれぞれ序文と終章を担当しているものの，その他の章はすべて若手研究者による執筆である。

2003 年冬には，経済学以外の社会科学の研究者を巻き込んで，パリ郊外のラ・デファンスで国際シンポジウムが開かれた。この成果は，エイマール=デュヴルネ（Eymard-Duvernay 2006）の *L'économie des conventions: Méthodes et résultats*（『コンヴァンシオン経済学──方法と成果』）としてまとめられている。さらに，より直近では，バティフリエら（Batifoulier et al. 2016）の *Dictionnaire des conventions: Autour des travaux d'Olivier Favereau*（『コンヴァンシオン辞典──オリヴィエ・ファブローの研究をめぐって』）が第二世代の手によってまとめられている。ここには，主だったコンヴァンショナリストを含む 75 名の研究者が執筆しており，コンヴァンシオン理論の理論研究・応用研究の幅の広さを示す内容となっている[2]。

1-2　コンヴァンシオン経済学概説

コンヴァンシオン経済学の詳細については，日本でもバティフリエ（2006），エ

イマール=デュヴルネ（2006）という二冊の邦訳書と，須田の一連の論考（須田 2004, 2005）などによって得られる。コンヴァンシオン経済学は，制度という言葉がしばしば再生産と結びつけられ，ホーリスティックなニュアンスを含むことから，慣行（コンヴァンシオン）という概念を独自に発展させてきた（ベッシー・ファヴロー 2011）。

コンヴァンシオン経済学の基本的立場は，*Revue économique* 誌のコンヴァンシオン経済学特集号における共同マニフェストのなかで簡潔に示されている。すなわち，「市場交換の契約に限られるときでさえ，諸個人間の合意は共通の枠組みなしには，あるいは構成的慣行を抜きにして不可能である」（Dupuy et al. 1989：142）というものである。とりわけ当初は個人的行為の調整が強調され，人々の合意とそれを可能にする共通枠組みとしての慣行の性質について模索されてきた。

この慣行という言葉は，その日常的な用法よりもはるかに広い範囲をカバーしている。「品質の担い手としての商品そのものから，行動の規則性，社会的規範，習慣的な行動（ルーティン），はては集合表象までがこの用語に含まれる」のである（オルレアン 2001：5）。しかし後述するように，構成的慣行と呼ばれるような，規則（あるいは制度）の意味を状況のなかで解釈する論理となるような慣行が，分析概念上重要となる。

ところで，コンヴァンシオン経済学の問いは，換言すると，不確実性のある状況において，孤立した諸個人がいかにして「調整（コーディネーション）」を行うことができるのか，というものである。バティフリエ（2006）の海老塚・須田による訳者解説で書かれているように，これは，分離によって特徴づけられる社会関係においていかにして「再生産」が可能かと問う，レギュラシオン理論とよく似た問題設定でもある。しかし，レギュラシオン理論が制度諸形態を媒介として再生産を強調する全体論（ホーリズム）的な制度把握を行うのに対し，コンヴァンシオン経済学ではむしろ，慣行への準拠に基づくミクロな行為者間の調整を問題とする。前者が全体論的であるとすれば，後者は方法論的個人主義の特色を内包してきたといえる。

こうした特徴から，コンヴァンシオン経済学は，「刷新された方法論的個人主義」と形容される（バティフリエ 2006）。しかし，1990 年代後半以降の展開において徐々に変化し，今日では，実際のところ方法論的個人主義の枠からは大きくはみ出してしま

2）たとえば，『第二の産業分水嶺』（ピオリ・セーブル 1993）の共著者の一人である M. ピオリなど，フランス以外の研究者も執筆している。日本からは，長尾謙吉と筆者が共著で都市をテーマに寄稿している（Tatemi and Nagao 2016）。

っているようにみえる。そもそも、コンヴァンシオン経済学の分析手続きは、前章で述べたような、「純粋な市場論理」——オルレアン（Orléan 1994a）によって簡単な非協力ゲームの枠組みによって示される——の限界を確認することから始まる。すなわち後述のように、彼らは、ゲーム理論の背後に想定されている共有知識（common knowledge）の仮説を認めていない。そして彼らは、純粋な市場論理の不完全性を乗り越えるために、最終的な段階として、決して合理的個人の合意には還元されない集団的次元の介入、規範のような構成的慣行の存在が不可欠であると考える。たしかに、ミクロ理論としての性格はあるが、道徳的な判断に基づく慣行・規則の問い直しを考慮しており、慣行概念を通じて集合的次元の介入を強調するのである。

　コンヴァンシオン経済学は、特に1990年代以降の展開において、方法論的個人主義とホーリズムのどちらにも属さない、独自の方法論的スタンスを明示化してきたといえる。ディアツボーンは、それを「複雑なプラグマティズム的状況主義（complex pragmatist situationalism）」と形容する（Diaz-Bone 2011）。そこでの分析単位は、個人ではなく、限定合理的な個人の認知を可能とするような異質な諸要素から構成される状況なのである。ディアツボーンがうまくまとめているように、コンヴァンシオン経済学では、「認知は個人の脳に限られず、社会・文化的環境における認知的装置に依拠する」（Diaz-Bone 2011：48）と考えるのである[3]。

　こうしたコンヴァンシオン経済学の展開は、バティフリエ（2006）において慣行への「解釈学的アプローチ」と呼ばれるような、一連の蓄積に求めることができる。

2　慣行への戦略的アプローチと解釈学的アプローチ

2-1　評価モデル（構成的慣行）と慣行的規則

　バティフリエ（2006）は、パリ第10大学の若手研究者を中心に編纂された、コンヴァンシオン経済学の初の本格的テキストである。同書によると、慣行概念には二

---

[3]　ドッス（2003）によると、コンヴァンシオン経済学は、デカルト以来の伝統である「頭の中の知識」という前提を疑う知のパラダイムシフトと連動した動きをみせる。そしてそれは、フランスの社会科学における「大いなる革新」の一角に位置づけられる。少なくともフランスでは、1980年代以降、人間と事物を対称的に扱おうとするアプローチが興隆し、コンヴァンシオン経済学、「科学の人類学」、一部の認知科学者が、事物をテーマにしたセミナーを催すなど相互交流の機会を重ねてきたという。

表 3-1 戦略的アプローチと解釈学的アプローチ
(出所：バティフリエ (2006：17) より作成)

アプローチ	戦略的	解釈学的
慣行の一般的定義	規則	規則と規範原則
調整レベル	諸行為	諸行為と諸表象
合理性の基準	実質的合理性あるいは，場合によっては限定合理性	手続合理性
言及すべき論者	ルイス	ケインズ
言語学との対応関係	統語論	意味論

人の創始者がいるとされる。一人はアメリカの論理学者の D. ルイスであり，もう一人は経済学者のケインズである（表3-1）。*Convention: A philosophical study*（『規約』）(Lewis 1969) の著書として知られるルイスは，ナッシュ均衡となるような行為の規則として慣行を定義し，ケインズは『雇用・利子および貨幣の一般理論』（ケインズ 1983) のなかで集合的表象としての慣行を描いた。

ルイスとケインズはともに，自著のなかで 'Convention' という用語を使っているが，実のところその意味内容は大きく異なる。ルイスの場合，それは非協力ゲームにおけるナッシュ均衡と同義であり，通常「規約」と訳される[4]。前章でみた道路交通の規則がまさしくそれに相当する。これに対し，ケインズにとっての Convention は「慣行」と訳され，金融市場の将来予測が不確実な状況下で，プレイヤー（投資家）の意思決定に何らかの基礎を与え，それによってプレイヤー間の相互期待の循環性を阻むような集合的表象（あるいは共有信念）のことである[5]。

こうした慣行概念の違いから，コンヴァンシオン経済学の二つのアプローチが区別される。すなわち，ゲーム理論を使用してルイス系譜の慣行概念を発展させる「戦略的アプローチ」と，ケインズ系譜の「解釈学的アプローチ」である。上述したような方法論的個人主義の枠内には回収されないようなコンヴァンシオン経済学の

---

4) ルイス（Lewis 1969）のコンヴェンション概念の起源を遡ると，ヒュームにたどり着く。ヒュームは公正と私有の起源に関する考察において，人々の行為を律し，財産の所有を可能にするような共通利益の一般的な感覚を「黙約 (convention)」と呼んだ。黙約は明示的な協約の結果ではなく，人々の利害関心から生じるものであるとされる。ヒュームの黙約と同様，ルイスのコンヴェンションも自然発生的な規則であり，それは起源を遡ってその意味を探究することができない便宜的性格を有するとされる。
5) コンヴァンシオン経済学の創始者としてのケインズについては，ファブロー（2013）に詳しい。

独自性は，後者の展開にあるといってよい。

　とはいえ二人の理論家に由来する異なる慣行概念は——その機能上の相違にもかかわらず——，いずれも，ルイスが示した慣行の形式的特徴を有しているとされる。すなわち，その恣意性，定義の曖昧さ，明示的な制裁という脅しの不在などである。代替的な選択肢のなかから一つの可能性が選ばれたという点において恣意的であり，なぜその慣行が採用されているのか人々は知らないがそれに従っているという点で曖昧であり，暗黙裡には存在したとしても法律的な懲罰ではないという点で明示的なサンクションは存在しないのである。

　慣行への解釈学的アプローチにおいて，行為規則としての慣行と集合的表象としての慣行は，時として相互に関係をもつ。分析哲学におけるヴィトゲンシュタインやクリプキの議論が参照され，あらゆる規則は一義的に決定されえないという，規則の不完全性が確認される。たとえば，道路交通の規則にもそれが自動的に適用されない例外的な事例が付きまとい，その際には規則の解釈がアクターに要請されることになる。アクターは，後述するボルタンスキーとテヴノーの議論で言及されるように，「良い」「悪い」という道徳的な基準からしばしば規則の評価を下すことになる。そして，そのとき動員されるのが集合的表象としての慣行である。それは「評価モデル（modèle d'evaluation）」（上述の構成的慣行に等しい）と呼ばれ，解釈活動の規範的な準拠点となる（図3-1）。なお，同書では，評価モデルに対し行為規則としての慣行は，「慣行的規則」と呼ばれる。慣行的規則に限らず，契約，法律といったあらゆる規則もまた，「評価モデル」によって最終的に支えられている。

　慣行的規則と評価モデルは，機能的には，サール（1986）の「規制的規則」と「構成的規則」に対応するという。規制的規則は，市場における価格や道路交通の規則

図 3-1　慣行的規則と評価モデル（構成的規則）の対応図式
（出所：ビヤンクールら（2006：274）より作成）

と同様に，個人間の調整手段となる。しかし，たとえば道路交通の規則は運転を規制するものの，運転という行為自体は規制的規則が出現する以前から存在しうるものである。これに対し，構成的規則はチェスの規則のように実践自体を確立するものである。したがって「われわれが構成的規則と命名したこれらの規則は，規制的規則よりも上位の論理水準にある。これらの規則は実践を調整するだけではなく，実践を打ちたてる。それらは行為の水準において作用するのではなく，むしろ表象の水準で作用するのである」(シャセラン・テヴノン 2006：53)。こうした構成的規則は，ゲームの規則自体を構成するような，「文脈 C においては，X を Y とみなす」という形式の規則であると考えられる。この場合 X が慣行的規則であり，Y が文脈 C のなかで確定された意味である。

なお，評価モデルあるいは構成的規則としての慣行は，「共通の上位原則」(ボルタンスキー・テヴノー)，「集合的表象」(ファヴロー；オルレアン)，「評価と判断モデル」(エイマール=デュヴルネ)，「共通の解釈コンテクスト」(サレ)など，論者によってさまざまな名称のもとで考察されてきた。

2-2　慣行的規則：「共有知識」の不可能性

以下では，解釈学的アプローチによって強調される戦略的アプローチの隘路について，「共有知識」仮説の不可能性という点から確認しておこう。

ルイスの大きな功績の一つは，慣行的規則の基礎に「共有知識 (common knowledge)」の仮定が潜んでいることを明らかにしたことである。「共有知識」とはゲーム理論で前提とされる，無限の相互期待の末に成立するような，プレイヤー間の非常に強力な知の共有を意味する。それはあたかも，一点の曇りもない多数の鏡が向かい合って設置されたとき，一つの鏡に映し出された鏡像がすぐさますべての鏡に映し出されるような事態である (竹田 2004)。

ルイス (Lewis 1969) は，ある行為規則が慣行としてすでに成立した状況を仮定したうえで，それが成立するための条件を示す。前章で検討した，二人の運転手からなる道路通行の状況を再度想起しよう。(右，右)(左，左)という二つのナッシュ均衡がここでの慣行に相当する。このとき道路通行の慣行は，次の条件を満たすような，ある集団の成員である人々 (P) の行為規則 (R) として定義される。

①各人は R に従う。
②各人は，他者が R に従うと信じている。

> ③他者がRに従うという信頼は，自身がRに従うのに十分かつ決定的な理由を各人に与える。
> ④各人は，一般性の低い軽率な順応よりも，むしろRへの一般的な順応を好む。
> ⑤Rが上記の二つの条件を満たす唯一の可能な規則ではない。
> ⑥以上の①から⑤の条件が，「共有知識」である。

　行為規則（R）として，右側通行もしくは左側通行が成立するためには，①から⑤の条件がAとBの間で「共有知識」でなくてはならない点が重要である。繰り返しになるが，「共有知識」とは，これらの命題をAとBが個別に知っているだけではなく，Aが知っているとBが知っており，それをAが知っていることをBが知っており……という知識共有の無限遡及の末に成立する事態である。ここでは他者の行為に対する疑念などは存在しえない。

　しかしながら，このような「共有知識」などありうるのだろうか。コンヴァンシオン派の哲学者デュピュイが，プレイヤー間の相互知識が漸次的に「共有知識」となることの論理的な不可能性を示すように（Dupuy 1989），コンヴァンショナリストはこの仮説を認めない（Orléan 1994a）。「共有知識」の仮定を否定することで，コンヴァンショナリストは方法論的個人主義の限界を肯定する。

　コンヴァンショナリストたちは，「共有知識」仮説を否定しつつも，慣行の成立にとっては「共有知識」に類似した知の共有が不可欠であると考えている。ただしそれは，上記のような「共有知識」とは異なり，知識共有のある段階で他者の行為に対する不透明性や疑念が存在することを意味している。こうした不透明性は慣行に不安定性をもたらすが，ネガティブな効果だけではない。逆にいえば，それは慣行の生成・変容のダイナミズムの源泉ともなるのである。

　とはいえ，「共有知識」が存在しなければ，アクターたちはいかにして他者がある慣行に従うことを知るのか。これは，アプリオリに孤立した諸個人が共通の知識（「共有知識」ではない）を生み出す過程について問うことである。換言すれば，それは個人的知識を集団の知識へと統合するような，集団学習の過程であるといえる。コンヴァンシオン経済学は手続き合理性を重視するが，それは非協力ゲームにおけるような純粋な合理性（戦略的合理性）の限界を踏まえて，こうした知識共有あるいは慣行生成のダイナミズムを真剣に探究する姿勢を表している。

　前章で検討したシェリングの議論では，認知的な顕現性（際立ったこと）を目印にして，数ある選択肢のなかから特定の一つに互いの期待を集中させることができた。

この際，シェリングは個人の認知的能力を強調していた。しかし，コンヴァンシオン経済学の論者たちは，むしろ集団的次元の介入に力点を置く。顕現性（際立ったこと）は，彼ら自身が属する集団の特性にしばしば依存している。したがって，そうした調整の目印を探し出すうえで，彼ら自身が集団をどのように表象しているのかということが重要であると考えるのである。アクターが集団の特性について内省することで，共有信念として，他者の行為に関する相互期待が生み出される。結局，他者が慣行に従うことへの信念は，ケインズが描いたような集合的表象としての慣行（評価モデル／構成的慣行）から得られるのである。

こうした知識共有のダイナミズムは，アクターの認知過程とともに，規範的次元の分析とも関わっている。コンヴァンシオン経済学では，評価モデルの有する規範性（「べき」という表現で示される性質）を重視するのである。そして，そうした考察を発展させるうえで大きく寄与したのが，ボルタンスキーとテヴノー（2007）の「規範的秩序のエコノミー・モデル」である。

3 ボルタンスキーとテヴノーの「規範的秩序のエコノミー・モデル」

3-1 正当化，試練＝テスト，シテ

ボルタンスキーとテヴノー（2007）の「規範的秩序のエコノミー・モデル」は，コンヴァンシオン経済学の解釈学的アプローチによって高く評価され，「生産の世界」論にも大きな影響を与えている。

コンヴァンシオン経済学の解釈学的アプローチでは諸規則の基礎として評価モデルが位置づけられている。しかしながら，ボルタンスキーとテヴノー（2007）によると，安定的な調整を保証するような評価モデルは無限に存在するわけではない。共通善（bien commun）との関連において，正当化しうる評価モデルは限られている。ボルタンスキーとテヴノー（2007）は，現代フランスにおいては，六つの正当化の文法が存在することを明らかにした。彼らは政治哲学の古典的著作を考察することで，それぞれの「共通の上位原則（principes supérieurs communs）」（＝評価モデル）とそれをめぐって構築される，「シテ（Cité）」と呼ばれる規範的秩序を析出している[6]。あるシテには固有の偉大さ（grandeur）の原則があり，人や事物はそれに応じて関連づけられ，性質決定（qualification）される（表3-2）。前節までの議論を踏まえるならば，シテは，人々が属する集団で共有される構成的慣行であり，人や事物の性質や関係性を定め，相互期待の調整を可能にし，また諸規則を解釈する論理を提供するもの

表 3-2 ボルタンスキーとテヴノーの六つのシテ
(出所：ビヤンクールら（Biencourt et al. 2001：216）より作成)

シ テ	共通の上位原則	行為の指針	代表論者
市場的シテ	競争，私的利益	事業の成功	スミス
市民的シテ	一般意思，集団的行為	組合の結成	ルソー
工業的シテ	効率性，パフォーマンス	生産性の向上	サン=シモン
家内的シテ	近接性，隣接性，伝統	礼節	ボシュエ
名声のシテ	声望，世論による承認	公的関係	ホッブス
インスピレーションのシテ	インスピレーションの湧出	創造性	アウグスティヌス

注）ボルタンスキーとシャペロ（2005）では，プロジェクト志向的シテが七つ目に加えられている。このシテが，「資本主義の新たな精神」となっている。

であると言い換えてもよい。

　ボルタンスキーとテヴノー（2007）は，人々が「公正さ」の観点から判断し正義へと向かう能力を正面から取り上げる。ボルタンスキーはかつてフランスの社会学者ブルデューの共同研究者であったが，ある時点で袂を分かっている。というのも，「ブルデュー（およびその他）の社会学は，正義へと向かう能力を一般の人々からいわば取り上げ，隠蔽された現実を暴露し批判する能力を独占するものと見えた」からである（三浦 2007：461）。ボルタンスキーの議論では，公正と正義をめぐる「言い争い（dispute）」のなかで，普段は意識されることのない共通の上位原則が自らの主張を正当化するべく動員されるのである。

　さて，六つの公理によって正当なシテが定義される。すなわち，①共通の人間性の原理，②不動性の原理，③共通の尊厳，④偉大さの序列化，⑤投資の公式，⑥共通善，である[7]。

　①共通の人間性の原理は，成員は基本的に同等であり，このモデルにおいては奴隷や下等な人間なるものは存在しえない。②不動性の原理は，シテの成員が少なくとも二つの地位（状態）にあることであり，③共通の尊厳は，全成員があらゆる地

---

6) シテは歴史的に構築されるもので，『資本主義の新たな精神』（1999 年）までに七つのシテが特定されているとしても，その数はアプリオリに決定されるものではない．なおシテへの準拠が，人であれモノであれ特異な存在を比較可能にする（同等性の原理）という点で，次章で触れる「形態への投資」とも密接な関連をもつ．
7) 公理の詳細については，ボルタンスキーとテヴノー（2007）および同書に所収の三浦による訳者解説（三浦 2007）を参照されたい．

位に到達可能であることである。④偉大さの序列化は，行為の調整と分配の正当化には価値の序列が必要であるとするもので，①の共通の人間性と緊張を生じさせる。それを緩和するのが，⑤投資の公式で，偉大な地位に到達するためには相応の犠牲を払わなくてはならないとする。⑥共通善は，偉大な者の地位はシテ全体の利益となる，とするものである。

　しかしながら，シテの同定は首尾一貫した状況の秩序生成をすぐさま意味するものではない。「政治哲学は原理の水準にとどまるものであり，実際の合意形成の条件についてはわれわれに何も語らない」のである（ボルタンスキー・テヴノー 2007：157）。人々が規範的秩序を出現させるためには，実践的な状況のなかで人や事物の偉大さを証明するために課せられる試練＝テスト（épreuve）を受けなくてはいけない。ある偉大さの原理に基づいて，自らの主張の一般性を上昇させるとともに，人や事物の能力や性能をテストすることで証明し，それらの地位（状態）を規定するという「試練＝テスト（épreuve）」である。それを乗り越えたとき，シテはアクター間の「共通世界」となる[8]。そして，この共通世界は，「人々の偉大さを測定し判断を下すための様々な装置から構成されるまとまりのこと」を指す（三浦 2007：468）。なお，試練＝テストは，人やモノの状態（地位）に関して不確実性があるとき生じるのであり，不確実性がなければ試練＝テストもまた存在しない。

　偉大さの試練は，観念的な議論だけには回収されず，物質的な事物がアクターの提出する証拠として用いられる。「偉大さの証拠は，いわば偉大さの道具や装置としてはたらく，諸個人の外部にある事物を支えとしなければならない。裁判における証拠提出の場合のように，証拠となるのは諸々の存在からなる装置の整合性である。試練は証拠となる事物が妥当であり，証拠物件として提出する資格があることを要求する」のである（ボルタンスキー・テヴノー 2007：160）。すなわち，合意の獲得は，客観性を保証するような事物の創造や動員に依存しており，事物による相互行為のフレームづけが調整に必要な環境の安定化を可能にする（バティフリエ・テヴノン 2006）。

　ボルタンスキーとテヴノー，そしてコンヴァンシオン経済学は，フランスの人文社会科学におけるプラグマティックな展開の中心部にあり，試練＝テストの重視はそのプラグマティズム的な側面に対応したものである。ディアツボーン（Diaz-Bone

---

8) 共通世界は単独で現れることは稀であり，通常はいくつかの世界が組み合わさった混合的な状況に人は身を置くことになる。異なる規範的秩序の間の妥協が問題となる。

2011）は，プラグマティズム的思考の特徴の一つとして，試練＝テストを挙げ，「知識，価値，そして認知的構造は実践的に獲得され使用されるのであって，それらは社会的実践において恒常的に試験される。それらがこうした実践にとって有用である限りにおいて，それらは真実なのである。すなわち，経験的世界の実現可能な要素なのである」（Diaz-Bone 2011：52）としている。こうした理由で，試練＝テストが，コンヴァンシオン経済学でも重視されるのである。

　なお，ボルタンスキーとテヴノー（2007）にとって，人間存在は同時に複数のシテに属しうるもので，一つのシテを完全に内面化することはない。このことはわれわれの日常生活からも自明であるが，たとえば，人は会社（市場的シテもしくは工業的シテ）と家庭（家内的シテ）とボランティア活動（市民的シテ）など異なる場所を行き来し，その都度異なるシテに所属しうる。人間存在のこうした不安定さを含む特徴がまた，シテの原理を可視化し共通世界を安定化させるうえでも事物に大きな役割を与えるのである。

3-2　個人から状況へ

　ボルタンスキーとテヴノー（2007）の議論では，合意の形成において，事物の役割が大きな位置づけを与えられていた。これはコンヴァンシオン経済学のほかの議論でも同様である。事物は調整の具体的な目印を提供し，慣行への心理主義的アプローチからの脱却を可能にする。第 2 章で述べたように，アクター間での期待の調整において，事物の際立った特徴が調整の目印となるのである。

　また，事物は調整の目印として相互行為のフレームづけの役割を演じるだけではない。それは「認知的人工物」として限定合理的な人間の能力を増大させるような効果を有する。こうした議論の背景には分散認知をはじめとする認知科学の発展がある。第 4 章において詳述することになるが，分散認知とは，「頭の中の知識」という伝統的前提を疑い，行為に必要な知識がさまざまな仕方で人・物・文化的構築物の間に分散して存在すると考える立場である（Hutchins 1995；ノーマン 1990, 1992）。制度の経済学との関連では，分散認知理論はナイトとノース（Knight and North 1997）によって言及されている。コンヴァンシオン経済学では，ベッシーが積極的にこれを援用してきた（Bessy 2002a, 2002b）[9]。

　このパースペクティヴにおいて，物質的な事物は，人間主体の単なる認知の対象ではない[10]。それはアクターを適切な行為へと導く，「認知アーティファクト」（ノーマン 1992）としての役割を担う。この考えの背後には，知識が分散されていると

いう考えがある。「一部は頭の中に，一部は外界に，そしてさらに一部は外界が持っている制約の中にというように，正確な行動をするための知識が分散した形で存在することがありうる」のである（ノーマン 1990：88）。

この考えに基づけば，認知は，人間，モノ，空間，表象などの結合と配置（ネットワーク）から構成されるシステムのなかで実行されるものとなる。人間の認知能力は，こうした社会的・技術的人工物を装備することで初めて可能となるのである（エイマール＝デュヴルネ 2006）。ひるがえって，このことは，認知と行為を枠組みづける制度ないし諸規則は，集合的表象やルーティンのような身体化された行為の規則性としてそれ単体で機能するのではなく，前述のような異質な諸要素の結合と配置によって機能することを意味する。アクターの認知を可能にする「共通の計算空間」は，このようなハイブリッドな諸要素からなる安定的な状況であり，コンヴァンシオン理論においてはさらに，ボルタンスキーとテヴノー（2007）のシテに相当するような慣行（コンヴァンシオン）によって最終的に正当化される必要があるのである。

図3-2は，ディアツボーン（Diaz-Bone 2011）が，以上でみてきたようなコンヴァン

---

9) 磯谷（2004）によると，制度は，「制約あるいはルール」と「文化的・認知的枠組み」の二つの機能を有する。ノース（1994）は，かつて制度をゲームの規則，つまり行為の制約ともっぱらみなしていたが，1990年代を通じて，行為を可能にする認知的枠組みとしての機能にも注目するようになり，合理性の手続き的側面を掘り下げるようになった。たとえば，デンザウとノース（Denzau and North 1994）は，制度に，「共有されたメンタル・モデル（shared mental model）」としての位置づけを与えている。そもそもメンタル・モデルとは，諸個人が「世界を感知し定義することを助ける」実用モデルであり，そこにはスキーマ，フレーム，世界観，パースペクティヴ，信念，視点などが含まれる（野中・竹内 1996：89）。さらに，ナイトとノース（Knight and North 1997）では認知論的議論をさらに推し進め，認知科学者のハッチンス（Hutchins 1995）の研究に注目することで，分散認知理論を擁護するようになっている。こうした認知的枠組みとして制度を捉えるノースのアプローチは，新制度派経済学における社会構成主義の展開として位置づけることができる（磯谷 2004）。
10) 標準的な経済学の認知パラダイムは，認知科学の分野における「計算主義」と類似している。計算主義とは，認知活動における情報処理過程をコンピュータの設計原理に基づいたモデルによって理解するものである。そこにおいて人間は外部環境に正確に対応する知識をまずは頭の中に作り上げ，それを内的に記号処理することによって推論・行為するものとされる。これに対して分散認知理論では，認知は必ずしも頭の中の情報処理のみによって行われるのではないと考える。行為に必要な知識は，人間（他者），人工物，社会的・文化的構築物，それらの空間的配置によってもたらされうる。認知は，これらの知識の媒体を諸要素とした認知システムのなかで，あるいはこれら諸要素の関係性のなかで達成されるのである。

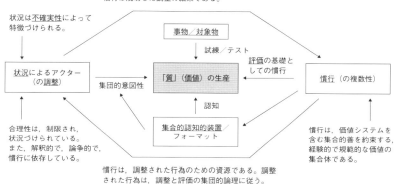

図 3-2　共通の計算空間：調　整・認知・慣 行 の関係図式
　　　　　　　　　　　　コーディネーション　コンヴァンシオン
（出所：ディアツボーン（Diaz-Bone 2011：48）の図より）

注）下線による強調は筆者。

シオン経済学の議論を一つの図として整理したものである。ここでは，「合理性は制限され，状況づけられ，解釈的かつ論争的なものとしてモデル化されており，（筆者注：構成的）慣行と認知的装置（集合的認知的装置と認知的フォーマット）が，個人の行為能力あるいは集合的調整のための，道具立ての基礎を提供」（Diaz-Bone 2011：51）する。すなわち，不確実性によって特徴づけられる状況のなかで，アクターが意思決定と調整を行うためには，人や交換される財の質が規定された「共通の計算空間」が構築されなくてはいけない。そしてそうした空間は，さまざまな諸要素からなる認知的装置を必要とし，さらにそれは評価モデル／構成的慣行とも呼ばれるような規範的慣行に基づいている。それは「質の慣行」とも呼ばれるものである。ひとたび，人や財の質が規定され，それらの関係性が構築されれば，諸アクターは意思決定をめぐるさまざまな計算を行うことができるが，人や，財のような事物の質（価値）は何らかのテストを通じて証明されなくてはならない。同様に，テストは，基本的に事物（認知／行為の対象物）をめぐって展開されるものとなる。なお，コンヴァンシオン経済学においては，事物，組織，人物に付与される質が価値と呼ばれる（ベッシー・ショーヴァン 2018）。

　この図からもわかるように，コンヴァンシオン経済学においては，分析の単位は，方法論的個人主義のような個人から，認知と価値判断のシステムを構成する状況へと移行している。「分析単位はもはや，個人や社会集団ではなく，物理的，認知的シ

ステム(個人と,彼らが用いる人工物とから構成されている)なのである」(ベッシー・ショーヴァン 2018:30)。しかしながら,このアプローチは,ホーリズムとは異なり,認知システムが常に不確実性と変化に開かれている(社会的実践において恒常的に試験される)ことを強調し,批判と正当化を担い,認知的装備を担保する個人の役割を重視するのである。したがって,方法論的個人主義やホーリズムに単純に還元することはできない。とはいえ,状況あるいは装置を構築する担い手として,人間とその判断能力を強調することから,コンヴァンショナリストたちは自らの方法論的立場を,「刷新された方法論的個人主義」(バティフリエ 2006)や「複雑な方法論的個人主義」(Bessy 2002c)と形容してきたと考えることができる。これに対し,ディアツボーン(Diaz-Bone 2011)は,コンヴァンシオン経済学が方法論的個人主義とホーリズムの対立をイノベーティブな仕方で解消しているとし,「複雑なプラグマティズム的状況主義」という名称を提起するのである。

さて,以上でコンヴァンシオン経済学の骨格が示された。産業集積研究にとっては,物質的事物を考慮することで,地理的(物的)空間を認知システムの構成要素の一つとして位置づけられることになる。次節では,第5章と第6章の分析フレームともなる「生産の世界」論の検討に入ろう。

4 「生産の世界」論

4-1 慣行と「生産の世界」

サレとストーパーの「生産の世界」論は,1992年に発表された論文でその基本的な構想が示され(Salais and Storper 1992),1993年にフランスで出版された *Les mondes de production: Enquête sur l'identité économique de la France*(『生産の世界——フランスの経済的アイデンティティに関する調査』)(Salais and Storper 1993)において全面的に展開された。その後,1997年には比較的平易に書かれた英語版が出版され(Storper and Salais 1997),また同年にはコンヴァンシオン経済学を基本的背景とし,そこに依拠したストーパーの単著(Storper 1997)が出版されている。

サレとストーパーは,製品の質を規定する二つの要素に着目することで現代経済の多様性を明らかにしようとする。「生産の世界」論が構想された1990年代前半,現代資本主義は多面的様相を示し,大量生産に基づくフォーディズムからポスト・フォーディズムへの移行が議論されていた。サレとストーパーは,この時代にあって,先進諸国の生産を刺激するのは規模の経済よりもむしろ他国の需要であり,そ

うした需要をひきつけるのは製品の品質と，そこに投入される知識やノウハウであると考えていた (Salais and Storper 1993)。この見方によると，ある国の優位性の基盤は，自らのオリジナリティを保存しながら，イノベーションによって製品を継続的に進化させる能力のなかにある。そして，これらの資質の活用が，国際貿易におけるますます多くの他国による需要を継続的にもたらすことになると考えた (Salais and Storper 1993)。彼らの議論の背後には，マクロ経済あるいはグローバル経済への関心があったのである。

とはいえ，分析そのものはミクロ次元から出発する。分析の焦点は製品である。というのも競争力の源泉として製品品質のあり方が問題となってきたことに加え，次のような基本認識があったからである。すなわち，経済主体の共通目的は製品の生産と交換であり，経済活動という集団的な行為は製品をめぐるものだ，という認識である。経済主体は，生産と交換のあらゆる場面で，他者との相互行為を調整しなくてはならない。「生産の世界」論では，製品の製造における労働の調整と，製品を媒介にした生産者と消費者間の調整が重要視されているのである[11]。

まず，これまでに検討してきたように，市場において取引が成立するためには，製品の質（さらには関連のアクターの質）が，売り手と買い手の間で事前に合意されていなくてはならない。オーソドックスな新古典派経済学では，アクターは製品情報が細かく記載された財のリストを有していることが暗に前提とされ（ノマンクラチュール仮説），所与の選好に基づき最適な意思決定を行うとされていた。しかし，実際的には生産者は製品についての多くの情報をもっているが，消費者はほとんど持ち合わせていないという情報の非対称性が存在する。そしてこの場合，中古車市場における「逆選択」(Akerlof 1970) を引き合いに出すまでもなく，市場が機能不全に陥ることは明白である。

より根本的にいえば，市場の成立においては，製品の質が，消費者にその良し悪しが判断できるよう，事前に規定（qualification）されている必要がある。すなわち，異質な諸実体を共有の尺度で測定し，諸実体間の関係を構築する質的規定の作業である。サレとストーパーの言葉を借りれば，「生産者と／あるいは需要者は定められた一つのアイデンティティを製品に刻み」「彼らはそのアイデンティティを見分ける能力を有して」いなくてはならないのである (Salais and Storper 1993 : 12)。こ

---

11) 二人の執筆者のうち，ストーパーは経済地理学者であるが，サレはコンヴァンシオン経済学の創始者の一人である。サレは労働における調整問題について，かねてより掘り下げてきた。

の論点は，第7章で扱うような価値づけと市場構築との関連で，近年活発に議論されるようになっている。

以上のような観点から，コンヴァンシオン経済学はさまざまな市場の存在を容認している。たとえば，新経済社会学は個人間の社会的紐帯を強調し，ワルラス・モデルのような市場関係を理論的虚構として退ける。これに対し，コンヴァンシオン経済学は，市場交換に先立つ財の質を規定する過程を考慮することで，ワルラス的な市場における価格調整もまた調整様式の一つとして受容する（Orléan 2005 ; Suda and Ebizuka 2007）。前節の議論を踏まえるならば，財の質を規定し，質を判断するための装置，ならびに共通の計算空間の構築が，分離された個人と市場における匿名性という特殊な関係を可能にするというのである。

さて，「生産の世界」論は，以上のような問題意識から出発し，ボルタンスキーとテヴノー（2007）に類似の理論的構成をとる。ストーパーとサレの主張，すなわち，アクター間の調整が，経済的次元だけではなくそれとはかけ離れた次元でも可能であり，ゆえに複数の調整様式がしばしば混合的に存在しうるという主張は，ボルタンスキーとテヴノー（2007）から影響を受けたと考えられる。こうした調整様式の複数性について，ボルタンスキーとテヴノー（2007）の議論では，「共通の上位原則」と呼ばれる慣行（評価モデル）に応じて六つのシテが分類されていた。「生産の世界」論では，内的に首尾一貫した理念的世界である，四つの「可能世界」がシテに相当する。

ただし，ストーパーとサレでは，批判能力の強調や正当化の考察はなされていない。また，この議論が1990年代初頭に提起されたもので，慣行という用語の使用については（おそらく）ルイス的な意味合いが強いことに注意する必要がある（もっとも，ストーパーとサレ（Storper and Salais 1997）では，慣行の出現における状況の解釈の重要性や，ゲーム理論との違いなど，ルイスの定義とは「決定的な差異が存在する」とされる）。構成的慣行（評価モデル）については，アイデンティティと参加の慣行のほか，解釈の共通コンテクストといった表現がそれに相当すると考えられる。いずれにしても，彼らは，純粋な市場論理の不完全性を乗り越えた，企業に収益をもたらす製品の質の構築を問題とする。その際，これまで論じてきたように，調整に関わる不確実性の解決がアクターにとっての懸案である。重要な点は，彼らの議論においては，不確実性の根源やその有無がそれぞれの可能世界では根本的に異なっていることである。ゆえにそこでは，質的に異なる不確実性への対応から，可能世界によって根本的に異なるアクター間の調整原理が析出されるのである。

4-2 生産の可能世界について

(1) 可能世界の条件

では，生産の可能世界の検討に進もう。可能世界という言葉から，経験的に何かをイメージするのは難しいだろう。この言葉は，もともと，様相論理学において使用されるもので，その場合の可能世界とは，「現実化してはいないが可能な世界」(三浦 1997)のことであり，17世紀のライプニッツによって主題化されたものである[12]。サレは，ルイスのコンヴェンション概念が複数の可能世界の存在を前提にしていると指摘していることから（ドッス 2003），「生産の世界」論における用法が，様相論理学における「可能世界の意味論」と無縁ではないことがわかる。また，このことからひるがえって，可能世界という言葉によって，サレとストーパーが調整様式の慣行的性格を強調していると考えられる。

サレとストーパーの生産の可能世界は，論理的整合性によって内的に完結しているような経済活動の理念的モデルのことである。そこでは，生産者が直面する不確実性の形態とそれへの対処法から経済活動を有効に調整する慣行の形態まで，いっさいの矛盾を含まない世界が展開されている。

ここで，サレとストーパー（Salais and Storper 1993）に従って，生産の可能世界の特徴を整理しておこう。ボルタンスキーとテヴノー（2007）が六つの公理からシテを定義したように，可能世界は以下の七つの条件から定義される。

> ①特定の製品にあわせて多くの生産の可能世界が存在する。製品の変更は可能世界間の移動を意味する。
> ②可能世界は，製品の実現にたずさわる人々（労働者，経営者，消費者など）の間の調整形態として現れる。
> ③可能世界は，慣行（コンヴァンシオン）の世界である。可能世界は固有の慣行をもつ。同じ世界

---

[12] 可能世界の意味論にはさまざまな議論があるが，三浦（1997）は，広く認められた可能世界の特徴として次の4点を指摘している。すなわち，可能世界の整合性，完全性，飽和性，独立性である。これらを簡単に説明すると，整合性とは可能世界が論理的な矛盾を含んでいてはいけないことであり，完全性とは必ずある命題が論理的真理として決定されていなければならないことである。飽和性とはある命題Pが成り立つときには必ずそれが含まれる可能世界が存在することであり，独立性とは可能世界はすべての時空間を包含しているのであり，ほかの可能世界の時空間とはまったく断絶していることである。

の人々は共通の慣行に依拠することで，他者のコンピテンスと行為に関する相互期待をもつことができる。
④可能世界は，事物の世界である。コンヴァンショナリストが認知における事物の役割を重視していることはすでにみた。アクターは，事物に取り囲まれて，生産（物質的設備，原料，加工中の製品，文書化された規則（règles écrites））と交換（交換される製品，文書化された規則）の活動に従事する。アクターにとって事物は，行為の資源であると同時に制約である。またこれらの事物は，可能世界に応じて別様に性質決定（qualifiés）される[13]。
⑤可能世界は人々の世界である。集団的コンテクストにおいて，適切な行為に必要な他者に関する知識は，可能世界ごとに，製品ごとに異なってくる。たとえば，紡績メーカーと顧客の関係を考えてみよう。標準的な糸の製造では，メーカーは工業的な検査で品質の良し悪しを測定すればよく，顧客はそれ以上の情報を必要としない。しかし，付加価値の高い独創的な糸の場合には，メーカーは顧客の欲望を察知し迅速にサービスを提供しなくてはならないし，顧客も自らの要求を明示しなくてはならない。
⑥アクターは自分が置かれている状況への参加を通じて慣行を生み出す。状況の流れのなかで慣行の学習が行われ，各人は行為することが可能になる。反復的な状況においてはかつての慣行が承認されるし，さもなければ新たな慣行が生み出される。
⑦可能世界は現実世界と区別される。現実世界はアクターの行為の結果であり，経済理論が描くような法則に依存していない。アクターは自分たちの世界を指示し記述するような職業言語を有している。研究者が，アクターによって指示され記述されるものと同じものを理解するために，つまり彼らの言語を所有するために，可能世界とは異なる現実世界の概念を導入するのである。

(2) 生産の可能世界

可能世界の類型論は，生産され交換される製品の質に基づいている。製品の質的規定を考えるとき，生産と交換の対象となる製品が，①誰に向けて（市場），②どの

---

13) たとえば，新製品需要の不確実性に対応するために，ある程度のフレキシビリティを求めて機械システムの配置を修正するといったことがある。また，アクターにとってある事物の意味は状況に応じて変化しうる。

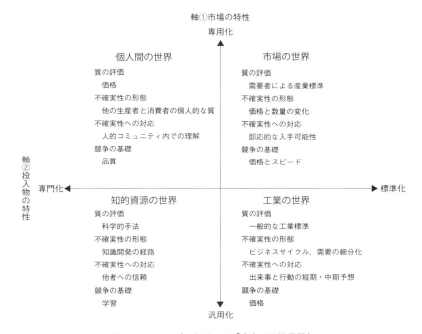

図 3-3　ストーパーとサレの「生産の可能世界」
(出所：ストーパーとサレ (Storper and Salais 1997：33) より作成)

ような資源（投入物）を用いて性質決定されるのかということが重要である。サレとストーパーは，市場ならびに投入物の特性の違いを交差させることで，理念型として，四つの製品品質とそれに対応する可能世界を析出する（図3-3）[14]。可能世界の類型については第5章を中心に詳述することになるので，ここでは，ごく簡単な言及にとどめたい。

生産の可能世界には，「個人間の世界」「市場の世界」「工業の世界」「知的資源の世界（あるいは非物質の世界）」という四つの世界がある。「個人間の世界」は，専門化／特殊化（specialized）された投入物からなる専用化された製品の世界である。ピオリとセーブル（1993）によって描かれた，コミュニティを基盤とする，柔軟な専門化は基本的にはこの世界の論理である。「市場の世界」は，標準化された投入物からなる専用化された製品の世界である。これは新古典派経済学で想定されるような市場経済に比較的近い世界であり，基本的に取引費用論が扱うのもこの世界における現象であるとされる。「工業の世界」は，標準化された投入物を用いて汎用化され

た製品の世界である。いわゆるフォーディズム的な生産システムであり，産業的な標準によって規格化された製品が大量に生産される。「知的資源の世界」は特殊化された投入物からなる汎用化された製品の世界である。科学知識や形式知が主な投入物となる大企業のR&D部門がこれに相当する。

4-3 慣行による現実世界の構成

ボルタンスキーとテヴノー（2007）の議論と同様に，ストーパーとサレ（Storper and Salais 1997）の枠組みにおいても，実践的状況のなかで課せられる試練＝テストが，現実世界の構成を条件づける。すなわち「あらゆる生産は，現実において，経済的整合性の試練＝テストを乗り切らなくてならない」（Storper and Salais 1997：21）。アクターは，可能世界の論理に従って，慣行(コンヴァンシオン)を生み出し，財や人の性質を規定することで活動を調整しなくてはいけない。それによって特定の製品の生産に由来する不確実性を削減し，イノベーションを実現するのである。可能世界の論理として示されるような，経済的整合性をめぐる現実のテストを乗り越えることで，アクターは現実世界を構築することができる。なお，現実世界は，一つの可能世界が立ち現れることは稀であり，多くはいくつかの可能世界が接合した混合的な状況となる。

現実世界について，ストーパーとサレの用法は独特である。それは，経済的に成功している世界に限定して用いられる[15]。彼らによると，すべての経済組織が生産の現実世界であるわけではない。というのも，多くの生産システムはもっと低い地位に甘んじているからである。それらは，アクターにとって「共通の存在（common

---

14) 市場特性については，消費者の匿名性と画一性の程度が指標となる。消費者の匿名性が高いほど製品の汎用性も高くなる。特定の需要に向けて生産される製品（専用の製品）の質は，消費者の嗜好に基づいて形成される。製品を確率的な見込判断で生産することは困難であり，生産者は市場の不確実性に直面する。これに対し，匿名的な市場に供給される製品（汎用的な製品）は，工業規格への準拠やブランドネームの活用によって最終製品として販売される。汎用製品は，比較的安定した市場を対象としているので，生産者は市場の変動を予見し，投資や資源の配分を計画することができる。次に投入物の特性であるが，生産者が用いる技術・技能・情報が稀少であるか，容易に再生産が可能であるか，あるいは専門家の集団に結びついているか，といったことが指標になる。専門家集団の固有技術など希少な投入物を用いて生産された製品（専門化／特殊化された投入物からなる製品）では，競争は製品の質をめぐるものになる。他方で，一般的な技術によって生産された製品（標準化された投入物からなる製品）では，競争は価格をめぐるものとなる。

existence)」としては表れないような，資源と行為とがちぐはぐな集まりである。これらは，ただ資源を並べただけであり，生産の現実世界よりも劣った経済パフォーマンスしか発揮することができないのである（Storper and Salais 1997）。

ここで主張されているのもまた，モノの物質性を踏まえた構築主義的な見方である。現実世界とは社会・技術的な構築の結果であり，すでに合意され調整がなされた状況を示すのである。人々が「共通の存在」に合意していない状況においては，ある存在――人間であれ非人間であれ――は，さまざまな尺度で評価されざるをえない。そして，そのような状況は，まさに「ちぐはぐな」資源の寄せ集めにすぎないことになる。換言すれば，特定の評価モデルに基づいて，人や事物の大きさと関係性のありようが定められない限り，そして相互行為を調整する規則が成立しない限り経済調整は円滑に行われない。この場合，人々はいつまでも現実世界に入り込むことはできないのである。

こうした可能世界から現実世界への移行を媒介するのが，アイデンティティと参加の慣行である。この二つの慣行は，諸個人の人格の規定（qualification）と正当な行為の範囲を確定し，経済主体の関係性のあり方と行為原理を定める。もちろん，「生産の世界」論の著者たちは言及していないが，コンヴァンシオン経済学の解釈学的アプローチの用語を使用すれば，こうした慣行は，解釈の支えとなり，あらゆる合意と規則を担保する評価モデルであると考えられるのである。あるいはさらに，質的規定を担う「質の慣行（convention de qualité）」に相当すると考えてよいだろう。

アイデンティティの慣行は，人間存在に外在的な質を付与する。これによって人々は，相互行為の文脈において他者のコンピテンスや行為に関する相互期待を形成することができる。これは職業的・社会階層的な意識に関わる。人は特定の社会経済的なカテゴリーのなかに自らのアイデンティティを見出し，それが集団形成の根拠となる。他方で，参加の慣行は，集団への所属によって人々に与えられる正当な行為の範囲を確定する。参加の慣行は集団の規範と一体化し，経済主体のあるべき行為を規定する。結果として，人々を当該集団に特有のルーティン行為へと導くことになる。コーディネーション問題との関わりでは，経済主体は，それによって，ほかの集団に属するアクターとの相互行為の場面でも他者の行為を安定的に予測す

---

15) ストーパーとサレ（Storper and Salais 1997）は，成功する調整を意味する現実世界を識別するために，企業の収益性と，当該製品の内部市場シェアという二つの指標を提示している。

ることが可能になる。

　ストーパーとサレ（Storper and Salais 1997）は，四つの生産の可能世界を現実世界において成立させるために，アイデンティティと参加の慣行の形態を示している。すでに述べたように，一つの可能世界は互いに整合的な一群の諸慣行をもつ。経済主体は，生産する製品に応じて固有の生産の可能世界をもち，可能世界に対応するような独自の諸慣行を発展させ経済活動を調整することで現実世界を構成することができる。そして実際に，適切な可能世界の選択の鍵を握るのが，アイデンティティと参加の慣行なのである。

5　おわりに

　以上，コンヴァンシオン経済学の検討を踏まえて，「生産の世界」論の理論的図式が明らかとなった。解釈学的アプローチにおいては，評価モデルと呼ばれる規範的規則が諸行為規則よりも上位の論理水準にあり，そのもとで人や事物（製品を含む）の質が規定され，相互の関連づけと役割分担の形成が行われる。これにより，他者のコンピテンスや行為に関する相互期待が得られ，経済調整が可能になるというものであった。「生産の世界」論でもまた，評価モデルに相当するようなアイデンティティと参加の慣行が，現実世界の構築において中心的な役割を果たすといえる。1990年代初頭に構想されたサレとストーパーの著作（Salais and Storper 1993）からは明示的には読み取りづらいが，コンヴァンシオン経済学のその後の展開を考慮に入れるならば，ここで評価モデルと慣行的規則は機能的に区別して考えることができる。

　サレとストーパーの「生産の世界」論は，やや類型論的ではあるが，特定の可能世界に固有の慣行が，経済成長へと帰結する論理を示している。生産者は固有の不確実性に対処するなど，可能世界の論理に対応する経済的整合性のテストを乗り越えつつ，消費者に受容される製品品質を構築する。経済発展へと帰結する制度・慣行を見分けるうえで，現実のテストの概念は重要である。また諸規則（あるいは制度）は単独で存在するのではなく，人間，事物，諸規則などから構成される認知的装置や構成的慣行との結合のなかで機能する。こうした諸要素間の結合と，したがって計算空間の構築は，可能世界概念によって担保されているのである。「生産の世界」論は，かくして，財の規定をはじめ，市場交換を可能にする諸前提の構築を問題にすることで，イノベーティブ・ミリュー論では掘り下げられていない，イノ

ベーションの条件や市場構築について考察する道を拓いているといえる。

　最後に，第2章で考察したイノベーティブ・ミリューの機能との関わりで，若干の指摘を行っておきたい。ミリューの効果は，領域的な文脈の共有によって，不確実性の削減と期待の調整，そして集団学習を求めることができた。これらはいずれも，コンヴァンシオン経済学を参照したとしても同様に指摘できる効果である。ただし，集団学習の理解については，異なる知見も得られうる。

　集団学習がミリュー内の社会・文化的近接性を生み出すような制度（ゲームの規則）の生成・変化の集合的過程であるとすれば，それはさらに二つのタイプの学習に区別することが可能に思われる。すなわち，シングルループ学習とダブルループ学習である（Argyris and Schön 1978）[16]。コンヴァンシオン経済学の主張によれば，特定の評価モデルのもとでの慣行的規則の作り替えや製品品質の決定は，既存の知識基盤の枠内で漸進的イノベーションを起こすような学習，すなわちシングルループ学習に相当しうる。これに対し，評価モデルそのものの変化は，ダブルループ学習に相当すると考えられる（ルベリュほか 2006）。そしてまた，図3-2で示したような，共通の計算空間の装置として認知システムを捉えるならば，ダブルループ学習は，慣行（コンヴァンシオン）の変化にとどまらず，規則，認知的人工物，事物などの結合と配置そのものを作り変えることを意味するであろう。

---

[16] アージリスとショーン（Argyris and Schön 1978）においては，諸個人は「使用中の理論（theory in use）」を保有し，それによって自分の行為の結果に対する期待を生み出す。実用理論に基づく期待と結果にギャップが生じた場合，それは「エラー」と呼ばれ，サーモスタットが自動的に外温を測定し温度調整するように（サーモスタットのプログラムが実用理論に相当する），修正が施される。この過程がシングルループ学習と呼ばれる。これに対し，行為基準である実用理論そのものの変更を行うものはダブルループ学習と呼ばれる。

知識，規範，そして「フォルムへの投資」 04

1 はじめに

　本章は，第3章の議論を補完するものである。これまでの内容と重複する部分もあるが，知識と認知の捉え方について改めて整理したうえで，それらと規範的慣行の関わりを，エイマール=デュヴルネ（2006）を基に描く。

　結論を先取りすると，すでにみてきたように，認知は人間の頭の中に存在する知識にもっぱら依拠しているだけではなく，むしろ，頭の中の知識と，外界に分散的に存在する規則や事物などのネットワーク（そしてその特定の配置）のなかで行われる。つまりこれは，認知が，こうした異質な諸要素から構成される集合的認知装置（dispositif collectif cognitif）によって可能となるという見方であり，そうした装置は慣行によって支えられている。コンヴァンシオン経済学の見方によれば，そうした装置が安定的に機能するためには，何らかの規範的な基盤とそれに基づく正当化を必要とするためである。

　ところで，知識が分散的に存在し，あるいは流通するためには特定の形態（フォルム）が確立されなくてはならない。この作業が「フォルムへの投資」（Thévenot 1986）であり，規則，規格，分類（統計カテゴリーや資格・学位など），ブランドなど形態（フォルム）の確立を通じて，諸アクターにとっての認知的なフォーマットを構築し，不確実性のもとでのアクター間の調整をより安定的なものにするための投資である。形態（フォルム）の背後にある，何らかの規範的慣行の存在をとりわけ強調する点が，ANTとは異なるコンヴァンシオン経済学の特徴ともなっている。

　以下ではまず，知識概念の拡張と知識のタイポロジーについて整理する。そして，それを踏まえて，環境から提供される装備によって限定合理的なアクターがその認知的能力を形成する仕組みについて考察する。そのうえで，規範による正当化の問

題について，ボルタンスキーとテヴノー（2007）の議論に依拠し，認知論と，正当化の論理を含む規範論的な分析を統合した視座を示す。そして最後に，イノベーションと産業集積研究に対して有することになるインプリケーションについても言及することにしたい。

2 知識，学習，認知

2-1 知識と認知：エイマール=デュヴルネの議論から

ここでは，近年の集積理論のキーワードともなっている知識と認知の問題について検討するにあたり，コンヴァンシオン経済学の代表的な論者の一人である，エイマール=デュヴルネ（2006）の企業論を主に参照することになる。エイマール=デュヴルネは，企業をアクターの行為能力を形成する環境として位置づけている。本章は同様の視点を，企業ではなく産業集積に置き換えて考えようとするものである。

エイマール=デュヴルネは，近年の認知理論の成果を動員することで，新古典派理論あるいは合理的選択理論の主張を逆転させようとする。エイマール=デュヴルネ（2006）によると，企業は，新古典派理論がいうような単に個人的利害の均衡（契約）ではなく，むしろ個人を形成する環境として理解される[1]。前者においては，通常，非常に高い認知能力と意思決定能力をもった個人が前提とされ，そのオルタナティブとして出現してきた進化理論ではむしろ個人の意思決定は環境にゆだねられる。これらに対し，エイマール=デュヴルネによって示され，また本書が採用する視座は，環境（企業）によって提供される認知的装備を利用することで，個人は認知能力の限界を補い，自らの行為能力を担保することができるというものである。

敷衍すると，エイマール=デュヴルネは，限定合理性の道を進むには二つの方向性があるとしている。一つは，上述したような，環境による行為決定を探求する道であり，それは進化論的方法である。もう一つは，行為の整合性を支える装置（dispositif）を考慮することで，個人が自分の環境を整備する力をもつと仮定することである。

まず，進化理論との関わりでは，現実的には実行困難な新古典派的な実質的合理性に対して提起されたサイモン（1999）の限定合理性が，環境によって自らの道順

---

[1] この図式は集積理論にも置き換えることができる。1990年代以降の集積論は，集積地域を認知的／行為能力を形成する環境として捉えるものである。

を決定する蟻の寓話とともに示される。浜辺を歩く蟻の軌跡がいくら複雑な形状をしていたとしても，それは蟻の複雑な意思決定を意味するものではなく，蟻は浜辺の環境に従って歩いていただけである。既述したように人間の認知能力には限界があり，最適な意思決定を行うことは通常不可能である。サイモンによると，複雑な環境における意思決定は，行動主義心理学者が提示するような刺激・反応メカニズムに従う。

　進化理論において，人間の行動は生物の遺伝子に相当するようなルーティンに依拠する。そして企業は，自然淘汰を潜り抜けた環境適応的なルーティンの塊としての「コンピテンス」によって支えられる。コンピテンス（ルーティン）は，かつて直面した問題の解答を記載しており，類似の問題処理のために自動的に利用されるある種のプログラムである。自然淘汰の過程は，方程式の解を求めるような計算はできないにせよ，進化ゲーム理論のように，コンピューター上でシミュレーションすることができる。進化理論において，諸個人は（合理的選択理論で想定されているように）目的に「引っ張られる」のではなく，むしろ過去の経験，ルーティンの適用によって経路依存的に「押し出される」のである。行動は刺激・反応メカニズムに基づく自動運動の結果である。

　これに対して，もう一つの方向性は個人の行為能力をより重視するものであり，エイマール＝デュヴルネの立脚点ともなっている。そこではコンピテンスの形成における認知的装備の役割が示される。人間は，環境から供される認知的装備を行為の資源として動員することで，高い認知能力を有することができるのである。これらのパースペクティヴにおいて，行為は状況に埋め込まれており，個人が単独で実行するわけではなく，また行為に必要な知識は，環境の側からもたらされる。

　この二つ目の方向性についての検討自体は次節にゆだねるとして，以下ではそのための前作業として，知識と行為の関係について確認するとともに知識概念の整理を行っておきたい。行為と知識の関係とはいかなるものであるのか。知識を問題にすることなしに行為能力の形成を問うことはできず，環境から提供される認知的装備という視角を理解することは困難である。

2-2　知識概念の拡張について

　知識という言葉は，通常，単なる情報以上のものを指して使用される。フォーレイ（Foray 2004）によると，知識は，それを所有するアクターの知的もしくは物的な行為を可能にするものである。そして，このことから，知識とはアクターの認知的

能力のことにほかならない,という見解が得られる.他方で情報は,知識——情報を解釈し処理するための——を有する人々によって使用されるまで,受動的で意味をなさない存在にとどまる.二つの概念の差異は,知識の再生産を考えるときに明白となる.すなわち,知識は言語化できない暗黙的な次元を含むために,容易に連結したり移転したりすることができず,情報の再生産に比べてはるかにコストが高くつく.そして,知識の再生産は学習を通じて行われるが,情報の場合は,CDのようなメディアに複製するだけで済むのである.

標準的な経済学では,通常,知識は情報と同一視され,認知と学習の関わりで問題にされることはほとんどない.フォーレイがいうように知識がアクターの認知的能力を形成する要素であるとするなら,たとえば効用関数としてアクターの行為原理が所与とされる場合には,アクターの行為形成に不可欠な認知的枠組みとしてあえて知識を問題にする必要は生じない(Foray 2004).言い換えるならばむしろ,知識は暗黙に前提されているために,あえて問題にはならないということができる.産業集積論との関わりでは,新古典派理論と親和性の高い伝統的立地論において知識が問題にされることはないが,これも同様の理由による.これに対し,制度経済学および制度論的/関係論的な集積論は,限定合理的なアクターの認知的枠組みとして知識の形成を問題とする[2]．

ところで,一口に知識といっても,実際には多様な形態が存在する.西洋哲学の伝統において最も支配的な見解は,「正当化された真なる信念」として知識を捉えるというものである.すなわち,適切な根拠によって正当化され,なおかつ世界の真理を表象する信念が知識と呼ばれる.信念が頭の中に存在し,真か偽で判断される文章によって示されるという点で,命題的知識ということもできよう.

しかしながら,こうした伝統的な知識観は,今日でも基本的に踏襲されているが,同時に,多くの批判にもさらされている(森際 1996;戸田山 2002).言葉では表現できないような暗黙的な次元が知識に存在することは,ポランニー以降,広く知られていることである.適切な行為を導く知識は,必ずしも信念の形をとるわけではない.そうであるならば,人間以外の動物は,知識をもたないことになる.また知識には,科学的知識など,個人の頭の中ではなく社会や集団のなかで保有される集団

---

2) 荒川(2002)は,知識と情報をそれぞれストックとフローとして区別し,制度=ルーティーン=知識としたうえで次のように述べる.すなわち,「制度が存在する必要のない新古典派経済学の世界では「フロー」である「情報」だけがあれば十分なのであり,「ストック」である「知識」が存在する必要はないのである」.

的知識も存在するのである。

　知識は，英語では一言に'knowledge'であるが，フランス語では'savoir'と'connaissance'という二つの言葉で表現されうる。そして，この二つの単語の区別が，「正当化された真なる信念」とは異なるタイプの知識を理解するのに役立つ。

　フォーレイ（Foray 2004）によると，前者の'savoir'は，なんらかの制度的メカニズムによってお墨付きを受けた（certifiée）知識を意味する。制度的メカニズムは，科学的評価（peer review）であってもよいが，口頭社会における何らかのしきたりや信念体系でもよい。これに対して，もう一方の'connaissance'は，たとえば園芸の仕方を知ることであり，アクターの行為を可能にはするが，'savoir'のようなお墨付きのテストを経てはいない知識を意味する。動物が保有できるとすればこのタイプの知識であろう。

　こうした二つのタイプの知識の違いは，それが科学的であるか否かということではなく，それが制度的なテストを経ているか否かに由来する。園芸の方法は，個人の経験に基づく個別的で特殊な知識を含んでおり，日常生活においては，こうした個別的知識が活用されることは少なくない。このように，知識は，「頭の中」に貯蔵される信念にとどまるものではない，より広範な概念として捉えなくてはならない。

　ここでいくつかの知識のタイプを整理しておくことが有用であろう。図4-1は，明示的（コード化された）知識と暗黙的知識，個人的知識と集団的知識という区別から知識を整理したものである（Amin and Cohendet 2004）。このうち，個人的知識と集団的知識は認識論的に異なる次元に属するという。すなわち，集団的知識を個人的知識の総和に還元することはできないということである。以下では，アミンとコ

図 4-1　知識の整理
（出所：アミンとコエンデ（Amin and Cohendet 2004：34）を基に作成）

エンデに基づいて,それぞれの知識の特性を簡単に説明していく。

図4-1の第一象限は,明示的で集団的な知識である。スペンダーの客観的知識は,数学,論理,物理法則といった知識であり,これは自然言語によるバイアスを受けることなく伝達可能である。それは科学研究によって絶えず発展し,新たな経験的現象を研究するためのプラットフォームとして役立つような知識である。これは,ブラックラーの「コード化された (encoded)」知識に,またランドバルとジョンソンの類型では,原理・原則を知る 'know-why' に相当する。

第二象限は,明示的で個人的な知識である。スペンダーの意識的知識は,諸個人によって所有される形式的な知識である。こうした知識は,形式的手法を行使する術を知る,内科医,法律家,経済学者といった専門家が有するものである。これは,ブラックラーの用語を使えば,概念的技能と認知的能力からなる「頭の中の知識 (embrained)」である。ランドバルとジョンソンの類型では,意識的知識は 'know-what' に対応する。

第三象限は,暗黙的で個人的な知識である。スペンダーの無意識的知識 (automatic) は,個人的で暗黙的な意識されることない知識であり,個人が明示的知識を理解し発展させるのを可能にする。これはポランニーの暗黙知であるといってよく,学習を通じて獲得される。ブラックラーの用語では「身体化された知識」,また,ランドバルとジョンソンの類型では 'know-how' に相当する。

第四象限は,暗黙的で集団的な知識である。スペンダーの集団的知識は,ルーティンや行為規則の形をとり,諸個人および集団的行為を導くうえで暗黙に共有された知識である。こうした形態の知識は,言語と行為の集団的な使用を通じて,慣行によって創造される。ブラックラーは集団的知識の二つのカテゴリーを区別している。一つは体系的ルーティンに備わる「埋め込まれた知識」であり,もう一つは,共通理解の獲得過程の帰結である「文化的に埋め込まれた (encultured) 知識」である。ランドバルとジョンソンのノウハウは本質的に諸個人に対応しているため,この象限に明確に対応しないのだが,サブ・カテゴリーとして 'know-who' をここに加えることができる。

以上が,アミンとコエンデ (Amin and Cohendet 2004) によって整理された知識の一覧である。知識は,「正当化された真なる信念」という見方に典型的に示されるような,「頭の中」だけに存在するものではない。暗黙知のように個人の身体性のなかにもそれは宿ることができるし,知識のコード化を通じて,あるいはルーティン,行為規則,慣行という形式で集団として共有されることもあるのだ。

エイマール=デュヴルネ，そして C. ベッシーのような一部のコンヴァンショナリストは，さらに，物質的なモノ（人工物）のなかにも行為に必要な知識が存在することを強調している。そして彼らは，ルーティン・慣行だけではなく，個人に外在しつつその認知の形成を助けるようなモノ一般に，制度という名称を与えるようになっている。

3 知識のコード化とフォルムへの投資

3-1 社会的に分散された知識と状況に埋め込まれた行為

　行為に必要な知識は，頭の中にのみ存在するわけではないことは前節で確認した通りである。それは行為する環境からも提供される。こう考えることは，サイモンの蟻の寓話のように，意思決定が行為者から環境へと移されてしまうことを意味するわけではない。環境から提供されるモノ（人工物）を利用することで，アクターは自らの認知的装備を整え，行為能力を保持することができるということである。そして行為は，環境によって決定されるのではなく，状況に埋め込まれたものとなる。分散認知，アフォーダンス，発話行為の文脈依存性，モノを用いた推論等々，認知理論の諸成果が示しているように，行為を導く知識は，個人的記憶のなかだけではなく，規則，認知的人工物，そしてモノのなかにも存在するのである。

　こうした考えの背景には，認知科学の発展がある。認知科学における伝統的パラダイムは「計算主義」と呼ばれるもので，これは人間の認知構造をコンピュータの設計原理に基づいて理解する立場である[3]。しかしながら，この計算主義に基づくと，人間は最新のコンピューターでも不可能な計算をこなさなければ日常的な認知を実行できないことが，研究が進むにつれて明らかになってきた。これに対して提起されたのが，状況のなかで行為が行われるという考えである[4]。

　このパースペクティヴにおいて，物質的なモノは，人間主体の単なる認知の対象

---

3) 標準的な経済学の認知パラダイムは，認知科学の分野における「計算主義」と類似している。そこにおいて人間は外部環境に正確に対応する知識をまず頭の中に作り上げ，それを内的に記号処理することによって推論・行為するものとされる。
4) 分散認知理論では，認知は必ずしも頭の中の情報処理のみによって行われるのではないと考える。人間（他者），人工物，社会的・文化的構築物，それらの空間的配置が知識表象のメディアとなり，それらの相互作用によって実現する。認知は，これらの知識表象のメディアを諸要素とした認知システムのなかで，あるいは関係性のなかで達成されるのである。

としてみるようなデカルト主義的発想とは異なり，アクターを適切な行為へと導く，「認知アーティファクト」（ノーマン 1992）としての役割を担う。この背景には，前章でも触れたように，知識が社会的に分散されているという考えがある。繰り返し述べているように，知識は個人的記憶のなかだけではなく，モノのなかにも宿ることができるのである。そして，それは「認知アーティファクト」としてあたかも人間の能力を増大させるような効果を有する。

エイマール=デュヴルネ（2006）は，モノの役割を説明するために，論文執筆に励む一人の研究者の作業環境を一例として挙げている。この研究者を仮に A 氏とすると，A 氏は多くの物質的なモノに囲まれて作業している。電話，コンピュータ，参考文献（テキスト）等々である。電話とコンピュータは，A 氏が情報を受け取ったり発信したりすることを可能にする。また，多くのテキストのおかげで——テキスト自体が多くのほかのテキストに依存しているわけだが——，A 氏は，前世代の人たち，海外の研究者，他者の知識を時間と空間を越えて受け取ることができる。個人の認知的／行為能力の多くは，こうした装置によって形成されている。

第 3 章でも述べたように，分散認知は，制度経済学との関連では，ナイトとノース（Knight and North 1997）によって言及されている。ノースは，1990 年代を通じて，取引費用の節約ではなく，認知論に基づく経済変化の分析を強調するようになってきた（磯谷 2007）。ベッシーによると，コンヴァンシオン経済学と，ノースを代表とする新制度派経済学の一部の動向が，分散認知など制度の認知論的分析を通じて収斂しつつある（Bessy 2002a, 2002b）。

さて，経済活動の調整において，モノ（事物）は，調整の具体的な目印を提供することでコンヴァンシオン経済学が慣行への心理主義的アプローチを回避することを可能にすること，そして調整の目印については，相互期待の調整における目印の役割との関連ですでに述べた。ファブロー（2012）は，シェリングのフォーカル・ポイント（焦点）においては，モノの際立った特徴が調整の目印を演じるとする。「例えば二人の個人が，同一の町で出会いたいと思うとき，予めの情報がなくても，また互いに連絡しあうことがなくても，たいていは，ある解決策に至る。すなわち（際だった特徴を持っているがために，想像力に訴え，注意を引くという意味で）特徴的な際だった場所が選択される」（ファヴロー 2012：435）のである。ただし，モノは単独で機能するわけではない。たとえば，文化の異なる国のある建物に入る際，玄関で靴を脱ぐべきかどうかの意思決定ができない場面がある。しかし，そこにある事物，つまり下駄箱が置いてあれば靴を脱ぐという規則の存在が明らかとなり，ほとんど

躊躇なく，靴を脱ぐという行為が導かれるだろう。このように，（モノが目印となり）モノと規則が結合することで，相互行為を調整する規則への順応が容易に行われる（ファヴロー 2012）。

しかしながら，モノは調整の目印としての役割を担うが，それはさまざまな仕方で規定され，異なる意味を担いうることにも注意する必要がある。たとえば皮製のバックは，親から受けついだ家宝としても，「エルメスのバック」という名声を表現するものとしても，またすぐれた耐久性と機能性を兼ね備えたものとしても規定されうる。すなわち，関連するアクターが属している集団の特性によって，また構成的慣行によって，モノが表象する意味は異なりうるのである。

さて，シェリングをはじめとする多くの論者は，フォーカル・ポイントを出現させるための顕現性を個人の想像力と認知的能力にのみ求める。これに対し，コンヴァンシオン経済学は，むしろアクターの相互作用を通じた集団的認知の重要性が強調される点で異なった見解をもっている（Orléan 1994）。結局，フォーカル・ポイントの手がかりとなる認知的な目印が，関連のアクターが属する集団特性によって規定されているのだとすれば——すなわち集団によってモノがもつ意味と顕現性は異なりうる——，アクターは自分たちが属する集団の特性について内省せざるをえない。ケインズの美人投票の例のように，アクターは集団として他者の期待を表象するのであって，この点で認知の集合的側面の重要性が明らかとなる。

先述のファブローの「集合的認知装置」という概念は，規則がさまざまな媒介物のネットワークとして機能する点と，規則が集団ないしは集団における振る舞い方を規定するものであること，したがって規範的な側面を有することを重視する。ディアッボーンによるファブローへのインタビューによると，集合的認知装置における装置とは「フーコーが示したように，諸規則が実際には諸実体の複雑なセットであり，表象，言表（statement），物質的事物，権力関係，等々の混合物を意味する」（Favereau and Diaz-Bone 2012：42）。そして，規則は，そうした規則に従う（あるいは壊す）人々が所属する集団とその特性（functionning）を規定し，したがって，規範的な性質を有するという点で「集合的」なのである[5]。

ベッシー（Bessy 2002a）は，モノの役割をファブローのように「集合的認知装置」の構成要素として位置づけるならば，大幅な制度概念の拡張がもたらされるとする。

---

[5] なお，あらゆる規則は不完全であり，その意味を一義的に決定することはできない。集団的認知装置は，ファブローが呼ぶところの「規則の手続き的な読解」を可能にする（De Munck 1999）。

人文科学において伝統的に制度とみなされてきた観念的な構築物だけではなく、知識を表象し人間の認知的負担を軽減するものであれば、物質的なモノであっても同様に制度と呼ばれうる、というのである。ただし、こうした制度概念の拡張においては、「広範囲にわたって効力をもち、その他のアクターに対して強い規範力と求心力をもつような（Callon 1993）、最も安定した調整の媒介物に制度概念の使用を限定することがおそらく必要」となろう（Bessy 2002a：88）。

3-2　知識のコード化とフォルムへの投資：知識の流通と意味の欠落

　知識はどのように分散的に存在するに至るのだろうか。あるいは、エイマール=デュヴルネ（2006）が指摘するように、標準的な経済学は、市場で流通可能な財として情報を扱う。こうした見解においては、市場以外の情報流通の経路が考慮されることはなく、ましてや、情報財が構成される仕方そのものが問題にされることはない。いかにして情報は財として市場で流通するようになるのだろうか。

　この問いに答えるためには、知識から情報への移行が問題にされなくてはならず、また知識がある個人にとってのみ有用な個別的なものから、広く利用可能な一般的なものへとその形態を変化させる過程が考察されなくてはならない。これらの過程は、コンヴァンショナリストによって「フォルムへの投資」として概念化されている（Thévenot 1986）。

　知識の移転・貯蔵・交換といった操作は、知識（connaissance/savoir）がもつ暗黙的な次元のために容易ではない。暗黙知はポランニーの言葉を想起するまでもなく、言葉では表現することも、また個人の行為と切り離して考えることもできず、個別的、特殊的なものにとどまる知識である。形式的な知識と違い、暗黙知はその所有者がそれを所有していることを知らない場合も多い。

　コワンとフォーレイ（Cowan and Foray 1998）によると、こうした暗黙的次元に由来する知識の扱いにくさは、コード化によって回避されうる。知識のコード化（あるいは明示化）は、知識をメッセージへと変換する過程であり、その過程を通じて、人間に独特な知識の特性を利用可能にし、頭の中の記憶を外部に置くことを可能にする。すなわち、コード化とは、知識を外部のメディア（媒体：support）に乗せることであって、それは知識がその属人的な特性から解放されることを意味する。これによって知識は計量可能で流通可能な情報へと加工される。また費用面においても、コード化は高い固定費用を必要とするものの、極めて低い限界費用で多くの操作を行う利点をアクターにもたらしてくれる（Cowan and Foray 1998）。

こうしたコード化の作業によって知識の取り扱いが容易になるが，コンヴァンシオン派の分析において，この作業は「フォルムへの投資」と結びつけられる。知識の「特殊から一般への移行は，フォルム（形態）への投資を前提としている。すなわち，それが適切にフォーマット化される限りで，知識の移転を可能にするような多様な装備である」（エイマール=デュヴルネ 2006：65）と考えるのである。

　さて，特殊性を有する知識，つまり局所的で属人的な知識は，言葉，機械，習慣，情報技術といった媒体を得ることで広く流通可能な一般性の形態(フォルム)を獲得する。こうしたフォルムを構築する作業が，フォルムへの投資である。何らかの投資――この言葉本来の金銭的な意味とアナロジー的な意味で使用される――によって，一般性を得た知識は，さまざまな形(フォルム)をとりながら，時空間を超えて貯蔵され，伝達されることになる。流通可能な形態(フォルム)を獲得した知識が情報と呼ばれる。そして物質的なモノは，フォルムへの投資による一般性の獲得の帰結として，行為に必要な知識を保存し認知的な役割を果たすのである。

　しかし，フォルムへの投資には，代償が伴うことにも注意する必要がある。その代償とは，すなわち知識のコード化に伴う意味の喪失である。「ある知識を図式化するためには，したがって知識を凝集させるためには複数の仕方があるし，それは無限ですらある」（エイマール=デュヴルネ 2006：68）。知識を凝集する仕方は，特定の価値，つまり次節で扱うボルタンスキーとテヴノー（2007）のシテの多様性と不可分に結びついている。フォルムへの投資は，認知と規範が統合的に論じられている，ボルタンスキーとテヴノーの規範的秩序のエコノミー・モデルと併せて理解されるべきなのである。

4　認知論から規範的秩序のエコノミー・モデルへ

4-1　規範的秩序のエコノミー・モデル

　コンヴァンシオン経済学のアプローチは，新経済社会学のように経済活動が社会に埋め込まれていると仮定し，理論的虚構として市場の存在を退ける立場とは異なっている。そうではなく，市場は経済活動を調整する最も重要な制度の一つであることを認めたうえで，それが構成的慣行によって生み出された社会・技術的構築物であることを強調するのである（Orléan 2005）。すなわち，構成的慣行による制度の構築が問題とされるのである。この過程が本質的に価値の構築と秩序形成に関わるという意味で，それは政治的過程でもある。コンヴァンシオン経済学が，認知論的

分析を精力的に行いながらも，政治経済学であるゆえんはここにあるのだ。

エイマール=デュヴルネ（2006）によると，制度は——ノース（1994）がいうように，政治構造に関わるフォーマルな制度と社会構造に関わるインフォーマルな制度が存在するが——，根本的にはメートル度量のように機能する社会的尺度であり，計算単位である。制度は人や財が評価される仕方を規定し，秩序，分類，社会的ヒエラルキーを確立する。

こうした慣行へのアプローチにおいて，制度（諸規則）は集団的な価値と不可分である。これらの価値は，合理性に目的を与え，合理性と計算を方向づけるものである。人や財は，特定の共通善との関わりにおいて，複数の仕方で評価されうる。もはや非協力ゲームにおけるような期待の調整（コーディネーション問題）だけが重要なのではなく，「財や労働の質を規定する，複数の価値システムの間を調停すること」が問題となる（エイマール=デュヴルネ 2006：79）。

コンヴァンシオン経済学の上記の研究プログラムを最も早い段階で体系的に示したのが，ボルタンスキーとテヴノー（2007）の「規範的秩序のエコノミー・モデル」である。このモデルは，前節までの慣行の認知論的分析と，集団的価値の動員による規範的秩序の構築を統一的に把握する枠組みをわれわれに示している。テヴノーによって提起された「フォルムへの投資」という概念も，この流れのなかで理解される。ボルタンスキーとテヴノー（2007）の議論では，共通の上位原則（＝共通善）と呼ばれる構成的慣行の動員と，人とモノの質的規定＝等級づけ（qualification）による合意の構築が主たるテーマとされている。テヴノーの「フォルムへの投資」とは，こうした規定の作業にともなう「投資」にほかならない。

> われわれは物だけではなく人間という存在を規定する行いそのものが引き起こす問題を研究の中心とするに至った。人間は，規定にとりわけ抵抗する存在である。われわれの調査の中心を規定という操作に置くことは，大きな利益をもたらすものであった。（ボルタンスキー・テヴノー 2007：2）

ところで，「規範的秩序のエコノミー・モデル」において，規範的秩序の生成・変容の中心的動力となるのは，人々から発せられる批判である。人は，自らが不当に規定され，評価されていると感じるとき，批判を通じて自らの正当な評価を獲得しようとする。この際，人々は自らの主張に個別利害から離れた一般性をもたせるために，規範的な価値（共通善）に依拠することになる。正当化の過程においては，第

3章で述べたように、偉大さ（grandeur）を証明する証拠物件の提出を人々に要求する。こうした証拠としてモノが動員されることになる。

モノはある集団で共有されている価値を可視化し、規範的秩序を安定化させる役割を果たす。たとえばある研究室で高性能のパソコンを誰に優先的に配分するかによって、その研究室の規範的秩序が可視化され、人々の共通世界が安定化する。年功序列なのか、競争的資金の獲得状況なのか、順番性なのか、といった具合である[6]。

ところで、すでに前章でも述べたように、ボルタンスキーとテヴノー（2007）によると、合意は場当たり的な個人間の協定という形をとることもあるが、より安定的な合意に至ることもある。しかし、そうした合意を生み出す価値は無限にあるわけではない。たとえば、現代フランスにおいては、それは六つに限られている。そして、それらはそれぞれ、一つの価値（偉大さ：grandeur）をめぐって秩序づけられており、人やモノのあり方や、それらの関係性、および行為の指針などを包括する理念的な世界を表象している。ボルタンスキーとテヴノーは、政治哲学の古典を引用しながら現代フランスにおける規範的秩序を描き出し、それをシテ（Cité）と呼んだのである。

しかしながら、一つのシテの原則で合意が行われる場合もあるが、関連する当事者たちが異なるシテに根深く属しているときには、しばしばシテの間での妥協が問題となる。それぞれのシテは、基本的に異なる上位原則に基づいているため、複数のシテ間での妥協は通常容易ではない。それでは、いかにして妥協は可能であるのか。須田と海老塚（2006）が述べているように、「こうした妥協が持続的であるためには、装置（とりわけ試験の装置）が妥協を安定化させなければなら」ず、「制度や組織は妥協装置の特殊なケースをなす」ことになる。ただし、妥協に至ったとしても、常に不安定性を含んでおり、ほかのシテの上位原則に基づく批判が行われる可能性はある。この点に批判を通じた制度や組織変容のダイナミズムを見出すことができる

---

[6] 須田と海老塚（2006）によると、「試験が、（ある状況における人員の相対的な）「大きさ」（価値）についての論争を停止することができる。登場人物たちは、大きさを試験することを可能とする装置について合意する（その結果は論争を終結させることを可能にする）。試験は、「等価物のコンヴァンシオン」によって、特異なる個人を比較することを可能とさせる（このコンヴァンシオンは、彼らの存在の一側面しか示さない）。例えばその労働生産性に関しては、あれこれの個人は、別の個人と「等価」であるとされ、両者は比較可能となる」。そして、本論との関連では、この等価性をもたらす労働生産性という指標は、「フォルムへの投資」によって確立されるものである。なお、引用文における「大きさ」は、本章では「偉大さ」と表記している。

（須田・海老塚 2006）。最後に，コンヴァンシオン経済学においては，ボルタンスキーとテヴノーの議論にあるように，質の規定を経て，共通の計算空間に定位された質が，価値（value）と呼ばれる。そこでは，価値は，ある固有の質として構築され，価格を正当化するもの（Boltanski and Esquerre 2017）として理解される。ベッシーとショーヴァン（2018）によると，「Dewey（デューイ）にしたがって，豊かな経験的，観察可能な事実――（価格や美的価値，評判，ステータスといった）多彩な形態をとることができ，特定の状況の下で，特定の帰結を伴う出来事や状況，事物，組織，人物に付与された「品質」として一般的に定義されることができる――として，我々は価値を考える」（ベッシー・ショーヴァン 2018：20,（　）は筆者による）とする。かくして，第7章で扱うような，財の価値づけ過程とそれを支える市場的装置の構築が問題となる。

4-2　認知から規範へ：イノベーションと産業集積

　コンヴァンシオン経済学の出発点となった一つのテーゼを想起しよう。それは，市場交換における契約の場合ですら，共通の枠組みが必要であるというものであった。経済活動は，あらゆる場面において，そうした共通枠組みの存在を要求するが，それを構築することを可能にするものが構成的慣行――共通の上位原則に等しいもの――であった。コンヴァンシオン経済学の解釈学的アプローチにおいては，最終的には構成的慣行の介入のもとで，人とモノの規定が行われ，また慣行的規則を含むあらゆる規則の意味が確定されることになる（バティフリエ 2006）。こうした構成的慣行の介入による共通枠組みの構築は，イノベーションに不可欠な新奇知識の獲得にも大きく影響する。

　新奇知識の獲得は，学習を通じて行われる。ある地域において，特定の共通世界が構築されている場合には，アクターの期待調整とコミュニケーションが円滑に進み，知識の移転は促進される。加えて，近年のイノベーション研究では，イノベーションにおいて他者を説得し資源を動員するための正当化（legitimating）の重要性が強調されているが（軽部ほか 2007：松嶋・高橋 2007），シテの共通性を鑑みた場合には，こうした問題が表面化する可能性は低く，また産業集積という地理的近接性は諸制度の共有を強化すると考えられる。

　しかしながら，ラディカル・イノベーションが考慮されるとき，状況はやや複雑な様相を示す（水野・立見 2008）。ラディカル・イノベーションは，従来の知識基盤からは断絶した新奇知識に基づくものであるため不確実性が高い。この点で，知識基盤の延長にある改良的な漸進的イノベーションとは区別される。これら二つの

イノベーションは，それほど明確に区別できるものではないが，ラディカル・イノベーションの方が価値体系の転換を含意する。ボルタンスキーとテヴノー（2007）の枠組みに依拠するならば，異なるシテの間の妥協において，このタイプのイノベーションは実現すると考えられる。すでにみたように，シテの妥協は容易ではない。しかしながら，水野と立見（2008）が指摘するように，集積として地理的に近接することで，頻繁な接触によりシテの妥協が促進することが考えられる。

　最後に，前節までの検討を踏まえて，産業集積と学習について整理しておく。ここでは学習を三つの段階に区別して考えている。すなわち，個人学習，相互学習，集団学習である。このうち，相互学習と集団学習については産業集積の文献でしばしば区別されることなく使用されている。しかし，本章ではその差異を明確化しておくべきであると考える。まず，相互学習は複数の個人が互いに知識を学習し合うことであり，個人学習をベースにしている。他方で，集団学習は，個人学習の総和には単純に還元されないような集団的知識を獲得する過程を意味する。コンヴァンシオン経済学における慣行と知識共有のダイナミズムは，この意味での集団学習の過程であるといってよい。これらの学習を産業集積の動態に適用するならば，次のようになろう。

　ローカルな企業がイノベーションを起こすうえで必要な知識は，域内外の相互学習によって獲得される。そして，とりわけ域内での知識移転を促進するのはローカルな制度・慣行である。これらが共通の認知的枠組みを提供する。製品イノベーションは，企業内あるいは企業の枠を超えたネットワークにおける集団学習として実現される。後者については，ローカルなネットワークであることもあるし，そうでないこともありえよう。近年，日本の多くの地域では，外部環境の変化によって，ローカルな取引環境，集合的表象といった企業の行為枠組みをなす産業集積地域の制度の変容を迫られているが，それを実現させうるのが，企業間の集団学習であると考えられる。そして，規範的秩序のエコノミー・モデルが示すように，それは政治的過程と完全に切り離して考察されるべきではないのである。

　さらにこの枠組みは，産業集積研究を財の価値づけと市場の構築へと方向づけることを可能にする。イノベーションの考察にとって，知識の獲得のみならず，ある財が規定され価値づけられる市場装置の構築は重要な意味をもつ。

5 おわりに

　コンヴァンシオン経済学の知見は，産業集積論における知識，学習，イノベーションの研究にとって魅力的な理論的ツールとなりうる。認知論だけではなく，正当化を通じた規範的な秩序形成を統一的に議論する素地を提供してくれる。経験的研究によって指摘されてきたように，産業集積の動態は，地域への深い帰属意識に基づく地域の企業家の変革の意思によって生み出される側面がある。たとえば，「規範的秩序のエコノミー・モデル」は，認知的なコーディネーション問題だけではなく，このような企業家の意思決定能力，さらには財の価値づけと市場の構築を分析の俎上に載せる枠組みをなしている。

　今後，制度・慣行のダイナミズムと地理的空間の関わりの具体的解明が課題となる。たとえば，前章でみたローレンツェンとフォス（Lorenzen and Foss 2002）のように，産業集積の認知的機能は，経済活動の調整におけるフォーカル・ポイントの形成を容易にするようなネットワーク，慣行，ルーティンが，産業集積地域の外部よりも，その内部で高密度に存在していることに求められる。この際，地理的近接性がアクターの相互行為を容易にし，こうしたネットワークおよび制度の形成を助ける。地理的領域が制度を形成するのではなく，近接性に基づく制度形成が領域を形成するのである（水野 2007；水野・立見 2008）。こうした観点は，第2章で検討したイノベーティブ・ミリュー論をはじめとする制度論的／関係論的アプローチにおいて明示的・暗黙的に共有されているといってよい。本書では，さらに，コンヴァンシオン経済学の成果を取り込むことで，ミリュー概念の拡張をもたらしうると考えている。その枠組みにおいてミリューは，共通の計算空間として個人行動の支えとなると同時に，（進化論とは異なり）認知的装置を提供することで人間の意思決定能力さらには批判能力を担保し，集団学習を通じてミリューそのものを変化させる可能性をもつ。地理的研究にとっては，モノとその結合・配置としての空間もまた，重要な構成要素となることに意義がある[7]。

　第7章で詳述することになるが，こうした方法論的な拡張を通じて，ローカルな

7）なお，これは地理学においては，行動地理学と呼ばれる領域を中心に考察されてきた問題でもある（岡本 2000）。そのルーツの一つとされる都市計画家のリンチは，本章の視角と同様に，都市の物的空間と諸種の表象の結合を総合的に捉えている。今後，こうした地理的空間における認知と行動に関する議論を参照することで，経済調整をめぐる考察を豊富化させることも可能であろう。

ミリュー（産業集積）と市場構築論を接合し，製造・流通・消費の一連のヴァリューチェーンのなかで，イノベーションの実現過程を捉えるアプローチもみえてくる。おそらく，ストーパーとサレの「生産の世界」論は，こうした試み，しかも極めて先駆的な試みとして理解することもできるが，近年の価値づけ研究を参照することで，産業集積研究の枠内でこうしたアプローチを蓄積することが期待される。これは，今後，産業集積の制度論的／関係論的な理解にも変化を迫るものである。たとえば，創造産業が集まるような大都市集積（都市化の経済）は，コーディネーションと学習の機能に加えて，財の価値づけを担う市場的装置としても捉えられるのである。

なお，価値づけについては，狭義の生産過程にとどまらず，財の流通空間もあわせて考察されなくてはならないだろう。工業集積地域の場合には，当該地域の範囲を超えて，ほかの空間スケールや，具体的市場となる大都市との結合が考慮される必要がある。

以上を念頭に置きつつ，残りの章では，コンヴァンシオン経済学の枠組みを援用しながら産業集積地域の経験的研究を行っていく。第5章と第6章は「生産の世界」論の応用的研究であり，第7章と第8章は，財の価値づけや市場構築に関わる内容となっている。

産業集積の動態と関係性資産
児島アパレル産地の「生産の世界」

05

　本章から第8章までが，ここまでで検討してきた理論的枠組みを用いた経験的研究にあてられている。本章では「生産の世界」論を具体的な地場産業地域の分析に適用することで，生産の世界の多様性と，経済 調 整（コーディネーション）の条件を描いていく[1]。

1　はじめに

　本章では，ストーパーとサレの「生産の世界」論を用いて岡山県倉敷市の児島アパレル産地（以下，児島産地）の分析を行い，その有効性を検討する。まず，欧米における関係性重視の議論を振り返り，本章の視角を明確にしたい。
　1980年代後半以降の集積研究の動向として，知識やイノベーション，学習との関連で，アクター間のさまざまな関係性に注目が寄せられている。従来の研究では，ピオリとセーブル（1993）にせよスコット（Scott 1988）にせよ社会的分業関係に焦点があてられることが多かった。しかし，1980年代後半以降の議論はそうした取引を通じた相互依存性よりも，むしろさまざまな関係性からなる取引されざる相互依存性に重きを置いている。また，それは企業間ネットワークにとどまらず，金融機関や大学，行政との関係も包含している。企業はそのような地域内の関係性の網の目

---

[1] なお，オリジナル論文が掲載されたのは2004年であり，調査自体は2001年から2002年にかけて行ったものである。すでに10年以上の時間が経過しているが，あえてデータの更新なども行わず，基本的には変更を加えなかった。概念部分について用語の統一など若干の修正を行うにとどめた。一つには，本書においては，「生産の世界」論の経験的研究への応用例として位置づけており，得られた知見に今日でも変更はないと考えていることである。もう一つは，部分的な修正によって査読を経た論文としての水準が損なわれることを避けるためである。

に埋め込まれており、そこでの知識の共有とアクター間の相互作用は、企業がイノベーションを起こすうえで大きな役割を果たす。特定の場所に固有の関係性は、容易に模倣したり移管したりすることはできず、現代資本主義における競争優位の源泉となりうるものである。

しかしながら、これらの議論の多くは次のような問題点を抱えている。たとえば、マーシャルの「産業雰囲気」概念に起源を有する「イノベーティブ・ミリュー」論[2]は、ローカルなミリュー（風土）の存在によって集積内に立地する企業のイノベーションが促進されるという議論であるが（Camagni 1991）、ミリューが企業にイノベーションを可能にする論理は示されていない（Storper 1997；友澤 2000）。ミリューは、アクター間で共有される何らかの文脈であって、必ずしもイノベーションと結びつくとは限らず、マイナスに作用する局面も考えられる。

近年では、イノベーティブ・ミリューの効果として、集団学習に関する議論が展開されている[3]。彼らは、ミリューの機能を集団学習に求め、集団学習はミリューの本質的特徴であるとしている（Capello 1999）。カペッロ（Capello 1999：356）は、集団学習を「その起源が何であれ、分かちもたれた、規則、規範、組織および手続きに基づく相互作用メカニズムによって、経済主体の間で自由に移転される累積的な知識創造の動態的過程」と定義している。彼らの議論は、理論的により洗練され、実証面からのアプローチも行われているが、集積地の集団学習がイノベーションと結びつく論理は十分に考察されていない。

イノベーティブ・ミリュー論や集団学習論は、集積地内の制度や諸関係を重視し、イノベーションや学習など産業集積の動態的な側面に注目する。しかしながら、ミリューや集団学習が機能する条件については、分析枠組みのレベルで明示的に扱っていない。関係性が集積地の発展において果たすポジティブな役割を強調するだけではなく、それがどのようにして可能になるのかという問題を探究する必要がある。

この際、できる限り現実にみられる多様性に対応する枠組みが求められる。成功する地域の生産システムは一つではなく、地域に独自の歴史的・社会的・文化的背景によって、そのあり方はさまざまでありうるためである。

本章では、こうした問題に取り組む際の方法論的な枠組みとして、ストーパーと

---

2) 詳細は本書第2章を参照のこと。
3) たとえば、*Regional Studies* 誌の33巻4号（1999年）は、地域ネットワーク、集団学習、イノベーションの問題が特集されている。この特集が組まれた背景については、キーブルとウィルキンソン（Keeble and Wilkinson 1999）を参照されたい。

サレの「生産の世界」論に注目する。「生産の世界」論は，関係性がポジティブに作用するための経済的な条件を明らかにし，経済調整の多様性を説明している。そして，「生産の世界」論を用いて児島産地を分析することで，唯一の成功モデルには還元できない集積地の複雑さを描き出すとともに，児島産地の関係性が特定の条件のもとでポジティブに作用し，産地の発展を支えていることを示す。この作業を通じて，集積研究における「生産の世界」論の有効性を明らかにする。

分析対象の選定にあたっては，以下の点を考慮した。すなわち，児島産地が日本の代表的なアパレル産地であるだけではなく，アパレル産業が非常に厳しい状況をむかえるなかで，他産地に比べて量的な縮小が比較的緩慢であり，かつ活力のある企業が少なくないことである。児島産地を事例として取り上げることで，産業集積の動態に関する重要な示唆が得られると同時に，産地研究にも新たな知見がもたらされると考えられる。

本章は次のように構成される。まず，第2節において，分析の枠組みを提示する。上述した課題との関連で，関係性資産の概念と「生産の世界」論を説明する。次に第3節と第4節で，第2節で提示した枠組みを用いて児島産地を分析する。第3節では，児島産地において複数の異なる生産システムが並存していることを明らかにする。続く第4節において，それらの生産システムを支える関係性のあり方に検討を加え，産地内で築かれている関係性がアクターの行為を調整し，生産システムを支える関係性資産として機能していることを示す。そして第5節において，関係性資産と「生産の世界」論が集積研究の分析に有効であることを提示する。

2 方法論的枠組み：関係性資産と「生産の世界」論

2-1 関係性資産

前節の冒頭において，本章は関係性を重視する立場であることを示した。

ストーパー（Storper 1997）は，産業集積のもつ，静態的な効率性には還元できない動態的な側面を明らかにするために関係性資産という概念を提唱する[4]。

産業集積を理論的に位置づけるとき，それは外部経済のシステムとして捉えられることが多い。その場合，産業集積のメリットとして，しばしば，共通のインフラストラクチュアの存在や生産における補完的な機能の容易な利用といったことから生じるさまざまな費用削減効果が強調される。しかし，現代資本主義においては費用削減効果よりもむしろ，産業集積のもつ再帰的な能力に目を向けるべきである

(Storper 1997；長尾・立見 2003)。

　再帰性 (reflexivity) とは，「社会の実際の営みが，まさしくその営みに関して新たに得た情報によって常に吟味，改善され，その結果，その営み自体の特性を本質的に変えていく」(ギデンズ 1993：55) ことである。グローバル化による競争関係の変化や市場の細分化といった外部環境の変化にもかかわらず，いくつかの産業集積地は，新たな市場を開拓したり，技術的なイノベーションを実現したり，旧来の分業関係を新しく作りかえるなどして発展してきた。このような産業集積の再帰性に照準を定めることは，アクターの集団としての行為能力を問うことであり，その形成を可能にする幅広い意味での制度（諸規則）を問題にすることでもある。

　外部経済の概念からは，こうしたアクターの集合的な行為能力の形成を明らかにすることはできない，というのがストーパー (Storper 1997) の主張である。なぜなら，スコットの取引費用論を援用したアプローチのように，アクターの完全合理性を退けている場合でさえ，議論の出発点として取引費用の最小化を志向する合理的個人を前提に置くからである。このような合理的個人を前提に置いてしまうと，個人行動から集積の形成を明確に説明できるというメリットはあるが，集積が個人行動を形づくるという逆方向の作用がみえなくなってしまう。

　本章が提唱する関係性資産とは，アクターの行為能力を形成し地域を発展へと導くような，さまざまな制度や諸関係のことである[5]。したがって，前節で言及したようなミリューについても，それがポジティブに作用する限りは関係性資産であるということができる。もっとも，ストーパーの関係性資産の中身については，コンヴァンシオン経済学が「慣 行（コンヴァンシオン）」と呼ぶところの規則が重きをなしていることは明らかである。

　ローカルな関係性がすべて一様に地域的発展の資産となるわけではないことは，ミリュー論や集団学習論との関連で指摘した通りである。制度や諸関係は，あくまでもアクターの行為枠組みであり，場合によってはそれが足かせとなって地域に衰退をもたらす要因ともなりうる。重要なのは，それらがアクターの行為をポジティ

---

4) 関係性資産は，浅沼 (1990) の「関係特殊的技能」の概念から一つのヒントを得ている。「関係特殊的技能」とは，「サプライヤーが組織として持つ能力のうち，特定顧客のニーズまたは要請に効率的に対応して供給を行いうる能力」(浅沼 1997：12) のことである。もっとも，関係特殊的技能がきわめて限定された対象と状況においてのみ用いられる概念であるのに対し，関係性資産は多様なアクター間の関係とさまざまな状況を含むことに注意する必要がある（長尾・立見 2003)。

ブな方向に導くとき，たとえばイノベーションや学習を可能にするときに，それが地域発展にとっての関係性資産となるという点である。

以下では，ストーパーとサレの「生産の世界」論に依拠し，関係性が資産となるための経済的な条件をみることにしたい。

2-2　生産の可能世界

ストーパーとサレ（Storper and Salais 1997）は，製品の特性を分析の中心に置くことで，需要サイドと供給サイドを統合的に扱う[6]。すでにみたように，「生産の世界」論において製品の質は，図5-1のように，縦軸①の市場の特性と横軸②の投入物の特性によって決定される。

市場の特性としては，消費者の匿名性と画一性の程度が指標となる。縦軸の上側ほど製品の（特定顧客に向けた）専用性が高く，下側ほど製品の汎用性が高い。上側の専用製品は，絞り込んだ需要に向けて生産され，最も極端な場合には特別注文となる。製品の質は，工業製品のような品質規格ではなく消費者の嗜好に基づいて形

---

5) こうしたアクター間の関係性を重要視する姿勢は，社会学や政治学の分野においても「社会関係資本（social capital）」として注目されている（Coleman 1988；Putnam 1993；フクヤマ 1996）。ここでいう社会関係資本とは，パットナム（Putnam 1993）によると，アクター間の調整と協調を促進し共通の利益をもたらすような，ネットワーク，規範および信頼といったものを意味する。フクヤマ（1996）は，グローバル化の時代にあって一国経済の繁栄の鍵を握る社会関係資本として社会的な信頼を高く評価している。

関係性資産と社会関係資本はともに，アクターの行為枠組みをなすような関係性に注目するものであり，類似した側面をもつ。しかし，関係性資産の方が本章の鍵概念としては適している。その理由として次の二点を挙げておく。第一に，社会関係資本概念は，それが意図するところにかかわらず，「資本」という用語の本来的な意味によって，「利潤を目的として投資されるものなのか否か」という混乱を拭い去れない。したがって，このことから生じる多くの誤解や曖昧さを，あらかじめ避けておいた方がよいと考えた。第二に，関係性資産が空間的次元を明示的に取り込んだ概念であるということである。関係性資産概念では，それがアクター間の局地的な相互作用によって生じるという点が明確に意識されている。

6) 繰り返し述べてきたように，ミリュー論や集団学習論は，ローカルな企業間の相互作用によってアクターが身につけることのできる集合的能力に注目するが，市場との結びつきについてはあまり考慮していない。これは供給サイドに偏向した議論であるといえる。生産者側の企業が身につける集合的能力は，あくまでも市場との関わりのなかで有効性を発揮するものであるため，財・サービスのバリューチェーンを考慮しなくてはいけない。この点，ストーパーとサレは製品特性から議論を始めることで，供給サイドと需要サイドを統合的に扱い，関係性が資産になるための条件を明らかにしている。

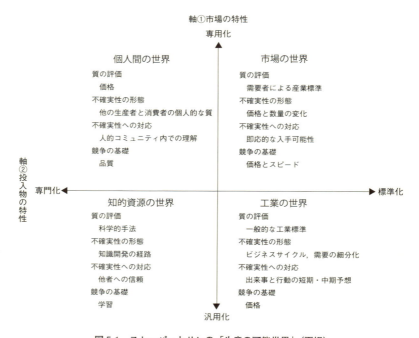

図 5-1　ストーパーとサレの「生産の可能世界」（再掲）
（出所：ストーパーとサレ（Storper and Salais 1997：33）より作成

成される。少数の消費者に向けて多品種の製品を供給するために，製品を見込み判断で生産することは困難であり，不確実性の高い市場に直面する。これに対し汎用製品は，製品の質を標準化したり，ブランドネームを活用したりすることで，最終製品として匿名的な市場で販売される。汎用製品は，比較的安定した市場を対象としているので，生産者はリスクに直面するものの市場の変動を見積もり，投資や資源の配分を計画することができる。

　次に投入物の特性であるが，生産者が用いる技術・技能・情報が希少であるか，容易に再生産が可能であるか，あるいは専門家集団に結びついているか，ということが指標となる。横軸の左側ほど専門化／特殊化し，右側ほど標準化する。左側の専門化した製品には専門家集団に固有の技術が用いられ，非価格競争となる。他方で，右側の標準化した製品には一般的な技術が用いられるので，価格をめぐる競争となる。

　縦軸と横軸の交差から，四つの可能な経済調整のあり方が導き出される。すなわ

ち，「個人間の世界（interpersonal world）」「市場の世界（market world）」「工業の世界（industrial world）」「知的資源の世界（world of intellectual resources）」である。これらはあくまでも理念的な調整モデルであることから「生産の可能世界（possible worlds of production）」と呼ばれる。このうち，「市場の世界」が自由競争市場による調整様式に相当するが，「生産の世界」論では，これも経済調整が可能な形態の一つにすぎない。現実には，可能世界の調整様式が純粋な形で現れることは稀で，多くの場合，いくつかの世界が接合された状況となる。

　「個人間の世界」は，専門化および専用化された製品の世界である。この世界は，クラフト起源の伝統的なヨーロッパの産業地区だけではなく，シリコンバレーの半導体生産やサンディエゴのバイオテクノロジー産業など，ハイテク産業の生産コンプレックスにもあてはまる。生産者は，不安定な市場に直面するが，投入物を専門化させ，製品の「個性」を高めることで対応することができる。その際には，暗黙知や慣習的な知識によって消費者の欲望を判断し，短期間で製品を再計画できる専門家の能力が動員される。また，競争は製品の質をめぐって行われるため，消費者の求める質を実現できれば，価格はある程度度外視できる。そのためには，専門家共同体の存在が不可欠である。この専門家共同体は，実際の地域社会に根ざし，特定の地理的範囲に集中している。「個人間の世界」では，このような近接性に支えられた日常的なコミュニケーションが，暗黙的な知識の深化と，さまざまなイノベーションの実現を可能にするのであり，また，専門家同士の関係あるいは専門家と消費者の関係は，信頼，名声，イメージによって支えられている。

　一方，「市場の世界」は，標準化および専用化された製品の世界である。変化の激しい市場に短期間で製品を供給できるような中小企業群からなる，大都市の服飾産業や家具産業の生産コンプレックスがこれにあてはまる。また，大企業を中心とした量産型の柔軟な生産ネットワークをもつ日本の耐久消費財産業にもあてはまる。生産者は，個人間の世界と同じく不安定な市場に直面するが，生産資源を統合することによって対応することができる。大規模な資源を動員し，多品種の専用製品を大量に市場に供給することで不確実性を相殺する。生産者は，一般的な知識や技術を用いながら絞り込まれた需要に応えるために，市場の動きに敏感でなくてはならず，かつ迅速に製品を差異化する能力をもたねばならない。この世界で生き残るには，価格競争に加えて市場の変化への対応能力が鍵となる。

　「工業の世界」は，標準化され汎用化された製品の世界である。それは，大量生産・大量消費の世界であると言い換えてもよい。生産者は，中長期にわたって生産

計画を立て短期の資源配分を最適化させ，大規模な投資を行うことで規模の経済を働かせることができる。しかしながら，明文化された知識といった標準的な投入物を活用することで実現された汎用的な品質は，容易に模倣されうる。そのため，競争は価格をめぐるものになる。この世界では中・長期的な生産計画こそが利潤の源泉であるので，「市場の世界」のように，完全な価格競争に陥る前に短期間で製品を組み替えることもできない。結果として，先進国の「工業の世界」は，途上国との競合に巻き込まれ，厳しい現実に直面する。この問題について「工業の世界」のなかで解決する策は限られている。というのも，汎用的で標準化しうるにもかかわらず，「投資が償却される前に第三世界との低価格競争にさらされないだけの耐久性を備えた」(Storper 1997：129) 品質を生み出さなくてはならないからだ。

そして「知的資源の世界」は，専門化された汎用的な製品の世界である。この世界には，専門化された知的活動を通じて，新素材，新たな生産方式，新製品，新技術をさまざまな形で生み出すような，大企業のR&D部門などがあてはまる。この世界で深められる知識は，一般的に適用可能な，明文化された科学的知識や技術知識であって，この点で暗黙知に依存する個人間の世界とは異なる。アクター（生産者）は，特殊な知識を入手し，それを幅広く適用可能なものへと変える。そのため，知識は形式的なものになり，生み出される製品は一般的なものになる。このような知的活動は，専門化した知識を実際に製品へと帰結させることができるのか，またその製品は果たして需要に合致しうるのか，といった問題に直面している。

以上，生産の可能世界と呼ばれる四つの理念的調整モデルについて説明した。特定の製品を生産するアクターは，その製品に固有の可能世界の論理に従って行為することで，経済的な成功を収めることができる。しかしながら，可能世界はあくまでも特定製品の分野における経済発展の条件を示しているにすぎず，実際に調整がなされ，経済活動が円滑に行われるかどうかは別問題である。

そこで，アクターの判断と行為を定まった方向へと誘導し，アクターに特定の行為能力を与える装置が，アイデンティティと参加の慣行である。生産の可能世界は，慣行によってアクターの判断と行為が調整されたときに，初めて現実の世界となる。

2-3 アイデンティティと参加のコンヴァンシオン

「生産の世界」論におけるアイデンティティと参加の慣行(コンヴァンシオン)を説明する前に，慣行概念について再確認しておこう。

慣行とは，「恣意的である」ことを特徴とするような規則を広く意味する（その機

能上，行為を調整する慣行的規則と，意識を調整する構成的慣行の水準に区別される）。ただしそれは，「皆がその存在を知っており，かつそれに従う」という分かちもたれたアクターの信念もしくは信頼によって支えられているという点で，共有信念としての性格をもつ[7]。制度がゲームの規則であるとするならば，慣行もまた制度の一つである。しかし，コンヴァンシオン経済学においては，あらゆる規則は不完全かつ解釈の余地を残しており，したがって最終的に，構成的慣行あるいはシテ（Cité）と呼ばれるような，アクターの判断の支えとなる「正当化された共通世界」に対する共有信念ないしは集合的表象を必要としているのである。

では，慣行は経済活動の文脈においてどのような役割を果たすのだろうか。サレは次のように述べている。慣行は，「与えられた活動に関係する人々が不確実性に対して実践可能な解決を見つけることを可能」にし，「状況の流れのなかで他者の能力や行為に対する相互期待を生み出すことを可能にする」（Salais 1994：376-377）。つまり，アクターは，慣行に準拠することによって外的な不確実性に対処するとともに[8]，他者の行為を予測し互いの行為を調整することができるのである。

さらにいえば，慣行は，厳密には判断と行為の準拠点である。しかしアクターの集合的行為に規則性を与え，一つの方向へと収斂させていくという意味で，判断と行為を調整する装置であるといえる（長尾・立見 2003）。あるいは，アクターに特定の行為原理を付与する装置と言い換えてもよい。この概念によって，新古典派経済学で通常前提とされているような最適化原理に支配された合理的個人だけではなく，さまざまな行為原理をもったアクターを議論の対象とすることができる。

「生産の世界」論においては，アイデンティティと参加の慣行がアクターの行為を調整し，特定の行為原理を与える装置となる。アイデンティティの慣行は，生産

---

7) コンヴァンシオン派は，「制度」が超越的な客観的実在であるという考えを退ける。「制度」は，あくまでもアクターによって客観的実在として信じ込まれているような共有信念にすぎない。そして，ゲーム理論で「共通知識（common knowledge）」と呼ばれるところの非常に強力な制度の共同主観性を拒否し，一定程度の不透明性を受け入れる。これは他者の意図や行為に対する不確実性が依然としてつきまとうことを意味する（Orléan 1994）。
8) 外的な不確実性としては，とりわけ複数均衡の存在が問題となる。パレート的な基準からは等価であるような複数の均衡が存在するとき，アクターはどの選択が最も望ましいものであるのか判断することができない（Orléan 1994）。新たな状況や不測の事態にともなうこのような不確実性に対して，アクターは既存の慣行に準拠することで，迷うことなく特定の行為を選択することができる。

活動のコンテクストにおいて、アクターの職業的・社会階層的な意識を明確にさせることで集団の形成を導く。そして、参加の慣行は正統な行為の範囲を定め、そのように同定されたアクターが慣行的に（慣行に準拠して）相互作用する仕方を規定する。

図 5-2 のように、これらの慣行を交差する二つの軸として、アクターの行為を調整する四つの行為的枠組みを可能世界に対応する形で類型化できる。これらは、それぞれの可能世界を支えるアクターの目的（価値）や集団組織の特性を示しているといえる。

縦軸は、アイデンティティの性質を示す。上側は、個人の資質が問題となる人格化されたアイデンティティである。一般的に、これは馴染み深さや評判をめぐって構築される。下側は、資格免許や学位といった抽象的なカテゴリーによって構築されるような、アクターが有する形式的な知識や技能に基づくアイデンティティである。ここでは、アクターの人格的な資質は問われず、またアイデンティティは匿名的で抽象的であるため、諸個人は同じ資格を有する他者によって置き換え可能である。前章の内容を踏まえれば（「フォルムへの投資」）、資格などの一般的形態（フォルム）において規定された人物の質（アイデンティティ）が想起される。一方、横軸は参加のあり方を示し、集団への参入が外部に対して開放的であるか閉鎖的であるかを測る指標として成員システムの有無が用いられる。左側は成員システムが存在し、右側は存在しない。成員システムがある場合、集団への参入は限定されるが、一度成員として認められると、成員間で権利、互酬性、義務が生じる。一方、成員システムが存

図 5-2　アイデンティティと参加の慣行
（出所：ストーパーとサレ（Storper and Salais 1997：191）を基に作成）

在しない場合には，当該の集団に参入するのは容易であるが，その反面，成員間での権利，義務，互酬性も生じず，相互作用は新古典派経済学で想定されるような市場の競争に近い状態となる。ストーパーとサレ (Storper and Salais 1997) は明示していないが，アクター間の相互作用は，成員システムにおいては協調的に，非成員システムにおいては競争的になると考えられる。

次に，この二つの慣行を生産の可能世界に対応させてみる。アイデンティティが人格化され成員システムの存在する場合は「個人間の世界」に，アイデンティティが人格化され成員システムの存在しない場合は「市場の世界」に，アイデンティティが抽象的で成員システムの存在する場合は「知的資源の世界」に，そして，アイデンティティが抽象的で成員システムの存在しない場合は「工業の世界」にそれぞれ対応することになる。

以上，「生産の世界」論について説明してきた。集積地域が経済的な発展を遂げるためには，ただ単に地域内に慣行（関係性）があればよいというわけではなく，慣行が可能世界の経済論理と整合的に両立するものであるかどうか，すなわち特定の可能世界においてアクターの行為を調整する装置として機能するものであるかどうかということが重要である。たとえば，ある集積地の企業群が「個人間の世界」の製品を生産しながらも，「工業の世界」に対応するような抽象的なアイデンティティと成員システムの存在しない参加の慣行しか共有していなかったなら，これらの企業は製品の質の実現と市場の不確実性の相殺というテストを乗り越えられず，経済的に成功することはできないだろう。この枠組みからすると，ローカルな慣行と可能世界の経済論理が整合的に両立したとき，関係性は資産となるのである。

「生産の世界」論は，このように関係性が資産となるための条件を分析枠組みのレベルで示すと同時に，多様性の問題も扱っている。空間分業論や柔軟な専門化をめぐる議論は特定の産業を強調する傾向があったが，「生産の世界」論では，複数の経済調整の可能性を考慮し，一方向的な議論が避けられている（水野 1998）。現実世界はいくつかの可能世界が組み合わさり，全体として非常に複雑な構成となるが，可能世界というそれ以上分解できない理念的モデルを導入することで，現実にある多様性を整理することができる。現実を唯一のモデルに還元させることなく，多様性の問題を扱う道が拓けるのである。

以下では，実際に「生産の世界」論を用いて児島産地の分析を行うことで，その分析枠組みとしての有効性を検討していく。

3 児島アパレル産地の「生産の世界」

ここでは，第2節で提示した「生産の世界」論を用いて産地の生産システムを分析することで，児島産地が現在どのような経済調整の世界に属しているのかを明らかにする。本章では，現実の生産システムを「生産の世界」，そしてそこで作用している理念的な経済調整の論理を「生産の可能世界」として区別する。

分析にあたっては，主として，2001年7月に行った聞き取り調査と同年8月に実施したアンケート調査の結果を用いる。聞き取り調査は8社に行い，アンケート調査については，45社にアンケート用紙を配布し41社から回答を得た。表5-1（☞ pp.98-99）は，聞き取りとアンケートから得られた共通の項目を一覧として整理したものである。

企業 No.1 から No.34 までは，自社ブランドを有し，自社で生産計画を立て素材の調達と生産を行うメーカー（以下，アパレル企業）で，No.35 から No.49 が，多くの場合，こうしたアパレル企業や商社から裁断済みの生地を供給され縫製加工を行う企業（以下，縫製企業）である。この調査での対象企業を本文中で引用する際には，初出に限り，表5-1のなかの企業番号を併記するようにした。

また，これらのデータに加えていくつかの企業事例を補足的に交えながら議論を進める。それらの企業は，2001年11月から2002年3月にかけて筆者も参加する機会を得た，財団法人中小企業総合研究機構の聞き取り調査によるものである[9]。なお，共通項目の少なさからこの調査の結果は表5-1には加えていない。

3-1 児島アパレル産地の概観

岡山県（以下，県は省略）は全国有数のアパレル製品の生産県である。工業統計表によると，衣服・その他の繊維製品製造業の製造品出荷額などは，1995年，2000年といずれも大阪に次ぐ全国第2位の位置にある（表5-2）。全国的な趨勢として，1990年から1995年には生産額を増加させる都道府県もみられたが，1995年から2000年にかけては軒並み減少に転じている。しかし，1995年から2000年にかけ

---

[9] 2001（平成13）年度，中小企業総合研究機構の「産業集積における戦略策定及び実施支援に関する調査研究」のワーキング委員として，岐阜地域・倉敷（児島）地域の縫製・アパレル企業を対象とした聞き取り調査に参加した。その結果は，中小企業総合研究機構（2002）としてまとめられている。本章第3節の執筆にあたっては，大田（2002）を参考にした。

ての岡山の減少率は，ほかの都道府県に比べて緩慢である。表5-2をみると，東京の93.4%は例外的であるが，岡山はそれに次いで77.3%となっており，全国平均の67.6%に対して減少幅は小さい。その結果，1995年には6.4%だった全国シェアを2000年には7.3%へと高めている。これらの統計から，岡山のアパレル工業が全国生産において金額的に高い比重を占めるだけではなく，競争力をもった部門であることがわかる。

岡山におけるアパレル工業の生産の中心は，倉敷市児島地区である[10]。2000年度の岡山県アパレル工業組合名簿によると，加盟企業総数130社のうち87社が児島地区に本社を置いている。児島産地は，こうしたアパレル企業と縫製企業だけではなく，織布企業，洗い加工企業など関連業種が集積する地域である（図5-3）。

ここで，児島産地の歴史を簡単に振り返っておきたい[11]。

児島産地の縫製業は江戸時代中期の足袋生産に始まる。しかし，生産量を急激に増加させて現在の産地の礎を築いたのは，大正末期から昭和初期にかけての広幅生地を用いた学生服生産であった。1939年には全国生産量のおよそ9割を占める「学生服王国」となった（岡山県アパレル工業組合・産地ビジョン策定委員会 1997：3）。しかし，第二次世界大戦後，合繊素材の新規用途の開拓を目指した合繊メーカーによる学生服メーカーの系列化の波が起こり，大きな変化が生じる。産地内における紡績・織布・染色・縫製工程の相互連関が断ち切られたのである。このときに，合繊メーカーの系列に入れなかった企業，および学生服メーカーの従業員が独立して設立した企業は，合繊ではなく綿素材を用いたワーキング・ユニフォームへと製品分野を転換していった。

学生服の系列化により，産地内における学生服メーカーの企業間関係も希薄化した。しかし，その反面で多様な製品分野が出現していく。1970年代前半には，ジーンズブームを受けて，主として合繊企業による学生服の系列化に入れなかった企業や学生服の過当競争から方向転換した企業がジーンズ生産を行うようになった。また，ジャケット，ベスト，スカートからなる女性オフィス・ユニフォームの需要が形成されたことを受けて，女性オフィス・ユニフォームの生産が始まるのも1970年代前半である。レジャーブームによるカジュアルウェアの需要が形成され，生産

---

10) 1967年2月1日，児島市，倉敷市，玉島市が合併し，倉敷市となった。児島地区の地理的範囲は旧児島市に相当する。
11) 詳しくは，山陽新聞社編集局（1977）と岡山県アパレル工業組合・産地ビジョン策定委員会（1997）を参照されたい。

表 5-1　児島産地の企業概要　（出所：アンケートと聞き取り調査により作成）

企業No.	主要製品	年間売上額(万円)	従業員数(人)	生産比率(%) 自社	外注	海外	国内外注先(社) 児島	その他	産地内のつきあい* a	b	c	d	e	f	公的機関の利用** a	b	c	d
1		15,000	23	80	15	5	2	1	○							○		
2		350,000	200	60	30	10	10	10	○						○			
3		173,500	120	90	10	0	0	4	○						○			
4			7	30	70	0	0	1										
5	学生服	38,000	7	0	20	80	7	1	○								○	
6		140,000	10	50	50	0				○								
7		80,000	37	98	2	0	1		○								○	
8		20,000	31	100	0	0	0		○								○	
9		110,000	40	0	50	50	2	1	○		○							
10		52,000	43	75			15	0	○									○
11		40,000	7	0	95	5	5	5	○						○			
12		64,100	38	70	30	0	33	12	○		○							
13		7,000	4	0	100	0	3	0	○									○
14		19,925	7	70	30	0	1	3		○								
15			10	100	0	0	0	0	○									
16		93,400	60	60	60	0	6	0	○		○							
17			170															
18		100,000	40	10	0	90	0	0	○						○			
19	ワーキング・ユニフォーム	150,000	55	20	10	70	0	0		○						○		
20		78,600	36	10	50	40	1	2	○		○				○			
21		100,000	29	0	20	80	3	0	○		○							
22		3,500	5	100	0	0											○	
23		126,000	43	0	20	80	0	0			○							
24	オフィス・ユニフォーム	170,000	80			30									○			
25		459,000	135	60	10	30	0	0								○	○	
26		12,000	57	0	0	100	0	0						○			○	
27	カジュアルウェア	65,000	43	80	20	0	0	3			○						○	
28			38			0	0							○			○	
29		194,000	43			0	2	2	○								○	

05　産業集積の動態と関係性資産　99

企業No.	主要製品	年間売上額(万円)	従業員数(人)	生産比率(%)			国内外注先(社)		産地内のつきあい*						公的機関の利用**			
				自社	外注	海外	児島	その他	a	b	c	d	e	f	a	b	c	d
30	その他		1					3		○								○
31		28,400	20	80	20	0	5	0	○	○							○	
32		110,000	14	100	0	0	0	0	○									○
33			16	100	0	0	0	1										
34		203,500	76	70	30	0	1	6			○					○		
35		4,200	7															
36		4,200	2						○									
37		55,000	28	10	60	30	2	4			○						○	
38		40,000	6	100	0	0	0	0										○
39		30,000	45	100	0	0	0	0	○									○
40		7,000	25	100	0	0	1	0	○					○				
41	縫製加工	30,000	6	80	20	0	0	2			○							
42		1,000	4	100	0	0	0	0	○									
43		4,500	7	80	20	0	45	0		○			○		○			
44		3,000	5	100	0	0	0	0										○
45			130	60	35	5	2	18										
46			8	100	0	0	1	7	○					○			○	
47		20,000	46	70	30	0	1	1	○									
48		3,500	13	20	80	0	5	0	○		○						○	
49		12,000	16	80	20	0	0	0										

産地内のつきあい*
a 同業種／異業種の経営者とさまざまな情報交換を行う
b 同業種／異業種の経営者と仕事の紹介などを行う
c 経営者同士が娯楽・冠婚葬祭など生活上のことで支えあう
d 技術や製品を共同開発する
e 共同仕入れや共同販売を行う
f その他

公的機関の利用**
(倉敷ファッションセンター、公設試験研究機関、組合など)
a よく利用する
b たまに利用する
c あまり利用しない
d 利用しない

表5-2 アパレル製品の上位生産県における生産額の変化（1995-2000年）
（出所：通商産業省『工業統計表 産業編』により作成）

	生産額（百万円）		1995-2000
	1995年	2000年	変化率（%）
大阪	604,340	401,070	66.4
岡山	329,041	254,226	77.3
愛知	281,665	182,152	64.7
新潟	221,691	134,105	60.5
岐阜	209,679	128,184	61.1
東京	198,776	185,652	93.4
広島	181,703	116,459	64.1
全国	5,146,168	3,478,958	67.6

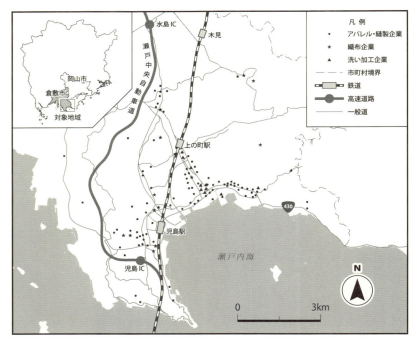

図5-3 児島産地におけるアパレル関連企業の分布
（出所：岡山県アパレル工業組合名簿を基に作成）

が開始されたのもこの時期だった。

このように、児島産地の企業は需要の動向に敏感で、常に新たな製品分野に対応してきた。その結果、児島産地ではさまざまな製品が生産されるようになった。

3-2 「生産の世界」

現在、児島産地で生産されている製品は、大別するとユニフォームと非ユニフォームに分けられる。前者には、学生服、学校体育衣料、ワーキング・ユニフォーム、オフィス・ユニフォームがあり、後者には、カジュアルウェア、ジーンズがある。このうち、カジュアルウェアとジーンズについては、明確な市場の区別がなくなりつつあることから、これらを広義のカジュアルウェアという同一の製品カテゴリーとして捉えることにしたい。

岡山県アパレル工業組合（1999）によると、製品別ではジーンズが生産額の28.8%を占め、学生服の21.1%がそれに次ぐ。ジーンズと学生服が児島産地を特徴づける製品分野となっているわけだが、これらはまた、ワーキング・ユニフォームとともに、それぞれ非常に異なった「生産の世界」を構成する製品分野でもある。以下では、学生服、ワーキング・ユニフォーム、およびカジュアルウェアとジーンズ、という三つの製品分野を取り上げ、それぞれに異なる生産の世界を描き出す。

（1）学生服の世界

A社は、児島産地の最大手企業の一つで1865年に創業した。売上高180億円（2001年）の内訳は、学生服が85%、企業ユニフォームが10%、カジュアル衣料が5%となっている。B社（No. 17）は、学生服とワーキング・ユニフォームのメーカーとして1946年に創業した。現在、学生服と男性用オフィス・ユニフォームを生産しているが、製造製品の92%を学生服が占めている。自社ブランドが90%で残りの10%はOEM（original equipment manufacturer）生産である。

従来、学生服では、生産計画を立ててから製品を生産し備蓄するという見込み生産が行われてきた。ほとんどの学校が古くからある詰襟の学生服を採用してきたために、企業は一度取引先を開拓しておけば安定した需要を確保することができたからである。

詰襟学生服にはデザインのヴァリエーションがなく製品品質は画一的だったので、メーカーはサイズ展開[12]を行うのみで、年間を通じた生産計画を立てることが可能であった。1982年には岡山県被服工業組合が中心となって日本被服工業組合連

合会に働きかけ「標準学生服マーク」が制定されている。このことから，詰襟学生服は，標準化・汎用化された「工業の世界」に属していたといえる。

　学生服メーカー大手のA社では，第二次世界大戦後の早い時期に，地方問屋と小売店をそれぞれ「代理店」「特約店」として系列化することで安定した需要を確保し，効率よく製品を供給するシステムを構築した。その後，多くの学生服メーカーがこうした地方問屋と小売店の系列化を進め，児島産地における詰襟学生服の生産販売体制を支える制度として機能することになった[13]。

　しかしながら，1980年代半ば以降，学生服メーカーは大きな変動を経験する。学生服のブレザー化やファッション化が始まったのである。多くの学校が，少子化の影響を受けて学校間のイメージ戦略を展開し，標準学生服ではなく学校独自の制服を採用するようになった。1980年代後半には，いくつかの企業で製品の差別化を図って有名デザイナーのブランドが導入された。

　学生服の個別化とファッション化の流れを受けて，B社では特定の学校に独自の製品を提供する「別注」化が急激に進行した。別注生産では注文を受けた学校の数に応じて製品数が増えるので，必然的に多品種少量生産となる。現在ではB社の製造製品の85％が別注生産になっており，たとえば10年前には1ロット数は100着程度だったのが現在では30着ほどになっている。

　富澤（1998：270）によると，別注製品の生産管理は，「備蓄のためのロット生産と1点対応生産を組み合わせて年間生産が行われる。つまり入学式・新学期直前の3月に端サイズ・不足分など1点対応の人海戦術によるスクランブル（調整）生産をし，残りの11か月は予測に基づく備蓄生産をする」という。A社も例外ではなく，1校あたりの生産単位は100着から200着であるが，10回ほどある端サイズ・不足分の追加オーダーに1週間ほどで対応しなくてはいけない。多品種少量生産に加えて，納期の短縮化が起こっているのだ。

　1980年代半ば以降に生じた別注化による製造製品の多品種少量化と納期の短縮化は，学生服の世界を「工業の世界」から別の世界へと移行させることになった。つまり学生服の世界は，広く認知された標準的な技術規格に基づきながら，別注品

---

12) サイズ違いの生産を行うこと。たとえば，L・M・Sや7号・9号・11号といったサイズを想起されたい。
13) もっとも1965年以降，地方問屋（代理店）が力を失うにつれ，メーカーがその役割を代替するようになっていく。現在では，取引先の開拓をメーカーが行い，代理店は販売を手がけるのみである。

という専用の製品を迅速に市場に供給するという意味で「市場の世界」に近づきつつあると考えてよい。ただし，一度採用された製品は中期にわたって採用されつづけるので，「市場の世界」のように製品を迅速に組み替える必要はない。また，製品を供給する時期が限定されていることから，備蓄生産という形で，ある程度の生産計画を行うことができるので，同時に「工業の世界」にも属している。現在のこうした状況は，「工業の世界」と「市場の世界」が接合された状況であるといえよう。

このような「工業の世界」から「工業＋市場の世界」への移行は，空間的分業のあり方にも痕跡を残している。A社では，詰襟学生服を量産していた時代，カッターシャツや黒ズボンを商社経由で海外生産していた。しかし，製品の別注化によって製品の小ロット化と短納期化が起こると，生産のほとんどを国内生産に切り替えた。小ロットでの迅速な対応をするうえでは，生産における地理的近接性が重要となるからだ。現在では，山口県の宇部工場と沖縄県の糸満工場に加え，国内にあるおよそ300件の外注先を製品に応じて使い分けている[14]。ただし，品質管理のため，裁断と仕上げは必ず本社で行い外注には出さない。

(2) ワーキング・ユニフォームの世界

学生服は，別注生産が開始されたことによって「工業の世界」から「市場の世界」へとその比重を移してきた。しかし，学生服とは異なり，依然として大量生産・大量消費の「工業の世界」にとどまる製品分野がある。ワーキング・ユニフォームの世界である。

ワーキング・ユニフォームは，典型的な「工業の世界」に属している。ワーキング・ユニフォームは児島を特徴づける製品分野ではなく，また「工業の世界」についても，製品分野は異なるものの詰襟学生服の世界としてすでに言及した。したがって，ここではワーキング・ユニフォームの世界を簡単に紹介するにとどめたい。

富澤 (1998：271) によると，ワーキング・ユニフォームの世界は「備蓄作業服中心であり，本社工場は短納期もの・小ロットもの・サンプル作り・難しいもの・海外品のサイズ直しを担当する。コスト追求に走りすぎたとの反省がある。海外品比率が高く，委託先商社には高率コミッションを支払っている」という。

---

14) 宇部工場は1969年，糸満工場は1991年に設立した。それぞれ従業者数は300名，70名となっている。外注先の多くは岡山県内にあるが，北陸や四国にも及ぶ。外注先は，1人か2人の零細業者や家庭内職であり，自社もしくは「振り屋」を介して管理する。

C社（No.21）では，製品の8割が低価格定番品で占められている。部分的には別注生産も行っているが，75％が見込み生産である。価格競争が激しいので海外生産に依存せざるをえず，1980年代の半ばから商社を介して海外生産を開始した。現在，製品の8割を中国の大連で生産している。児島の企業とも一部取引はあるが（縫製外注3社，洗い加工1社，副資材8社），縫製外注は費用が高くつくので，生産調整が必要なときに限られる。

　C社は，海外生産の比重を高めることによって価格競争に対応してきた。しかし，近年ではユニクロのような企業の出現によって低価格化がいっそう進み，これ以上の価格競争には対応しきれなくなってきている。加えて，同社は，一般企業を販売先としているため，不況の影響を直接に被り，需要の縮小に直面している。

　C社の事例にみられるように，ワーキング・ユニフォームの「工業の世界」は，備蓄生産によって生産計画は立てられるものの，価格競争と需要の縮小という厳しい現実への対処を迫られているといえる。

(3) カジュアルウェアとジーンズの世界

　事例としてD社（No.29）とE社を取り上げる。学生服の世界に比べ，差別化定番品のカジュアルウェアとジーンズの世界では，企業ごとに事業展開のあり方の違いが大きいため[15]，企業事例を詳細に検討し，共通の傾向を引き出すという手続きをとりたい。

　まずD社は，1946年の創業当初手袋を生産していた。その後，学生服とワーキング・ユニフォームを経て，1971年頃にジーンズへと製品分野を転換し，現在はジーンズを含めたカジュアルウェアを生産している。生産比率はカジュアルウェアが80％でジーンズが20％であるが，その境界が曖昧であるため正確な比率は不明であ

---

15) 差別化定番品とは，イタリアのブランド製品のような差別化高級品ではなく，かといってユニクロのような低価格な定番品でもない，その中間に属するような製品のことである。ちなみに定番品とは流行に左右されず，常に一定程度の売上を見込める商品のことである。本章では，製品の質が均質的な低価格な定番品に対し，より風合い感のある質をもち，ある程度流行を反映した製品として差別化定番品を捉えている。ところで，児島アパレル産地には，ビックジョン（ビックジョンのホームページによると2001年度の売上額は182億円となっている）やボブソンといった量産品ベースの大手ジーンズメーカーがある。これらの企業は独自に経営展開をしており，産地との結びつきが希薄である。したがって，本章では，産地との結びつきが強く，主として差別化定番品を生産する中小規模のメーカーのみを分析対象として取り上げた。

るという．自社ブランドによる見込み生産が100％で，OEM生産は行っていない．生産する製品は，主として若者を対象とした差別化定番品である．調査当時の2001年度の売上は，特定の若者の間でファッションの手本となっていた浜崎あゆみがD社の製品を着用して雑誌の表紙を飾ったことから，対前年比28％増の25億円を見込んでいる．

　D社は，ワーキング・ユニフォームを生産していた頃から大手ジーンズメーカーの下請けをしており，ジーンズブームを受けて主力製品をジーンズへと移すことができた．それとともに，自社ブランドを保有し，問屋を介さず小売店と直接取引するようになった．問屋の売上不振に加え，問屋との取引では問屋の企画が優先されてしまうという背景があったためである．

　1990年代前半からは，製品の差別化を進め，取引先を選別するようになった．現在，「ジーンズショップ」と呼ばれるジーンズの専門店とは意識的に取引を避けている．「ジーンズショップ」では顧客の低年齢化に伴って低価格の商品しか売れなくなっており，売上が大きく減少しているというのがその理由である．2000年と2002年には大阪市の北堀江に直営店を出店し，情報の収集と発信を行っている．またD社では，顧客層を狭く絞り込んでおり，保有するブランドのイメージごとに取引先のカジュアルショップも選り分けている．これらのことから，D社では専用性の高い製品を生産していることがうかがえる．

　このような製品の質は，学生服とは異なり，一般的な工業規格によっては実現されない．D社では製品の風合いを重視している．たとえば同社の男性用ジーンズのブランドでは糸の太さ（番手）から指定し，シャトル織機で織られた生地を用い，特殊な洗い加工を施すことによって付加価値を生み出している．その結果，ジーンズの標準的な価格を大きく上回る1万8000円前後での販売が可能になっているのだ．それ以外のブランドについても1万2000-1万3000円で販売している．

　この過程では，染色・整理加工，織布企業との連携が鍵となる．D社の製品企画室のm氏によると，カジュアルウェアには非常に微妙な風合いが求められるため，感覚を共有できる人（外注先や工場）と直接会い，話しあいながら作り上げていくものであるという[16]．このような製品の質は，縫製仕様書では表現することのできないものであって，ここでは形式知ではなく共有される暗黙の感覚が必要とされる．望ましい質の製品を生産するためには，生産者と消費者間あるいは生産者同士で共有された知識が鍵となると同時に，空間的な近接性が大きな意味をもつ．D社は現在，企画・開発と裁断・検査については本社工場で行い，縫製は香川県にある二つ

の自社工場と,四国と児島にある工場に外注して行っている。洗い加工に関しては児島の染色メーカーに発注するなど,児島に立地するメリットを最大限引き出している。

また,迅速性の面からも児島での立地は大きな意味をもつ。カジュアル製品はシーズン性が高く流行に敏感である。変化の激しい市場を対象としていることから,すばやく製品を再計画する能力が必要とされるが,児島には洗い加工など関連業種が集積していることから,すぐにでもサンプルを作ることができる。D社は,製品の質の実現問題に加え,迅速な対応という二つの点から国内生産,とりわけ児島での生産を重視している。

次に取り上げるE社は神戸市出身のh氏が1984年に新規創業したカジュアルウェアとジーンズのメーカーである。1995年の売上5億4000万に対し,2001年度の売上予測は8億7000万円を見込むなど,順調に成長を遂げている企業である。自社ブランドの生産に加え,ポール・スミスやプレイボーイなど人気の高いブランドの製品をOEMで供給している。いずれの製品もD社と同様に若者を対象とした差別化定番品である。以前は売上のほとんどがOEMで占められていたが,自社ブランドの売れ行きが好調な現在では4億円程度にとどまる。

創業者のh氏は,ヒッピーがはいていたジーンズを作ろうと決心し,児島のカジュアルメーカーに就職した。1973年から10年間にわたり,ジーンズ作りについて勉強した後独立し,E社を設立した。

当初は寝袋を持って東京で取引先の開拓に努めた。表参道界隈には,マンションの一室をオフィスとするいわゆるマンションメーカーが多くあり,DCブランド商品などを作っていた。h氏は生産に関するノウハウを生かして彼らの下請生産を始めた。そして1996年,ヴィンテージブームの流れに乗って自社ブランドの生産販売を開始した。現在では自社製品にプレミアムがつくほどになっている。

E社は,セレクトショップ[17]とフランチャイズ契約を結び製品を販売しているので売上は安定している。同社は,直営店を5店舗有し,フランチャイズ店も15,16

---

16) カジュアル衣料の世界では「工業品にはない感覚が重要」であって,工業的な品質規格はむしろ足かせになるので,D社では取得していないという。たとえば,D社が百貨店とは取引しないのもこの点に関係している。「寸法から何から,ラベルのつけ方(表示方法)ひとつとってみても百貨店は細かい。こうした規格や取り決めでは実現できないデザインというのがどうしてもでてくる。実現したいデザインがどうしても規格に合わない場合がある」のだという。

店舗ある。単品製品の取引ではE社の意図を十分に伝えられないので，同社の製品が相手先の売上の70％以上を占めることを取引条件としている。

E社でも多品種少量生産が基本となっている。製品は常時50種類くらい作っている。3か月ごとに製品を組み替えるので，年間で4回展示会を開く。生産数量は月3万着ほどで，そのうち1万2000-1万3000着がパンツである。また，小売の段階で地域の顧客に喜ばれるような要素を製品に加えることでさらに差別化を行う。たとえば，京都向けの製品には，刺繍をほどこすなど，和風の要素を加える。こうした作業はそれぞれの店舗で行われるため，従業員は必要とされる一通りの技能を身につけている。

生産体制に関しては，工程別の企業間分業は行わない。たとえば自社工場では1人の従業者が縫製に関するすべての工程をこなすことによって多品種少量生産に対応している[18]。生産は，児島本社工場と岡山県御津郡にある自社工場，および三つの専属工場で行い，外注はボタン付けを家庭内職に頼む。洗い加工，生地商など関連業種の集まっている児島は生産拠点として最適であるという。E社もD社と同様に，品質の実現と迅速性の面で児島での立地をうまく生かしている。

D社とE社の製品はともに，特定の消費者に的を絞った専用性をもつ製品であり，製品の質は感覚を共有する工場や外注先との関係で創出するという点で「個人間の世界」に近い。思い通りの製品の質を実現するためには外注先と共通のコンテクストに属していることが必要で，空間的な近接性が重要な役割を果たす。しかし差別化定番のカジュアル製品は，E社が1年に4回も展示会を開いていることからもわかるように，流行に非常に敏感である必要があり，「個人間の世界」の製品のような，他製品と完全に差別化された優位性をもっていないことには注意が必要である。この世界で，製品の質を決定するのはあくまで消費者であり，生産者は需要の変化に対し非常に迅速な対応を迫られる。消費者の嗜好する質の実現の問題に加え，迅速な対応を行うという点でも，外注先や関連業種との空間的な近接が必要なのである。

---

17) セレクトショップは，1980年代後半から1990年前半にかけて出現した新しい形態の「品ぞろえ型専門店」である。従来の「品ぞろえ店」に比べ，オーナーのこだわりや嗜好を前面に打ち出し，国内だけではなく海外製品の仕入れを行うのが特徴である。代表例としてビームス，シップス，ユナイテッド・アローズが挙げられる。
18) h氏は溶接の免許を取得し，さまざまな縫製加工に対応できるようにミシンの改良を自ら行っている。さまざまな工具も自分で作り，簡単にボタンを着脱できる用具では特許をとった。これについては2001年の暮れから製品化に取り組んでいる。

以上のことから，D社やE社にみられる差別化定番品のカジュアルウェアとジーンズの世界は，「個人間の世界」に基盤を置きつつも「市場の世界」との接合的な形態であるといえる。生産者は常に市場の動きに敏感でなくてはならないという点で「市場の世界」に属していると考えられるのである。

(4)「生産の世界」と産地の発展経緯

児島産地の歴史を「生産の世界」の図式に位置づけると図5-4のようになる。詰襟学生服の世界は，「工業の世界」に位置づけられる。この世界から派生した製品分野の方向は大きく三つにまとめることができる。一つ目は「工業の世界」にとどまるワーキング・ユニフォームである。ワーキング・ユニフォームでは標準的な技術が用いられ，色とサイズ展開のみをおこない，一般的な市場を対象としている。二つ目は，技術的な工業規格の存在など，投入される技術の性質において「工業の世界」に属しつつも，対象とする市場の性質において「市場の世界」へと移行しつつある，別注生産の学生服，オフィス・ユニフォームである。三つ目は，共通の感覚など専門化された投入物を用いて，特定の顧客をターゲットにした専用の製品を生産しつつも，頻繁に製品を組み替えなくてはならない，「個人間の世界」と「市場の世界」の接合的な形態をとる差別化定番品のカジュアルウェアとジーンズである。

このように児島産地では多様な「生産の世界」が並存しており，企業が直面する経済的な条件はさまざまである。このことは，ひるがえって，たとえば「柔軟な専門化」論のように集積地を単純にひとくくりにできないことを示唆している。先の

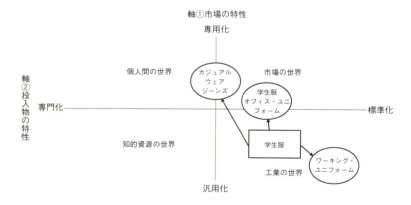

図5-4　児島産地における「生産の世界」の変遷

事例からもわかるように，それぞれの世界に属する企業にとって児島産地の位置づけは異なっている。

ワーキング・ユニフォームの世界では海外生産が進行しており，多くの企業が商社を経由して海外生産を行っている。C 社のように製品の 80％以上を海外生産に依存する企業も珍しくなく，その場合児島産地は生産の場所としてほとんど機能していない。学生服，オフィス・ユニフォームの世界では，とりわけ別注化を行っている場合，本項（1）で検討したように，少量で迅速な対応を行うために国内生産が重要となる。もっとも，全般的に海外生産の比率は低いが，A 社のように国内工場を山口県や沖縄県にもつなど，分業関係が児島産地を越え出ていることには注意が必要である。最後に，差別化定番品のカジュアルウェアとジーンズは，児島を近隣の関連業種の結節点となるような生産基地として最大限に活用している[19]。付加価値を実現するうえで，技術水準の高い，洗い加工企業が児島に立地している意味も大きい。

分業関係からみると，児島に立地するメリットを積極的にもつのは個人間・市場の世界にあるカジュアルウェアとジーンズメーカーだけである。とはいえ，産地というものが完全に意義を失ったわけではない。分業関係だけをみていては把握できないものもある。次章では取引されざる相互依存性から生じる慣行を検討することで，児島産地の関係性資産にアプローチしたい。

4 児島アパレル産地のコンヴァンシオン

4-1 アイデンティティと参加の慣行（コンヴァンシオン）

前節では，児島産地で現在どのような「生産の世界」が存在しているのかを類型的に明らかにした。本節では，アイデンティティと参加という二つの慣行に検討を加えることで，なぜ児島が多くの活力のある企業を輩出し，多様な「生産の世界」をもつことができたのか，という問題に着手する。

表 5-3 は産地内の企業間関係に関する児島企業の認識を列記したものである。これをもとにアイデンティティと参加の慣行を描き出す。すなわち，慣行として共有

---

19) ただし，No.26 社のようにすべて海外生産に依存している企業もある。これは，カジュアルウェアのなかでも差別化定番品ではなく，ユニクロのような低価格な定番品を生産しているためであろう。

表 5-3　産地内の企業間関係に関する児島企業の認識
（出所：アンケートと聞き取り調査により作成）

分類	企業	企業の認識
学生服	16	企業同士が競争しているので自然に情報が入ってくる。
学生服	17	児島の企業間関係は、「内は仲良く外喧嘩」。学生服の分野では特に産地内競争が激しい。パイの食い合いが、価格競争や販売先である学校の囲いこみに至る。政治家が動くこともある。
ワーキング・ユニフォーム	21	学生服メーカーのように、経営者同士が口も利かなくなるということはないが、ワーキングでも得意先のバッティングなど同業他社との競合がある。備後という仮想敵国があるので、学生服ほどひどい競争には至っていないのかもしれない。同業者間での話し合いはここ最近になって若い人がしていること。以前は、各企業が独立独歩であり、他企業があることをするならむしろ当社はしないなど、他企業を当てにしていなかった。他企業が3時間働けば、当社は5時間働こうといった気風があった。縫製企業はヨコの繋がりが強いので、新たに外注先を探す場合は、外注先の縫製企業から紹介してもらう。
ワーキング・ユニフォーム	22	昔は企業間のつながりがないのが普通だった。最近はヨコの関係ができつつあるが、やはり挨拶程度にとどまっていて、仕事に関する細かい話はしない。やはり競争心が強いのではなかろうか。もっとも、中には互いに深い関係をもっている企業もあるとは思う。
ワーキング・ユニフォーム	23	ワーキングでは、売上額や企業規模などに関するライバル意識は存在するが、産地内で競争が行われることはない。他企業の経営者と利害に差し支えのない情報の交換はあるが仕事の紹介などはない。
オフィス・ユニフォーム	24	組合を通じたトップ同士でも交流はある。
オフィス・ユニフォーム	25	児島は小企業であっても独自性を持った企業が多く、新規創業が比較的容易であると思う。しかし、産地内の競争が激しく、価格競争へと至る。とりわけ学生服の分野で競争が激しい。オフィスウェアは、産地内に当社の他にK社（No.24）、G社とあるが、むしろ関東の大手企業との競争となる。
カジュアルウェア	28	児島の企業には駄目でもなかなかあきらめないしぶとさがある。競争心がものすごく強い。しかし、当社は産地内の競争をあまり意識してない。わが道を行くだけ。
カジュアルウェア	29	経営者同士はよく会っているし、競争意識はあると思う。学生服の分野では同じ取引先をめぐる競争が存在する。カジュアル・ジーンズの分野では、他企業よりも新しい製品を作るという、商品開発をめぐる競争が存在する。この分野では、いかに売れる製品を持っているか否かが重要であり、そうしたメーカーが強いからである。
縫製加工	36	仕事の回しあいはある。「うち今あそんどるんじゃ」といったら、生産ロットが100枚、200枚というかなり少ない仕事でも回すことがある。知り合い同士なのでマージンは本当に形だけしか取れない。たとえば、利益が100あったとすると、80くらいで仕事を回す。発注側のメーカーは、縫い方を見れば違う企業が縫ったことはわかるだろうが、仕様書の規格さえ守っていれば、特に何も言ってこない。
縫製加工	42	普通の友人づきあいが基本である。縫製企業が数社集まって組合を作り、共同で保険に加入するなどしている。
縫製加工	49	皆クールなので、競争心は表に出さない。三菱の車のシートを織っている会社から「チャイルドベストをつくらないか？」など仕事の紹介はある。日常的な付き合いは深く、1日おきくらいに人が相談にやってくる。相談内容は会社での人間関係であるとか、自分自身の今後の方向性に関するもので、60歳以上の人もやってることが多い。最近は少なくなったが、基本的には長期付き合いで、金を融通することもある。金の貸し借りは、関係がこじれると良くないので、「貸す」のではなく「あげる」。米を分けてあげる感覚に近いだろうか。カジュアル企業との関係については、J社やD社（No.33）を含む6社が集まり、年に1度ソフトボール大会とバーベキューをして交流を深める。幹事は持ち回りである。外注先との関係は、パートナーといった感じで、こちらが発注することもあれば、受注することもある。

注）表中の番号は表5-1の企業番号に対応する。

された，各人の能力や振る舞いを予測可能にするような共通世界への事前の合意である。初めに，産地内に存在する集団を同定しておこう。アクターは自己のアイデンティティを集団に求め，そのなかで他企業と関係を取り結んで相互に作用していくものである。つまり，集団はアクターの集合的行為の基礎的単位であり，したがって集団ごとに慣行を検討していく必要がある。

現在，児島産地では，大別してアパレル企業と縫製企業の二つの集団が存在する[20]。先の「生産の世界」の分析はアパレル企業に焦点を絞ったものだった。というのも，投入する技術と対象とする市場を決定するのはアパレル企業であるため，「生産の世界」の分析についてはアパレル企業だけで論じることが可能だったからである。しかし，産地内の企業に特定の行為原理を付与して慣行を考える場合には，縫製企業の存在も考慮に入れなくてはならない。

産地内の集団はアパレル企業と縫製企業だけでなく，さらに細分化される。アパレル企業のなかでも，製品分野ごとで集団が形成され，それぞれ慣行は異なる。そこで以下では，アパレル企業と縫製企業という二つの大きな集団のアイデンティティと参加の慣行を明らかにしつつ，アパレル企業については製品分野ごとでより詳細な検討を加えることにしたい。

まず，アイデンティティの慣行であるが，児島においてはいずれの集団においても人格化されており，馴染み深さや評判によって構築されている。アパレル企業にせよ縫製企業にせよ，組合活動や個人的なつきあいなどを通じて他企業と関係が結ばれ，個人の評価は人格が基準となる。表5-1の「産地内のつきあい」をみると，67％の企業が同業種や異業種の経営者と何らかの情報交換を行い，42％の企業が日常生活でのつながりを有しているなど，地域社会を背景とした人と人とのつながりが基本となっている。しかし，二つの集団間ではアイデンティティのあり方に若干の差異があるように思われる。アパレル企業への聞き取りからは，経営者同士のつながりが組合や商工会など公的な場を通じたものであることが少なくない。一方，縫製企業は公的な場でのつながりは薄く，むしろ日常的な近所づきあいの関係であることがうかがえる。No.49社のように金の融通や人生相談など利害を含まない友人関係を基盤にしている場合もあり（表5-3），アイデンティティの慣行は縫製企業の方がいっそう人格化されているとみることができる。

---

20) もっとも児島産地では縫製企業がアパレル企業になることがしばしばみられるし，その逆も少なくないことから，集団間の境界線は明確に確定されるものではなく幾分重なり合う部分もある。

こうしたアイデンティティの慣行に比べて，参加の慣行は，アパレル企業と縫製企業では著しく異なっている。アパレル企業は，ほとんどの企業が認識しているように，競争心が強く協調的な側面が薄い（表5-3, No.17）。表5-1をみると，技術や製品の共同開発を行う企業は1社のみで，共同仕入れや共同販売にいたっては皆無である[21]。もっともこの点に関しては，縫製企業でも皆無であるが，アパレル企業から素材を供給される縫製加工には，製品の共同開発や共同仕入れは関係してこないためである。アパレル企業の特徴としては，表5-3のNo.21社と22社の認識からもわかるように，企業が独立独歩で事業展開している状況が挙げられる。アパレル企業では，全体的にアイデンティティは人格化されているものの，成員システムが存在せず集団への参入は容易であるなど，参加の慣行は「市場の世界」に対応している。

　もちろん，学生服をはじめとするアパレル企業は組合などを通じて組織化されており，その意味では少なくとも形式的には成員システムを有しているといえる。しかし，ストーパーとサレ（Storper and Salais 1997）の枠組みにおける成員システムとしては，互酬性の原理をもつようなコミュニティが想定されている。したがって，集団内での他者との関係性の点から，参加の慣行については前述のような位置づけを与えることができる。

　ところで，このように他者を競争相手として表象するアパレル企業であるが，生産する製品分野ごとでは，企業間の相互作用のあり方は量的にも質的にも異なっている。そこで，製品分野ごとに形成されている企業集団の相互作用のあり方についてみてみよう。

　学生服は，多くの企業が競争の激しさを強調するように，価格競争や取引先（学校）の囲い込みが行われ，ときには政治家が介入する場合もあるという（表5-3, No.17）。学生服市場では，児島産地の全国シェアが高く，産地内の企業で取引先がバッティングしてしまう。しかし，「産地内のつきあい」をみると，ほかの製品分野に比べて，仕事の紹介が多く行われているのもまた学生服の分野である（表5-1）。このように学生服では，激しく競争する反面で仕事の紹介も行われるなど，企業間の相互作用はとりわけ高い。

　ワーキング・ユニフォームでは取引先のバッティングがあるにせよ，産地企業間の競争は，学生服ほど激しくはない（表5-3, No.21）。しかし，利害に差し支えのない

21）表5-1の「産地内の付き合い」の「fその他」としては，まったくつきあいがないと答えた企業が2社と，組合の青年部でのつきあいという回答が1社あった。

情報の交換はあるが仕事の紹介はないなど（表 5-3, No.23），相互作用自体が学生服ほど高くないといえる。オフィス・ユニフォームについても，ワーキング・ユニフォームと同様に，企業間の相互作用はそれほど高くない。競争は，児島企業との競争ではなく産地外の同業者とのものである（表 5-3, No.25）。No.25 社は，産地内の企業とは産地の情報を共有しあっているが，協調関係はむしろ全国的な同業者に求めている[22]。

　カジュアルウェアでは，取引先をめぐる競合はほとんどなく，競争は商品開発をめぐるライバル意識として現れる（表 5-3, No.29）。こうした企業間の競争心が新製品を生み出すインセンティブを与える。縫製企業を含むカジュアルメーカー 6 社が，毎年集まってソフトボール大会やバーベキューを通じて交流するなど（表 5-3, No.49），その他の製品分野にはみられない協調的な側面があることが特徴である。産地内の企業間競争が製品の質をめぐるものであることや，ソフトボール大会やバーベキューを通じた交流など，アパレル企業にあっては異質な，「個人間の世界」における成員システムのようなものの存在が示唆される。

　これらのことからわかるように，アパレル企業は競争関係を基本としつつも，製品分野によって集団内での行為規範には違いがみられる。アパレル企業の集団のなかには，細かくみると生産する製品分野によってさらなる下位集団が形成されており，そこでの参加の慣行もまたそれぞれ異なっていることがうかがえる。

　次に，縫製企業の参加の慣行についてみると，アパレル企業のような競争的側面はあまりみられず，むしろ協調的なものとなっている。ほかの縫製企業に仕事を発注したり受注したりする双方向の取引，いわゆる仲間取引が行われている。知り合いの縫製企業が困っているときには，ロットが少なくても発注する場合があり，その際，発注側の利鞘はかなり低く抑えられる（表 5-3, No.36）。仲間取引を行っている企業とはパートナー関係に近い認識をもっているようだ（表 5-3, No.49）。アパレル企業の側も，こうした縫製企業間の水平的な結びつきを活用しており，たとえば，新規に外注先を探すときには縫製企業から紹介してもらうという（表 5-3, No.21）。このことから，縫製企業では，成員間で権利，互酬性，義務が生じるような成員システムが存在し，参加の慣行は「個人間の世界」に対応しているといえる。

---

[22] 1998 年，No.25 社と関東の大手 2 社が中心となってオフィス・ユニフォーム協議会を結成した。ハンガーの統一によるコスト削減や展示会の日程の統一を行い，オフィス・ユニフォーム市場のボトムアップを目指している。現在では 16 社が加盟している。

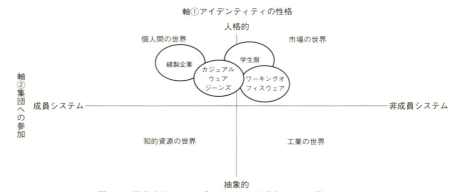

図 5-5 児島産地のアイデンティティと参加のコンヴァンシオン
(出所：ストーパーとサレ (Storper and Salais 1997：191) を参考に筆者が独自に作成)

以上のことから，アパレル企業と縫製企業，またアパレル企業の集団内部における製品分野ごとの下位集団では，慣行が大きく異なっていることがわかる。すなわち，他者（他企業）との関係を，アパレル企業においては非常に競争的なものとして，縫製企業では協調的なものとして理解しているのである。

ここで，慣行を可能世界との対応関係で整理しなおそう（図5-5）。アイデンティティはともに人格化されているので，いずれも上側の象限に位置づけられる。アパレル企業には，「企業間に協調性がなく，やろうと決めると誰かがやらない，やめようと決めると誰かが抜け駆けをする」（富澤 1998：275）という参加の慣行が存在する。これは，他企業は自社の合理性を追求し機会主義的な行為をとると言い換えることができ，ストーパーとサレ（Storper and Salais 1997）の類型でいうと，成員システムをもたない「市場の世界」の慣行に対応するといえる。他方で縫製企業に目を向けると，「外注は近所の知り合いにちょっと仕事を頼むといった感覚である」[23]といった言葉が示すように，地域社会を背景とした濃密な人と人とのつながりが浮かび上がる。これは成員システムを有する「個人間の世界」の慣行に対応するものであろう。さらに，アパレル企業の内部でも，製品分野の集団ごとに参加の慣行は異なっている。カジュアルウェアとジーンズの分野では，一方でアパレル企業の「市場の世界」の慣行に属しつつ，自らの集団内部においてはむしろ成員システムのある「個人間の世界」に近い慣行が作られている。

---

[23] 2001年3月に行ったM社への聞き取りによる。M社は，差別化定番品を生産する大阪のカジュアルウェアとジーンズメーカーの縫製加工をしている。

以上，児島産地におけるアイデンティティと参加の慣行についてみてきたが，児島産地では，とりわけ参加の慣行（集団的な行為規範）に関して，集団間ではもちろん，製品分野内においても多様な慣行が重層的かつ複合的に組み合わさっており，全体として非常に複雑で，一見すると混沌とした関係性が構成されている。

4-2　児島アパレル産地と関係性資産

　本項では，アイデンティティと参加の慣行との関連で，第3節で明らかにした児島産地の「生産の世界」について考えてみたい。産地研究では，企業間の協力関係やネットワークの重要性が強調されることが多いが，児島産地の慣行は，必ずしも明示的な協力関係が集積地の動態にとって唯一の要件ではないことを示している。これは，可能な調整様式が一つではないことを示してもいる。重要なのは，特定の可能世界に対応する慣行が築かれ，関係性が資産となるかどうかという点である。

　前項で検討したように，児島産地では大きく分けてアパレル企業と縫製企業という二つの集団がそれぞれ別のアイデンティティと参加の慣行を有している。産地が現在のような「生産の世界」をもつに至ったのは，複雑に絡み合った慣行によるものである。しかし，産地の経済的発展の道筋を方向づけたのは，アパレル企業の慣行であったといえる。というのも，すでに述べたように，生産する製品について投入する技術と対象とする市場を選択するのは主としてアパレル企業だからである。縫製企業は，一般にアパレル企業や商社から材料と縫製仕様書を支給されて縫製加工するため，製品市場との結びつきは弱い。

　アパレル企業の間には，「他企業は機会主義的な行為をとる」という市場の世界に対応する慣行が存在し，産地内では明示的な企業間の協力やネットワークが希薄である。そのため産地内の競争はしばしば価格競争へと至り，ときには学生服メーカーの景品付販売のようなことも行われた。しかし，競争的で，ときには敵対的でもある関係にもかかわらず，破滅的な競争に至らなかったのは，人格化されたアイデンティティの慣行と，産業活動を超えた地域コミュニティの存在が影響していると考えられる。すなわち，児島産地では，人格化されたアイデンティティと地域コミュニティが不可分の関係にあることから，評判の効果が生じやすく，極端な機会主義的行為が抑制されるものと考えられる。

　「市場の世界」の慣行は，こうしたネガティブな側面を含みつつも，児島産地の企業に独自の事業展開を試みるインセンティブも与えた。児島産地の企業は競争心の強さによって，ジーンズ市場やオフィス・ユニフォーム市場の形成にみられるよう

に，服種の拡大という外部環境の変化を敏感に捉え，新たな製品分野へ進出していった。

もっとも，これには児島独自の歴史的背景も影響している。たとえば，合繊企業による学生服メーカーの系列化や大手企業による寡占状況から，多くの企業が学生服分野から排除され，他分野に進出せざるをえなくなったことがある。また，工程間の分業が進展していたことから，新規創業は比較的容易だったが，新規創業前に働いていた企業との商売上の競合を避けるために，ほかの製品分野に進むといったこともしばしば見受けられる。

現在，児島産地の「生産の世界」は，図5-5からもわかるように「市場の世界」の慣行を軸に展開されている。学生服をはじめとするユニフォームメーカーが，別注生産へと進み，「工業の世界」＋「市場の世界」で安定した生産体制を確保しているのは，アパレル企業に分かちもたれた市場的慣行と無縁ではない。一方，差別化定番品を生産するカジュアル・ジーンズメーカーは，「個人間の世界」＋「市場の世界」で独自の展開を行っているが，これはアパレル企業の「市場の世界」の慣行に依拠しつつ，縫製企業の集団にみられるような「個人間の世界」の慣行を構築することで支えられている。

このように学生服やカジュアル・ジーンズの製品分野では，それぞれの可能世界と整合的で，諸企業の行為を調整するような慣行が共有されており，児島産地の慣行を関係性資産として活用している。これに対し，厳しい現状に直面しているワーキング・ユニフォームの事例は，産地の慣行が一様に関係性資産となるわけではないことを傍証している。ワーキング・ユニフォーム企業はアパレル企業の市場的な慣行を共有しているにもかかわらず，可能世界としては「工業の世界」に属している。そのため，慣行が，可能世界を調整する装置として機能せず，関係性資産となっていないということができる。

5 おわりに

本章は，欧米の議論を中心に，現在の産業集積研究に求められる課題を整理した後で，それを乗り越える視角として関係性資産の概念とストーパーとサレの「生産の世界」論の枠組みを提示した。そして，児島産地を事例にその分析枠組みとしての有効性を検討してきた。

「生産の世界」論を用いて児島産地を分析した結果，次のような結論が得られた。

第1点目は，集積地内の関係性が経済活動の資産として働くための条件についてである。従来の産地研究では，企業間の協力関係やネットワークが強調されることが多かったが，これは必ずしも地域発展の唯一の要件ではないといえる。なぜなら，児島産地では明示的な協力関係が存在せず企業間関係は競争的であるにもかかわらず，ダイナミックな活動が展開されてきたからである。むしろ本章の視角からすれば，集積地の発展には，生産の可能世界の論理において諸資源を規定し，関係性を打ち立てるような慣行が築けるかどうかという点が重要である。

第2点目は，産地の生産システムがもっている多様性の問題である。「生産の世界」論にあっては，製品の特性から四つの理念的調整モデルを同定する。理念型である可能世界を分析の基礎に据え，それらを組み合わせることで，現実の生産システムの多様性と複雑性を表現することができる。現実の世界は唯一の成功モデルに還元されるものではなく，いくつかの可能世界の調整論理が絡まりあった複雑な状況で構成されている。この可能世界の概念を用いた結果，児島産地では多様な「生産の世界」が並存していることが明らかになった。生産される製品の多さから，一見すると混沌とした関係性と「生産の世界」が存在しているといえる。しかしながら，こうした多様性を明らかにすると同時に，この分析枠組みでは児島産地の「生産の世界」を三つの展開に分類することができた。すなわち，別注生産を行う学生服やオフィス・ユニフォームの「工業の世界」＋「市場の世界」，差別化定番品のカジュアルウェアとジーンズの「市場の世界」＋「個人間の世界」，詰襟学生服やワーキング・ユニフォームの「工業の世界」である。このように複雑な現実を整理して考えることができれば，この一般的な枠組みを分析の基準として設定することで，今後さらに地域間の比較研究も可能となるだろう。

第3点目は，集積地の動態的な側面についてである。まず，「生産の世界」の多様化と移り変わりに注目することで，児島産地の経済発展の過程を明瞭に捉えることができる。さらに，アクターの行為原理を形成するような表象の次元を方法論の内部に取り込むことによって，取引関係からは明らかにできないような産業集積のもつ活力の源にアプローチすることができる。これによって，児島産地では，「市場の世界」の慣行を軸にしつつも，部分的に「個人間の世界」や「工業の世界」が取り込まれることで，多様な展開が行われていること，そして別注生産の学生服の世界と差別化定番品のカジュアル・ジーンズの世界は，それぞれの世界に対応する慣行を築いており，関係性を資産として活用していることがみえてきたのである。

フランスのショレ・アパレル縫製産地の変容

06

1 はじめに

1-1 問題の所在

　本章では，フランスのアパレル縫製産地であるショレ地域が，1990年代以降のアパレル製造業の劇的衰退のなかで高級品生産へとシフトして生き残りを図ることができた要因を，制度・慣行・地理的近接性といった諸概念，ならびに「生産の世界」論を手がかりに明らかにする。

　多くの先進諸国において，この数十年間で脱工業化が著しく進むとともに，経済的富の源泉として知識創造活動が重要性を増している。本章が対象とするフランスのファッション・アパレル産業は，こうした傾向を色濃く反映する部門の一つである。

　ファッション産業の価値の源泉は，ファッションの知識生産にある。創造産業は，大都市への強い集積傾向をもつことが知られているが（後藤 2007；山本 2007；Scott 2008）。ファッション・アパレル産業もまた，ロンドン，ミラノ，ニューヨーク，そしてパリといった特定のグローバル都市が世界のファッションの知識生産・発信において卓越した位置を占める（Weller 2007）。これに対して，創造された知識をモノとして実現する製造部門は，一般的に，途上国の低い労働コストを求めてグローバル移動する典型的な業種である。先進諸国を中心に「認知的・文化的経済（cognitive-cultural economy）」[1]（Scott 2008）が拡大するなかで，ファッション産業は大都市を舞台とした知識創造の活動にますます特化しているようにみえる。

　しかしながら，ファッション・アパレル産業の分析をそうした活動に限定することはできない。知識創造部門から製造部門へのファッションの知識伝達は，先進国の大都市から途上国の製造地域へと地理的距離を隔てて，必ずしも容易に行われるわけではない（Aspers 2010）。情報の媒体への転写にほとんどコストがかからない

タイプのコンテンツ産業とは異なり，ファッション産業で創造される知識は，しばしば，審美性・イメージ・風合いなど，言葉では容易に表現しがたい暗黙的な次元を含む。さらには，その知識が創造されたローカル市場のコンテクストに埋め込まれていることから，市場のコンテクストを共有しない製造業者への移転が阻まれることもありうる（Aspers 2010）[2]。

もちろん，ユニクロをはじめとするファストファッションであればグローバルレベルでの生産体制が可能であるが，高級ブランドやクリエーターのブランドなど，クリエーションの水準が高くなるほど多品種少量生産となり，風合いなどの暗黙的知識の重要性も高まってくる。流行を牽引するようなクリエーターのブランドであれば，製造過程において高いクリエーションに見合った製造・加工水準が求められるとともに，風合いなどの図面（縫製仕様書）では伝達しきれない暗黙知の移転も問題となりうる。そして，そうした製品は，藤本（2001）の製品アーキテクチャの区別からみれば，関連のアクター間での綿密な意図の調整によってトータルで品質を作り込む，「擦合せ」型の製品であるといってよい[3]。とりわけ，知識創造部門と製造部門の間で，互いの意図を調整（コーディネーション）し，望ましい品質を実現することが必要となる。グローバル分業の進展著しいパソコンや家電に代表されるような，機能部品の「組み合わせ」からなるモジュール型の製品とは対照をなす。

本章が対象とするフランス中西部ペイ・ド・ラ・ロワール州のショレ地域（Choletais）は，ファッション産業のこうした特徴を生かして，生産体制のグローバ

---

1) フォーディズム的な大量生産に代わって現代の資本主義を牽引し，イノベーションと経済成長の中心となっている産業のことである。具体的には，技術集約的製造業，事業所サービス，金融サービス，対個人サービス，メディア・映画・観光などの文化製品産業，新しい職人デザイン，衣服・家具・宝石といったファッション志向の高い産業である。これらの産業でマネジメントや知識生産に関わる層と，単調な労働に関わる層（単純労働の製造部門，あるいは守衛や子守り，ホスピタリティの提供などのサービス部門）への分極化がみられるが，下層に置かれた労働者であっても，「認知的なフレキシビリティと，判断および／あるいは文化的な細やかさ」（Scott 2008：554）が要求される。こうした認知的・文化的経済の中心的活動は，ニューヨーク，ロサンゼルス，ロンドン，パリ，東京といった主要なグローバル都市地域に集積する傾向がある。
2) 川端（2008）が市場の「地域暗黙知」と呼ぶものに近い。この点に関して，ファッション産業では，企画開発に際して，ストリートファッションの動向が参照されるようになっている（立見・川口 2007）。市場の地域暗黙知として，都市の消費文化の重要性が増している。裏原宿のアパレルブランドの生産体制を明らかにした矢部（2012）も参照のこと。

ル化が進展する今日において，高級品製造に特化することで生き残りをかけている地域である。ショレ地域は，この10年間で，高級品ブランドが集積するパリへの近接性と，産地の高い技術・技能力を背景に，世界的な高級品ブランドの下請製造の産地へと変貌を遂げることに成功した。ショレ地域においても，ほかの多くのアパレル産地と同様に，1990年代初頭には海外生産への移行がみられた。しかしその後，ローカルな生産へと基本戦略を転換した興味深い事例である。

　産地企業は大企業に比べて産地の社会経済的文脈に埋め込まれている度合いが高く，産地企業の技術・行為を決定するうえでローカルな制度的枠組みが大きく影響することが多い。どのような制度・慣行が，ショレ地域の企業が高級品ブランドの下請として発展することを可能にしたのだろうか。本章は制度論的ないしは関係論的なアプローチから，高級ブランドとの取引を支える諸条件を考察する。

1-2　方法論的枠組み

　制度・慣行・地理的近接性に着目しながら，上記の課題に取り組むが，その際，フランスの制度経済学の一派であるコンヴァンシオン経済学と，これを産業分析に応用したストーパーとサレの議論を適宜参照する。ストーパーとサレ（Salais and Storper 1993 ; Storper and Salais 1997）は，「生産世界」の分析において，1990年代前後のショレ地域を事例の一つとして取り上げており，この意味でも考察の助けとなる。

　ところで制度の定義は論者によってさまざまであるのが実際だが，これまでにみてきたように，その役割を大まかに分けると，「ゲームの規則」として人々の行為を調整したりインセンティブを付与したりする側面と（ノース1994），共通の認知的枠組みとして人々の意思決定や行為を可能にする側面がある（Denzau and North 1994 ; バティフリエ2006 ; 立見2007）。産業集積研究における近年の知識の移転や創造に関する議論は，このうち制度の認知的役割に関する議論とより深い関わりをもつ。

　本章においても，制度の機能を上記の二つの側面から捉えているが，その形態

3）ロサンゼルスの婦人服産業を分析したスコットが，高級品は工程間の調整のために内製化する傾向を指摘していたことを想起したい（スコット1996）。また，クリエーションの水準だけではなく，アイテムによっても違いが出てくる。東京都墨田区のカバン産業を検討した遠藤（2012）によると，カバン製造では一般的に製品のトータルな品質が求められるために，地理的近接性が必要になるという。「擦合せ」型の製品だといってよいだろう。

に関しては，法律などのフォーマルな制度というよりもむしろ，行為者にとっては「慣行（convention）」として暗黙に受容されているような行為規則や規範を主たる対象とする。ストーパー（Storper 1997）は，産業集積地域の今日的優位性を説明するために，慣行概念に依拠しながら「取引されざる相互依存性」の重要性を説いた[4]。

コンヴァンシオン経済学の特徴の一つは，先にみた制度の二つの役割のうち，二つ目の役割を拡張し，さらに規範的価値の問題と共通世界の構築を論じる点にある。産業集積地域に即せば，産地の製品品質の良し悪しを定める慣行（「質の慣行（convention de qualité）」）や産地企業の望ましいイノベーションの方向性などを支える規範は，共通の世界の構築に関わる。そして，不確実な状況において課せられる経済的整合性の試験（テスト）と，慣行による調整の実現という観点から産業分析を展開したのが，ストーパーとサレの「生産の世界」論である。

内容を簡単に振り返っておくと，彼らはまず，製品の質を規定する二つの要素，すなわち市場の特性と，製品を生産するための投入物の特性から，「可能世界（possible world）」と呼ばれる四つの理想的な経済調整モデル（個人間の世界，市場の世界，工業の世界，知的資源の世界）を導き出していた。このうち本章の分析に関わるのは，「個人間の世界」と「市場の世界」である。ストーパーとサレ（Stoper and Salais 1997）は，ショレ地域をこの二つの世界の混合として特徴づけている。

前章で確認したように，「個人間の世界」は，当該の生産者集団に特殊な専門化された投入物を，絞り込まれた専用の顧客に供給する世界であった。この世界は価格よりもむしろ品質をめぐる競争が中心であり，特定の顧客に絞り込まれた製品の新たな品質を生み出す専門家集団の集団学習（集団で知識を創造・共有する過程）がイノベーションの源泉となる。他方で「市場の世界」は，市場セグメントは「個人間の世界」と同様に限定されているが，標準的な投入物を使用して，迅速に市場ニーズに対応することがイノベーションの鍵となる。たとえば，近年のモジュール化された製品は，この世界に属すると考えられる。なお，工業の世界にはフォーディズム時代の大量生産モデルが，知的資源の世界には大企業の研究開発部門などが該当する。

---

[4] 産地だけではなく大都市型工業集積にも該当する。立見ほか（2013）は，大阪府八尾市の中小企業の環境適応能力の形成において「取引されざる相互依存性」が重要な役割を果たしていることを示している。繊維産業において，産地の地域的な制度が企業の行為を制約すると同時に可能にすることを実証的に明らかにした研究として，大田（2007）を挙げることができる。

生産者を含む行為者が経済的に成功を収めるためには，可能世界にアクセスし，その世界に由来するさまざまな試練を乗り越えなくてはならない[5]。こうした試練の末に，経済行為が調整され経済成果を享受することができたならば，可能世界を現実化することができたということ，ストーパーとサレ（Stoper and Salais 1997）の表現を借りれば，「現実世界」を構築できたことになる。行為者は生産の可能世界にアクセスするうえで，共通の規則や規範（価値観），すなわち，前述のような特性をもつ諸慣行を創出し共有することで，互いの行為（生産者間，生産者・消費者間）を調整しなくてはならない。ただし，現実の経済活動が一つの可能世界によって調整されていることは稀であり，多くの場合は複数の世界の混合からなる。

ところで，ストーパーとサレ（Stoper and Salais 1997）の分析は，アパレル産業が劇的に衰退する1990年代以前の時期を対象としている。したがって，本書での考察については，ショレ産地の生産の世界はその後どのように変化したのか，また，近年の生産世界を支える制度的仕組みとはいかなるものであるのか，ということが重要になる。後者の考察については，それぞれの制度・慣行を個別に記述するのではなく，それらの制度・慣行がどのように結合し，その結果としてショレ企業の能力（competence）をどのように支えているのか理解することを試みる。

こうした本章の立場は，比較制度分析やレギュラシオン理論[6]など近年の制度経済学で重視される制度補完性の考え方とも，少なくとも経験的研究の水準においては親和的である。アマーブル（2005：19）によると，「ある制度の存在が他の制度の効率性を高めるとき，二つの制度は補完的」であり，経済「モデル」は，こうした制度補完性，すなわち「これら諸制度間の補完的な関係のセット」によって支えられているとされる。ショレ地域の発展においても，慣行的な諸規則が整合性を持ち，相互に依存しながら，地域企業の行為能力を支えている[7]。

本章の構成は以下の通りである。まず，第2節ではフランスのファッション産業の概観を行った後で，アパレル製造業の推移とショレ地域の位置づけを確認する。

---

5) たとえば，審美性や風合いなどが重視されるファッションの市場（「個人間の世界」もしくは「市場の世界」）に，規格化された工業的品質（工業の世界）の製品を投入したとしても，市場に受け入れられないという現実の試練に直面することになる。あるいは，工業的品質を「良いもの」と考える生産者が，デザイナーと共同商品開発を行う場合，生産者とデザイナーの間で，「良い」品質に対する共通の理解が得られず，商品開発が行き詰まってしまう可能性もある。
6) 日本の経済地理学との関わりでは，宮町（2000）がレギュラシオン理論の経済地理学への応用可能性を先駆的に探ってきた。

このとき,「生産の世界」論のストーパーとサレがフランスのファッション産業とショレ地域の企業に与えた位置づけについても明示する。第3節において, ショレ地域の歴史的な発展過程をたどり, 当該地域の特質を示す。第4節では, 企業インタビューの知見を踏まえて, ショレ地域の変容を可能にした制度編成を明らかにする。諸慣行としての制度を描き出すだけではなく, 諸制度間の補完性によって一つのシステムを形成していることを示す。第5節では全体の考察を踏まえて, 得られた知見を整理する。

なお, 本章におけるショレの企業実践に関する記述は, インタビュー調査 (2010年2月: ショレの製造企業2社, 組合の事務局長およびアニマトリス) に基づいている。このほか, フランスのファッション・アパレル産業の記述に関しては, 2008年9月にパリで活動するパタンナーや縫製工場を対象に行った一連のインタビュー結果を使用している。

2 フランスのファッション・アパレル産業の発展と生産システムの変容

2-1 オートクチュールからファッションの「民主化」へ

フランスのファッション・アパレル産業は, パリを舞台に発展してきた。パリには, 教育機関・展示会・コレクション等々, 多くの人材を世界的に引きつけるさまざまな制度的仕組みが存在する[8]。パリ・コレクションに代表されるファッション・ショーでの評価は, クリエーターにとって, 世界的な名声を獲得するための重要な手段であることはよく知られている。こうした目に見える制度的インフラに加

---

7) レギュラシオン理論とコンヴァンシオン経済学との理論的な位置関係については, 厳密には, 慎重な判断が必要である。たしかに, コンヴァンシオン経済学とレギュラシオン理論はともに, 諸制度あるいは構造が諸個人の行為を規定するとともに諸個人が構造を作り変えていくといった, 双方向の力学を重視している。しかし, コンヴァンシオン経済学が個人の (価値判断を含む) 意思決定能力を重視するのに対して, レギュラシオン理論はむしろ労使関係など構造化された対立やそうした構造の再生産を強調する。換言すれば, 前者が方法論的個人主義から出発するのに対して, 後者は方法論的全体主義に近い立場をとる。とはいえ, 実証研究においてはアレールとボワイエ (1997) の先駆的な研究が示すように, コンヴァンシオン経済学とレギュラシオン理論をうまく組み合わせながら制度分析を行う試みがなされている。また, 立見 (2000) はそこから着想を得て, 寒天産地の比較分析を行っている。

えて，クリエーションにとって不可欠な創造的雰囲気の存在も重要である。バレールとサンタガタは，（オート）クチュールのアトリエ，ブティック，小企業の間でのコミュニケーションの仕組みが集積することで，人々の経験，活動の結びつき，個々のマニアックな特性などを通じて，「「暗黙の」うちにモードの創造性が学習される雰囲気を生み出している」（Barrère and Santagata 2005：204）としている。

こうしたパリを中心としたファッション産業の仕組みは，19世紀の文化首都の遺産にさかのぼる（Scott 2000）。とりわけ，19世紀半ばのナポレオン三世の第二帝政時代に，ヨーロッパで最も中央集権化された宮廷文化との関わりのなかで，オートクチュール（高級仕立服）産業として開花した。第二次世界大戦前までは，ファッションは貴族やブルジョワといった上流階級の文化であり，一般大衆には程遠いものであった。

ストーパーとサレ（Storper and Salais 1997）によると，パリのオートクチュール産業は，マーシャル型の産業地域に類似したシステムによって支えられていた。生産者間の緊密なリンケージ，生産者間での特殊な情報の循環，製品の専門化を通じた継続的で内生的なイノベーションといった特徴を有していたといえる。これはストーパーとサレが「個人間の世界」と呼ぶ，専門家のコミュニティを基盤とする特殊な知識・情報・資源などの投入物と，絞り込まれた顧客市場から構成される調整様式の典型であった。この世界では，価格よりも品質を中心とした競争が行われ，関連のアクターの参加による集団学習型のイノベーションを特徴とする。

ところで，コンヴァンシオン経済学の枠組みにおいて，競争の基準もしくは取引の前提となる品質の良し悪しを規定するのが，「質の慣行」である。この慣行が生産者と消費者の間で共通に認知される品質を規定する。第7章でも触れるが，オートクチュールの場合，生産者と顧客との緊密な関係のなかで品質は実現するが，品質の慣行を支えるのはデザイナーの権威であった。したがってデザイナーの地位が安定している限り，ブランド・ネームは維持され，生産システムの構造は揺るぐことはなかった。

これに対して，第二次世界大戦後，中産階級の台頭と消費社会の拡大に伴い，オートクチュールに代わってプレタポルテ（既製服）が台頭するようになる。この背

---

8) 人材育成のための教育・研究機関としては，デザイナー（styliste）養成で約20校，その他IFMなどの国立の教育研究機関が集まる。それ以外にもファッション関連の企業本社，多数の業界団体，素材・アパレル・小物・インテリア関連などに特化した各種展示会などがパリに集中する。

景には，ファッション・リーダーがブルジョワ女性から俳優やアスリートなどに移行したことや[9]（Montagné-Villette 2006），高級なオートクチュールを仕立てる財力をもった顧客の減少がある。これによって，オートクチュールのデザイナーも，既製服への進出を余儀なくされる。しかしながらアメリカの大量生産された既製服とは異なり，フランスにおいては依然としてブルジョワ文化の影響が残っていたことから，サイズの標準化と量産システムを取り入れつつも，身体へのフィットを慎重にデザインした職人技術に基づく高品質な製品市場が生み出された（Storper and Salais 1997）。

こうして出現したフランスの高級プレタポルテは，「市場の世界」の要素を取り入れながら，オートクチュールの生産システムに固有の諸慣行（とりわけ，デザイナーの権威に基づく品質決定や，高品質の実現に不可欠な組織学習を可能にするアクターの参加型の行為規範）を引き継ぐことで，「個人間の世界」の調整システムを維持し続けたのである。すなわち，デザイン性やいくつかの生産スキルは「個人間の世界」に依拠しつつ，生産過程の一部をコード化することで，「高級ファッションの現実世界を既製服の現実世界へと拡張することを可能にした」といえる（Storper and Salais 1997：125）。

高級品生産が維持される一方，1960年代の新しい若者文化の普及によって，経済的に豊かな中高年層を対象とした高級路線とは一線を画する，より変化の激しい若者ファッションの市場が生まれる。これによって，上流階級の特権であったファッションが中産階級に普及することになる。この現象は社会階級の垣根を取り払ったことから，「ファッションの民主化」と称され，「フランス革命は政治を民主化したが，1960年代は豊かな国においてファッションを民主化した」（Montagné-Villette 2006：6）と評されている。こうして，ファッションが誰にでもアクセスできるものへと変化したことで，市場の大幅な拡大がもたらされた。

変化の激しい若者ファッションの登場に伴い，パリのなかでは右岸の中心部に近接するサンティエ地区が，専門化した中小企業ネットワークに基づく，非常にスピーディーでフレキシブルな生産を可能にする産業地域として発展することとなった[10]。フォーディズムの終焉に伴って市場の不確実性が増大し，ジャスト・イン・タイムに代表されるような多品種少量のフレキシブルな生産が普及する時代を目の当たり

---

9) この背景にはテレビの普及もある。歌手や俳優の衣装は，伝統的な男性の白シャツをカラフルなものに変え，作業ズボンをジーパンに変えた。なかでもエルビス・プレスリーのピンク色の舞台衣装は強い衝撃を与えた。

にして，スコット（Scott 1988）は，取引費用を節約する産業集積の機能が重要となると論じたが，サンティエ地区の台頭はまさにその典型的事例の一つとなる。

しかしながら，ファッション・アパレル産業全体の傾向としては，生産費用を低く抑えて利潤を確保するために，ファッション・ブランドは，パリ以外の地域での生産を拡大させていく（Storper and Salais 1997）。パリの小工場に比べて最新の設備を備えた近代的な工場の設立が，シャルル・ド・ゴール政権による地方分散化の枠組みのなかで進められていった。この過程で，安価で豊富な女性労働力をもつ，フランス西部地域のブルターニュ地方と，本章の対象であるショレ地域に活発な投資がなされていくことになる（Montagné-Villette 2006）。後述するが，ショレ地域では戦時中にフランス北部から繊維工場が疎開し，アパレル産業の素地が形成されていた。

ストーパーとサレ（Stoper and Salais 1997）によると，こうしてフランスの生産地として重要性を増したショレ地域は，熟練労働者のノウハウを残しながら近代的設備を備えることで，すなわち「個人間の世界」と「市場の世界」を折衷させることで発展していった。つまり，コード化できない熟練技能を残している点（投入物の特殊性）では「個人間の世界」の要素をもちながらも，中級品を生産し，近代的な生産設備に依拠する点（投入物の標準性）では「市場の世界」に近い地域なのである。

2-2 ファッション・アパレル生産システムの変容とショレ地域の浮上
(1) 国際競争の激化と国内生産のドラスティックな衰退

しかしながら1980年代に入ると，国際的な価格競争の激化のなかで生産の海外移転が進み，フランスのファッション・アパレル製造業は苦難の時代に突入する。その変化は劇的であり，1990年以降の20年間で従業員数20名以上の企業の75%が消失してしまう（INSEE 2009）[11]。

こうした変化を理解するうえで，柔軟な専門化を特徴とするパリのサンティエ地区の衰退は象徴的な例である。サンティエ地区は，前述のファッションの「民主化」のなかで成長し，1980年代にはピークを迎えたが，1990年代以降の生産のグローバ

---

10) サンティエは，移民労働と不法就労の場としても知られるが，集積利益に基づいた低コストでスピーディーな効率的生産システムを構築し，新規創業を促進するインキュベータとしての機能を果たしてきた（仁野 2001 ; Scott 2000）。「ナフナフ」「クーカイ」「コレット」（セレクトショップ）など，多くの中小零細企業がサンティエの集積利益を生かして国内外でよく知られるブランドへと成長してきた。

ル化によって衰退を経験する。サンティエ地区にはアパレル関連の各種業種が集積するが，高級品よりも量産の低級品を作っている企業が多数派を占める。

1990年前後にサンティエ地区の詳細なフィールドワークを実施したモンタニェ=ヴィレットによると，1990年代以降，多くの企業がサンティエ地区を後にした（Montagné-Villette 2010）[12]。サンティエ地区から有名なアパレル企業に成長した「ナフナフ」の場合，1989年にはすでにサンティエの生産システムを放棄している。サンティエ地区の小零細企業への発注をやめ，パリ盆地の五つの工場に下請を出すようになった。さらに，1990年代には，高い地価と物流の困難からパリの北郊にあるエピネー＝シュル＝セーヌ（Épinay-sur-Seine）に本社も移転してしまう。

ナフナフと同じく，アパレル企業の多くはパリ中心部のサンティエ地区から，オーベルヴィリエなどのパリ北東部郊外に本社を移し，生産も海外に外注するようになっていく。パリ北東部近郊の基礎自治体（コミューン）の連合組織が出した報告書（Plaine Commune 2008）によると，サンティエのアパレル企業の経営者にはユダヤ系が多かったが，今やその多くは中国人経営者によって買収され，海外との価格競争の激しい，中・低級品を生産している。低級品は中国に，低中級品であれば東欧で製造されている。1990年代を通じて，企画開発のみをパリ地域で行い，製造は海外に発注するというグローバルレベルでの分業が確立されたことで，フランスの国内の生産機能は著しく低下することになったのである。

サンティエ地区に限らず，存続するアパレルメーカーの多くはファブレス化し，企画・商品化に特化していった。その結果，近年では，自社ブランドをもたない「ファッソニエ（façonnier）」と呼ばれる製造専業企業の割合は1％にまで減少し，雇用数も1986年の60,000人から2007年の5,000人にまで低下してしまった（INSEE

---

11) なお，アパレル製造業の衰退は今日でも続いており，1997年を基準としてアパレル産業（皮革製品を含む）の変化をみると2007年の生産額は4分の1程度にまで激減している。この傾向は，家具・香水・出版などほかの消費財が現状維持もしくは増加しているのとは対照的である（INSEE 2007）。
12) サンティエ地区に関する最もまとまった研究は，今日でも，モンタニェ=ヴィレット（Montagné-Villette 1990）である。パリのファッション産業に関する先述のストーパーとサレの分析も，モンタニェ=ヴィレットの研究を参考にしている。筆者が2010年12月に同氏にインタビューを行ったところ，1990年代以降，サンティエ地区のみならずフランスのアパレル製造業に関する研究はほとんど行われていない。一つにはフランスでアパレル産業のフィールドワークは困難を極めること，産業規模が縮小して研究対象としては魅力を失ったことがあるという。

表 6-1 フランス衣服製造業における生産形態別にみた売上高割合の推移
(出所:ケルフィ(Xerfi 2010)を基に作成)

	1986年	2004年	2005年	2006年	2007年
発注企業	35%	59%	65%	65%	66%
独立型生産者	54%	38%	33%	34%	33%
加工業者	11%	3%	2%	1%	1%

出典:Sessi,従業員数20人以上の企業。
単位:衣服その他製造業(Naf rév.2 2008; 14.13z/Nace rév.2 2008; 14.13)に占める売上高の割合。

2009)。表6-1が示すように,今やアパレル産業全体の66%が製造機能をもたずに企画開発のみを行う「発注企業(donneur d'ordre)」となり,商品の企画・開発に加えて製造も行う企業(「独立型生産者」)が占める割合は30%程度にとどまる。売上高を指標にとっているため最終製品を生産する企業の生産額が多くなる傾向があるとしても,製造業者の著しい割合の低下と,製造過程を海外にアウトソーシングすることで商品の企画開発と国際取引に特化する企業が増大していることがわかる。

アパレル産業を取り巻く状況は厳しいが,ファッション関係の教育研究機関である国立のフランス・モード学院(IFM)の資料(Xerfi 2010)によると,今日,アパレル企業の生き残りの方向性として三つのタイプが存在する。まず,企画開発と製造の双方を行う「A 独立型企業(Compte Propre)」と呼ばれる形態がある。これは,自社ブランド製品を国内もしくは海外生産しながら大企業の下請も行うタイプの企業である。この独立型の生産者は,自社ブランド(衣服)製品をフランスや海外で生産するが,フランス国内の生産能力を稼働させるために,大グループのアパレル企業からも製造を受注している。

次に,「B 高級品の下請製造」タイプであり,ショレ地域の企業が選択した路線である。このタイプは,シャネル,クリスチャン・ディオール,エルメス,ランヴァン,ルイ・ヴィトンといった高級ブランドやオートクチュール・メゾンのプレタポルテの下請製造に特化している。最後に,「C その他」の展開として,低価格品を大規模流通業向けに見込み生産で大量供給する企業も存在するが,アジアの低賃金諸国との競争に直面している。

これらのタイプのうち,国内製造の強みを活かすためには,二つ目のタイプのように高付加価値製品の生産に移行することが重要になっている(INSEE 2009)。表6-2は製造機能をもつ売上上位企業を上記の3類型に対応させたものであるが,実際に,「B 高級品製造」路線の企業が多くを占めていることがわかる。これらの企業

表 6-2 主要製造企業（売上高上位企業）の類型
(出所：ケルフィ (Xerfi 2010) を基に作成)

企業名	売上高 (100万ユーロ)	独立型企業	高級品の下請製造	その他	所在地
JC Confection Isis (Naf 14.14z)	8.8	○			ショレ組合
Sedem (Naf 14.39z)	6.5			○	ペイ・ド・ラ・ロワール州ヴァンデ県
Anagram (Naf 14.11z)	5.5			○	パリ
France Confection	3.7		○		ショレ組合
Baizet	3.7		○		ショレ組合
Manche confection	3.2		○		バス・ノルマンディー州マンシュ県
Philgo	3.1			○	アルザス州バ・ラン県
Ste Castelneuvienne de Confection	3.1		○		サントル＝ヴァル・ド・ロワール州シェール県
Prolenco	3.0	○			ノール・パ・ド・カレ州ノール県
Synertex (Naf 14.39z)	2.9		○		ペイ・ド・ラ・ロワール州マイエンヌ県
Mesnel	2.8		○		イル・ド・フランス州セーヌ・サンドニ県
Nawel	2.8			○	イル・ド・フランス州セーヌ・サンドニ県

注）太字は産地組合に加盟する企業。

は，付加価値率の高い傾向にあり (Xerfi 2010)，高付加価値の上位 30 社のうち 9 社がショレの産地組合に加盟する企業である。

(2) ショレ地域の浮上と高級品ブランドの戦略変化

こうした高級品の下請戦略の背景には，発注側である高級ブランド側の事情も関係している。クロー (Courault 2005a) によると，高級ブランド企業は，1990 年代以降，グローバル市場を確保するためにブランドの買収を繰り返して巨大グループ化し，世界中に物流網とマーケティング機能を配備してきた。そうしたグローバル戦略のなかで，熟練技術を要する高品質製品の多品種少量生産を行うことができる下請中小企業を活用するようになっている。その要因としては，次のような事情が考えられる。

まず，高級品ブランドにおいても，1980年代以降，ファッションの「民主化」がいっそう進んだことである。ルイ・ヴィトンのバッグなどの高級品はかつて一部の富裕層の所有物であったが，一般の人々にも手が届くものとなり，熱望されるようになってきた（Rouet 2005）。こうした新たな市場の登場とグローバルレベルでの新規市場開拓によって，従来のような熟練労働による工房での生産ではなく，ある程度の工業的な生産が求められるようになったのである。

　加えて，消費者の本物志向の世界的高まりによって，高級品ブランドが海外でのライセンス生産をやめて（製造機能をもつか否かにかかわらず）自社生産に切り替えていること（長沢 2002）も影響していると考えられる。かつて高級ファッションビジネスでは，オートクチュールのコレクション（ファッションショー）などで名声を築き，利益は海外企業とのライセンス契約や香水などの小物で確保するというモデルが一般的であった。しかし，この20年ほどは，消費者の本物志向が高まり，安価で質の低いライセンス商品が結果としてブランド・ネームを傷つけたことで，ブランド側がライセンス契約を解消するようになってきている。高級ブランドは本来的に「擦合せ」の要素が多く，品質と高級なイメージの維持という点から，フランス国内の製造を重視するようになっている[13]。

　その結果，新たに拡大する市場にターゲットを定める高級品産業にとっては，高品質の維持と，生産効率を上げるための規模の経済の両立が課題となっている（Rouet 2005）。フランス製造業の業界誌である『ルジン・ヌヴェル』の2012年5月号の記事によると，実際，ルイ・ヴィトンは近年，活発な国内投資を行い12か所目の国内新工場を設立した。自社工場の雇用を増やし，生産の効率とスピードを向上させようとしている[14]。そして，生産性の重視と併せて，国内50社の下請中小企業との連携を強化しつつあるという。

　以上のようなファッション産業と高級ブランドの戦略変化のなかで，熟練技能に裏打ちされ，一定の生産設備を備えた下請中小企業の役割が相対的に高まることになり，ショレ地域の企業が高級ブランドの下請へと移行するための市場側の条件が

---

13) *L'Usine Nouvelle*, No 3247, 2012 の記事（Louis Vuitton, l'industriel）。
14) 同記事によると，ルイ・ヴィトンは，およそ3年前から，自動車産業や家電産業と同様にリーン生産方式を国内工場で採用するようになった。従来のタブーを破り，「生産性」という言葉が社内で市民権を得るようになっている。アトリエでの熟練労働者の手仕事ではなく，最新の生産設備を備えた工業的生産への移行を明確に打ち出したといえる。

整えられてきたといえる。

　第1節で述べたように，ショレ産地は，熟練技能を残しつつも，パリの小規模な工房に比べて規模が大きく生産性が高いという特徴を有しており，1980年代から1990年代前半には高級品ではないが中程度の製品を製造する産地として成長した。しかし今日に至るその後の変化においては，こうした特徴が高級ブランドの方向性と合致し，高級品の生産地へと変容する条件がもたらされた。つまり，高級ブランド側が，工房での職人技能に基づく「個人間の世界」から，熟練の技能を保ちながらも最新の生産設備を駆使した生産という「個人間の世界」＋「市場の世界」に移行することで，ショレ地域の生産の世界との整合性が高まったと考えることができるのである。

　ショレ地域の変容と制度・慣行・地理的近接性の役割に関する考察に入る前に，まずはショレ地域の概要と歴史的発展過程を確認しておきたい。

3 ショレ地域の概要と歴史的発展過程

3-1　ファッション・アパレル産業におけるショレ地域の位置づけ

　まず，アパレル企業の全国的な立地傾向としては，事業所の大半がパリ地域（イル・ド・フランス州）に集中しているのが特徴である[15]。パリ地域が突出し，そのあとにショレ地域を含むペイ・ド・ラ・ロワール州をなどいくつかの主要地域が続くという構図になっている[16]。ファッションの知識創造にますます特化するファッション・アパレル企業にとって，クリエーションに有利なパリ地域への立地はきわめて重要である。

　しかし図6-1が示すように，実際に製造を行う企業（ファッソニエ）に限定すると，パリ地域に代わってショレを中心とした地域の割合が高くなる[17]。1事業所あたりの従業者数をみても，全国平均が14人であるのに比べて，ショレ地域（ペイ・ド・

---

[15] アパレル産業（統計分類Naf 18）に関して，事業所数ではフランス全体の50％，従業者数では30％を占める（CROCIS 2006）。

[16] なお，2005年のINSEEの統計において，アパレル産業（皮革製品を含む）（Naf 18-19）におけるペイ・ド・ラ・ロワール州の対全国比をみると，事業所数では6％にすぎないが，従業者数では14％を占める。

[17] ペイ・ド・ラ・ロワール州を含むフランス北西部の四つの州で，当該部門における全雇用のおよそ半分を占める。

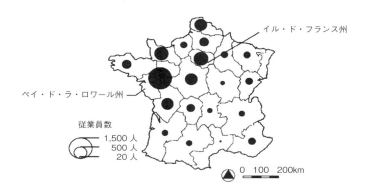

図6-1 製造企業（ファッソニエ）の州別従業者分布（2007年）
(出所：INSEE (2009) より作成)

ラ・ロワール州）は35人と事業所規模が大きい[18]。パリ地域は企画開発主体の小規模企業が多いのに対し，ショレ地域では，生産設備を備えた一定規模の工場が多いことが確認できる。

ところで，アパレル以外も含めたファッション産業全体ではおよそ200社の高級品下請があるといわれるが，そのうちの100社以上がショレ地域に立地するという[19]。ショレ地域の地理的範囲は，必ずしも明確に定義されているわけではない。狭義にはショレ市を中心都市とするショレ郡（arrondissement de Cholet）と考えられるが，「ショレ地域の影響範囲はショレ郡の行政区域を大幅に越えて」，メーヌ＝エ＝ロワール県，ヴァンデ県，ポワトゥー＝シャラント州（現ヌーヴェル＝アキテーヌ州）ドゥー＝セーヴル県に及ぶ（Montagné-Villette 1985）。図6-2は，ペイ・ド・ラ・ロワール州に絞って，アパレル産業の立地を示したもので，ショレ郡を中心としながら広域に産業が分布していることがわかる。

さらに，アパレル・ファッション産業の立地は，ショレ地域を越えて，大西部地域（Grand Ouest（ペイ・ド・ラ・ロワール州，ブルターニュ州，ポワトゥー＝シャラント

---

18) INSEEの産業レポート（Les restructurations tissent un nouvel ensemble économique pour l'habillement-cuir en Pays de la Loire）〈http://www.insee.fr/fr/themes/document.asp?ref_id=11904（最終閲覧日：2014年4月27日）〉より。
19) 2010年2月，IFMの教員C氏への聞き取りによる。

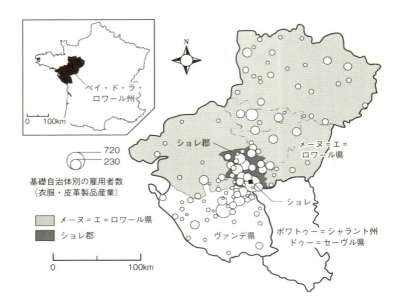

図 6-2 ペイ・ド・ラ・ロワール州における衣服・皮革製品産業（雇用）の分布（2007 年）
（出所：INSEE, Les restructurations tissent un nouvel ensemble économique pour l'habillement-cuir en Pays de la Loire〈http://www.insee.fr/fr/themes/document.asp?ref_id=11904（最終閲覧日：2014 年 4 月 27 日）〉を基に作成）

州）にも及ぶ。この広域的範囲に，アパレル，帽子，ベルト，靴などモード関連企業が蓄積しつつある。

 とはいえ，ファッション関連企業の多くが加盟するショレ地域の産地組合（「西部地域のモード産業拠点（Pôle Mode Ouest）」）によると，ショレの周辺 120km–150km の地理的範囲に，フランス西部地域の衣服製造企業の約 80% が集積している。西部地域に立地するファッション産業関連の企業は 250 社ほどあり[20]，従業員数は約 6,000 人を占める。

 なお，同組合には，アパレルのデザイナー・自社ブランド保有企業・製造企業，靴の製造企業，アクセサリーのデザイナー・製造企業など，ファッション関連の企業が幅広く加入している[21]。アパレルの製造企業（ファッソニエ）に限ると，加盟企業は 2014 年 4 月現在 60 社となっている。

3-2　ショレ・アパレル産地の歴史的形成過程

　ショレの地域経済を理解するうえで，歴史的過程は重要である。ショレを含む当該地域では，フランス革命期の「ヴァンデ戦争」以来[22]，中央権力に頼らない地域主義的なメンタリティが住民の間で共有されてきた。相互扶助の精神と，自分たちの仕事は自ら生み出すという自律性である[23]。クロー（Courault 2005b）によると，こうした地域主義の伝統を背景に，ショレ地域はフランスの一般的な資本主義的発展には還元されない独自の経済発展を遂げてきた。ショレ地域の経済は，近隣のニーズを満たす中小企業の家内工業を特徴としており，戦後の大企業主導の時代でも中小企業が主体であった。フランス経済史のなかでも独自の位置づけを占める地域であるとされる。

　ショレ・アパレル産地の直接的な起源は，フランス北部の繊維工業が第二次世界大戦期に移転してきたことに始まる。テキスタイル製造業が高付加価値化のために，衣服製造を開始し，戦後の高度成長期には，靴産業とアパレル産業（プレタポルテの下請製造）が飛躍的な発展をみる。子ども服の分野においては，地元資本で同族経

---

20) このうち，企業数の内訳としては，テキスタイルが41％で最も多く，次いで衣服製造が33％となっている。従業者数規模では，10人未満が61％，10人〜49人が28％であり，50人から199人は9％，200人以上は2％にとどまる。中小零細企業が大部を占めるマーシャル型の産地であるといえる。なお，ファッション関連で自社ブランドを有する企業は，西部地域で150社程度である。たとえば，日本でも人気のある「カシュカシュ（CacheCache）」はブルターニュに立地する企業である。
21) クリエーション活動のほとんどはパリに集積しているが，近年では地方都市にもクリエーターが拠点を置くようになってきている。ショレ地域にも近い文化都市ナントにはファッション産業関連のクリエーターの集積がみられる。
22) 現在のペイ・ド・ラ・ロワール州ヴァンデ県を中心とするフランス西部地方で，フランス革命後に起きた革命政府と王党派の凄惨な戦争のことである。ショレはヴァンデ戦争の中心的舞台の一つとなった。革命後の重税・徴兵・食糧／馬の徴用，信仰（カトリック）への処遇の仕方に対する農民の怒りが，次第に，アンシャンレジームの復活を目指すカトリック王党派によって組織されたことで，革命政府による残忍な軍事行動へとつながった。この地域では信仰心が篤く，カトリックが日常生活に根づいていた。大規模な反乱は，1793年末から94年初頭にかけて，革命政府によって徹底的に制圧された。幼い子ども・女性・老人などの非戦闘員を含めて，フランス史上類をみない凄惨な虐殺が行われた（田中 2005）。
23) クロー（Courault 2005b）によって指摘されているだけではなく，筆者が2010年2月にアパレル縫製組合を訪問した際に，ショレ地域の特質として第一に強調されたのは，こうした地域的なメンタリティの存在であった。

営を特色とする大企業が出現し，その下請企業が群生するようになった。

　クロー（Courault 2005a, 2005b）は企業への聞き取り調査やアンケート調査の蓄積を基に，ショレ地域においてアパレル産業と靴産業の飛躍的発展をもたらした地域的要因を指摘している。すなわち，家内労働（内職）と豊富な女性労働力が存在していたこと，賃金水準が相対的に低い水準にあること，家内工業の伝統のために労働組合があまり根づいておらず労使関係が良好なこと，地域内での下請利用が容易であること，等々である。アパレル産業については，パリ圏にアパレルメーカーが集積し，ショレ地域はその下請製造を行うための社会経済的な条件に恵まれていたことから，飛躍的発展を遂げることができたのである。

　しかしながら，前述したようなフランスのアパレル産業の一般的趨勢と同様に，1980年代以降，当該産業を取り巻く環境が大きく変化し，ショレ地域も産業システム崩壊の危機への対応を余儀なくされる。この時期に，ショレ地域の成長を牽引してきた大企業が軒並み廃業したために，それらの下請生産を行ってきた企業は地域外での新規取引先の開拓を迫られる。それまでは垂直的な取引関係が主であり地域中小企業間の水平的な関係はみられなかったが，この過程で地域企業間のネットワークが形成され協力関係が生み出されていったのだ。

　その一例が，1989年，職業高校である「モード高校（Lycée de la Mode）」の設立である。同校では，靴とアパレルのクリエーションおよび生産管理を学ぶことができる。大量生産・大量消費のフォーディズムが終焉し，多品種少量生産を基調とする時代へと変化したことで，生産者は多品種少量生産を可能とする柔軟な生産システムの構築やそのためのノウハウ獲得を余儀なくされ，そうした人材を育成する教育機関の設立が地域企業の強い要望によって実現したのである。かくして地域企業は，柔軟で生産性の高い組織への変革と，ファッション産業の新システムへの再参入に対応を図ることになる（Barrère and Santagata 2005）。

　1990年代以降は国際的な価格競争の激化と生産のグローバル化に直面して，ショレ地域の企業も海外生産を開始する。従業員数250人〜300人規模の大手企業が，北アフリカのチュニジアや東欧に進出していった。チュニジアには2010年現在までに，10社が進出している[24]。この結果，ショレ地域には小規模な工場が残ることになったが，2000年代以降，これらの企業が高級品の下請製造に転換を果たし，経済環境の変化に対応していく。

---

24) 2010年2月，組合への聞き取りより。

表 6-3 ファッション・アパレル製造関連産業における事業所数・従業者数の推移
(出所：INSEE の産業レポートを基に作成〈http://www.insee.fr/fr/themes/document.asp?ref_id=11904
(最終閲覧日：2014 年 4 月 27 日)〉)

	年	ペイ・ド・ラ・ロワール州		全　国	
		事業所数	従業者数	事業所数	従業者数
衣服・アクセサリー製造	2003	232	7,105		
	2005	201	5,468	4,800	54,645
毛皮・皮革の仕上加工／なめし	2003	8	278		
	2005	9	303	220	2,489
旅行用品・皮革製品製造	2003	53	2,090		
	2005	51	2,098	743	15,482
靴製造	2003	91	6,202		
	2005	75	3,926	332	11,469
合　計	2003	384	15,675		
	2005	336	11,795	6,095	84,085

　INSEE のレポート（前掲注 18）によると，ペイ・ド・ラ・ロワール州の衣服・皮革産業は，フランスの全国傾向と同様に，1998 年から 2005 年にかけて雇用を半減させてきた。2003 年から 2005 年の期間に限定しても，15,675 人から 11,795 人への雇用減，事業所数では 384 社から 336 社への減少である（表 6-3）。しかし，こうした状況のなかでも，高付加価値生産への転換がなされつつあり[25]，また，同レポートでも述べられているように，特定の企業が高級ブランドの下請となることで生き残る動きが顕在化している。

　すでに触れたように，ストーパーとサレによると，ショレの生産システムは，1980 年代までに中級品市場向けの生産システムのなかで「個人間の世界＋市場の世界」に存立基盤を確保していた。しかし，1990 年代以降，前述のように「個人間の世界」にあった高級品ブランドが，「個人間の世界＋市場の世界」にシフトするなかで高級品生産への移行を試みていった。発注側と受注側の可能世界が接近したことで，高級品ブランドとショレ企業の調整様式の整合性が担保されたとみることができる。

---

25) とりわけ，皮革製品を手がける企業の付加価値率が高く，全国平均 27.5％に対して，46.3％となっている。なお，衣服生産の企業の付加価値率は 32.3％である。

4 ショレの生産システムと制度・慣行の編成

以下では，高級品製造へとシフトした個別企業の経験から，高級品ブランドとの取引を支える諸条件を特定し，それから個別企業の対応を可能にしたショレ産地の制度・慣行とその編成，すなわち一連の諸規則が相互に整合性をもって一つのシステムを形成していることを示す。事例として扱うのは，靴製造から鞄と縫製の製造業者となったP社と，縫製業者のM社の経験である。P社とM社は，企業規模は大きく異なるが，高級品ブランドとの取引によって存続を図る点で，いずれも近年のショレ地域の動向を代表する企業である。

4-1 企業事例からみた高級品製造への移行過程：技術力，労使関係，地理的近接性
(1) P 社

P社は，ショレ近郊のモレヴリエに立地する，1982年に2名で創業した製造企業（ファッソニエ）である。従業者数は1993年には60名になり，2003年には140人，2006年には310人と成長を遂げてきた。1992年からはチュニジアに子会社も保有し，ショレ地域では大手の製造企業にあたる。当初は靴の生産を行っていたが，1990年代以降，ショレ地域の靴産業が著しく衰退するにつれて，鞄など靴以外の製品の製造に移行してきた。現在では，靴，衣服，鞄などさまざまな製品を扱う。1990年代を通じて新たな事業展開を模索し，2000年頃から高級ブランドの下請製造を行うようになった。とりわけ，2006年に現社長が就任して以降は，積極的な顧客開拓と設備投資を含む技術向上を行い，飛躍的な成長を実現した。2010年現在の売上は，2006年比で250％の増加である。年間40万ユーロの投資を行い，400万～500万ユーロ相当の機械設備を備える。

取引先は，ルイ・ヴィトン，シャネル，クリスチャン・ディオールなど，高級品ブランド500社であり（継続取引にある50社が，売上全体の80％を占める），多くの企業がパリに本社とデザイン室（企画開発室）を置く。中心的な事業内容は，高級ブランド品の差別化を図るためのさまざまなデコレーション（製品に付随するアクセサリーの製造・加工）と鞄本体の製造である（図6-3）[26]。

高級品ブランドと取引を開始するのは容易ではないが[27]，ひとたび信頼関係が構築されれば，コスト圧力にさらされることなく安定的に継続取引が行われるメリットがある[28]。納期も受注から納品まで2-3か月程度であり，低価格品にみられるような極端な短納期ではない[29]。その代わり，特殊で高い技術力が要求される。高級

図 6-3　P 社のデコレーションの例（鞄）
(出所：筆者撮影)

品市場の競争は差別化が鍵となるため，さまざまなニーズに対応できなくてはならない。そのためには，加工水準の高さとともに幅の広さが要求される。そして，常に自社の保有する最新の技術を顧客に伝えなくてはならない。顧客といかに密なコミュニケーションを行うかが鍵となる[30]。ここで，片道2時間というパリとの地理的近接性が生きてくる。フランスのアパレル産業では海外生産が一般化し，多くの

---

26) 衣服や鞄の製造には，大まかに，①デジタル裁断→②デコレーション→③組立（モンタージュ）までの過程がある。アパレルと靴は①から②まで，鞄は③組立までを行っている。鞄については，ロンシャン，ルイ・ヴィトン，シャネル，ディオールなどが当社の顧客である。金額は少ないが，陶器やガラスにイメージを付着させる（七宝）加工も行う。
27) 高級品ブランドとの取引に至る手続きとして，最初は，パリで行われる展示会への出展から始まるが，その後は，口コミによる紹介が可能になり，さらに評判が高まれば高級ブランドから話が持ち込まれることになる。シャネルとの取引は，ルイ・ヴィトンによる紹介である。これらはもちろん企業としては競合関係にあるが，担当者間の個人レベルでは親しい関係がありうる。
28) もっとも継続的取引といっても，1回ごとの取引の積み重ねである。ルイ・ヴィトンは年間800種類（カラー展開を含む）のデコレーションの見本台帳をもっており，しばしば取引が重なって進行することになる。ルイ・ヴィトンや鞄ブランドのロンシャンなど，現在取引関係がある4社の高級ブランド企業とは，取引が途切れることなく続いている。
29) 今日，アパレル企業の世界最大手で，「ZARA」ブランドを世界展開するスペインのインディテックス社であれば，商品の企画開発から各国の店舗販売まで最短2週間しか必要としない。
30) 顧客との打ち合わせに加えて各種展示会への参加のため，週に1度はパリに赴く。

場合は中国，あるいは東欧などでの生産が広がっている．ショレ地域とパリの近接性は，海外生産では得られない地理的な強みとなっている．

デコレーションの場合，取引開始から生産まで，発注元のデザイン室の担当者とおよそ4段階で打ち合わせを行う．第一に，色・デザイン・技術などをP社側から提案する．色とデザインについては，P社の提案が必ずしも採用されるわけではないが，この過程を通じてP社の保有する最新の技術を顧客に示すことが重要である．第二に，デザイン室の担当者から製品のイメージが示され，それに対してP社がどういった技術によって対応できるのか，といった詳細な打ち合わせが始まる．この段階で，デザイン室の人間も頻繁にP社を訪問し，濃密なコミュニケーションがもたれるようになってくる．クリエーションの水準が高い企業ほど，デザイナーが同社まで赴き，加工方法や加工されたアイテムなど製造現場から着想を得て帰る．第三に，商品企画を基に見本を製作し，価格設定を行う．第四に，生産を開始する．P社は，組立は行わないがそれ以外は皮革の染色まですべての工程を行う．

高級品ブランドとの取引において重要なのは，綿密な「擦合せ」を支える地理的近接性に加えて，高い技術力の存在である．同社は，日本でいう新卒も含めて採用の方法は多岐にわたるが，いずれにせよ手先の器用さを重視しており，入社後も定期的な技能訓練を実施している．ショレ地域には，手先が器用で勤勉な被雇用者を育成する基盤があるという．P社では，顧客からの多様なニーズに応えるために，専門の担当者を1名設けて独自の職業訓練計画を作成し，社内での技能形成を行っているのが特徴である．

こうした中長期にわたる技能形成を可能にするのが，長期雇用の存在である．有期限雇用契約（CDD）では，同社に必要な技能訓練を行うことはできない．従業員は基本的に正規雇用（CDI）であり，定年退職者以外は長期雇用にある．同社に限らず，ショレ周辺地域の大きな特長は，「良好な社会的風土（bon climat social）」の存在，すなわち協調的な労使関係が長期雇用を可能にしていることである．こうした協調的労使関係は，技能育成の背景にある長期雇用だけではなく，高級ブランドとの取引においても有利に働いている．というのも，投資家は一般的に，労働運動や組合活動の盛んな場所に投資をしたがらないからである．実際，P社は，顧客から，「ショレ地域はストライキが頻発するマルセイユとは違って信頼できる」と言われたことがあるという．

顧客からの受注の幅に関しては，地域の企業間ネットワークの活用も役割を担う．同地域には緊密な企業間ネットワークが構築されており，100km圏内にすべての専

門化された企業が集まっているので，顧客の要望に対してさまざまな対応ができる．

  (2) M 社

　M社は，ショレから40kmほど離れたブレシュイールに立地する，1969年創業，従業員数49名の縫製企業であり，ショレ地域の製造企業（ファッソニエ）としては標準的な企業であるといってよい．現在の経営者A氏の夫人の両親が同社の創業者にあたるが，アルメニア出身で，パリで高級品を製造する下請縫製工場として創業した．1960年代以降，プレタポルテ市場の拡大とともに生産能力の拡大を迫られ，ショレ地域に移転してきた．その後，パリのサンティエ地区のアパレルメーカーから受注するようになり，量産路線へと移行する[31]．1970年代前半までは量産品の需要拡大が続いていたが，1974年のオイルショックでフランスのアパレル製造業は危機的状況を迎え，同社も経営難に陥る．そうした状況下でA氏が経営を立て直すべく同社を引き継いだ．

　1980年代を通じて従来の顧客が下請を利用せずに自社工場で生産するようになった結果，新規顧客開拓と生産システムの根本的な変化を迫られる．A氏はポワティエ大学の夜間部に通い経営学を学ぶとともに，多品種少量生産に移行するために，生産方式の改善と見本市への出展などを通じて新規顧客の開拓に努めた．高品質を求める高級品ブランドを新規顧客として定め，複数の工程を一人でこなせるように多能工化を図り，一つのラインで多品種を製造するようになった[32]．これによって従業員の技能水準が高まり，生産性が向上した．以前の受注ロット数は12,000本（パンツ）程度あったが，それが300本程度になった．多品種の高品質な生産を可能とする柔軟な生産体制の構築と新規顧客の開拓の努力の結果，顧客との信頼関係が育まれ，納期に対しても同社から要望を言えるほど顧客との力関係も変化した．

　M社では，原則として，顧客は5社以上もたない．各顧客の細かなニーズに応えきれないことと，すべて同じシーズンにぶつかってしまうからである．もっとも，

---

31) 受注先の高級品ブランドのL社が女性用プレタポルテを生産するようになったのを機に，生産能力を拡大させるために工場をショレ地域に移転させた．しかし，その直後に，経営者が飛行機事故で他界する．当時は価格決定の要素は納期くらいであり，電話一本あれば技術力がなくとも下請製造が成り立つ時代であった．そして1967年に，母親にあたる経営者夫人の判断で，パリのサンティエ地区のアパレル企業の下請工場となる．これにより，同社が高級品製造から量産路線に転換したといえる．なお，サンティエ地区には基本的に量産品を製造する企業が集積している．
32) 一つのラインで60工程をこなせるようになった．

顧客数については，同社だけではなくどこの縫製企業でもおよそ同じである。特に顧客と継続的な取引関係をもとうとすれば，限定せざるをえない。

　主な顧客企業は時代とともに変化してきた。1980年代はジョルジュ・レッシュと取引していたが，同社が品質よりも価格志向になったので，ケンゾーとの取引に切り替えた。当時のケンゾーは品質重視の路線だったが，1993年にLVMH（モエ・ヘネシー・ルイ・ヴィトン）に買収されてからはマーケティング主導の価格重視に変わってしまう。2002年までは取引を続けていたが，さらなるコスト圧力を回避するために，高品質を重視する顧客との取引に戦略転換した[33]。現在の顧客は，ニナリッチ，クロエ，ラコステ（女性），アンドリュー・ゲン，ポルカである。毎年開催される'Made in France'の展示会に出展して高級ブランドの顧客を開拓している。そこでは，企業の哲学がしっかりしていれば顧客を見つけることができるという。

　M社にとって，ショレ地域に立地する優位性は，第一に，1日でパリとの往復ができること，第二に賃金水準が低いこと，第三に「社会的風土（Climat Social）」（労使関係）が非常に穏やかであること，第四に良質な労働力を確保しやすいことである。

　パリとの近接性によって，顧客との打ち合わせが頻繁にできるのは強みである。コレクションが始まる前に打ち合わせが集中するが，クリエーターから要望があればすぐにパリに出向き企画開発の詳細を詰めることができる。その後，型紙を作り，2-3個見本を作り，そして製造に入る。

　そして第三の点とも関わるが，フランスでは従業員数50名以下であれば企業レベルでの労使交渉の場である企業委員会を作らなくて済むために，従業員数は49名に抑えている。従業員はすべて正規雇用（CDI）であるが，どうしても人数が足りないときには派遣（interim）を頼むこともある。退職者の後には若い人をまず有期限雇用（CDD）で採用して，その数か月後にCDIに変更するという一般的な手続きをとる。

　なお，地域内の企業間関係については，20km先の企業と生産設備を貸し借りすることもあるくらい良好な関係である。これはショレとフランス西部地方の特色であり，相互扶助の精神が発達していることに由来する。地域企業間の双方向の取引，いわゆる仲間取引が毎年あるという。

---

33) LVMHグループとの関係で，1999年にクリスチャン・ラクロワの工場を買収し，ラクロワから受注を受けた。しかし，当工場を売却したのを機に戦略転換を行った。

表6-4 ショレ産地を支える制度・慣行

空間スケール	制度・慣行
ナショナル（国）	フォルタック（技能訓練） 展示会（'Made in France'）
リージョナル（州）―ローカル	地域主義と互酬性（規範） 良好な労使関係 労働者の能力（competence） 産業政策（「開発協定（Contrat de Développement）」） 組合 教育訓練（モード高校，アンジェ大学 企業内訓練） 暗黙の協定（賃金水準） 企業ネットワーク 信頼・互酬性

4-2 ショレ地域の競争優位性を支える制度的システム

(1) 産業活動を調整する制度・慣行の存在

以下では，ショレの生産システムを支える制度・慣行にアプローチすることにしたい。

ショレ・アパレル産地を支える制度・慣行は，表6-4のようにナショナル―リージョナル―ローカルといった重層的な空間スケールのなかで編成されていると考えることができる。明確に空間スケールを分離して記述することは容易ではないが，ショレ地域を核としながら，リージョナル（州）レベルで，領域的規範を背景とした制度・慣行・企業ネットワークが構築されている。

まず，複数の県にまたがるショレ地域で共有されている共通の表象（規範）が，企業間，経営者・労働者間の暗黙の合意を円滑にしていると考えることができる。先述したように，当該地域には，フランス革命期以来の地域主義が根づいており，近接性（proximité）に基づく社会・経済を志向する規範的価値が存在してきたといわれる。これがショレ地域の企業群に自律性を与えるとともに，企業組織の「同質性」[34]の高さを通じて企業間の信頼と互酬性の下地となり，さらには良好な「社会的風土」にも関係していると考えることができる[35]。労使関係については，実際の地域社会と経済領域が不可分であることも影響していよう。経営者と従業者が同じ学校出身であれば，労使間の対立を和らげる効果もある。

ただし，企業間関係については，ローカルレベルでの信頼醸成が基盤となる。産

地組合での聞き取りによると,州レベルに及ぶ産地の企業ネットワークは,まず近隣での日常的なつきあいを基礎として局所的に形成され,そうした下位ネットワーク同士が結合することで,いわば広域ショレ地域の企業間関係を作っているという。こうして企業間ネットワークなど強固な協力関係が構築され,それが経済活動の調整に大きな役割を果たしている。ただし,製造企業に関しては,顧客を地域外に求めており,分業上の垂直的なつながりよりは,仲間取引や機械の貸し借りなど水平的な協力関係であるといえる。

企業間協力の例としては,ショレ地域が 1980 年代に経験した危機を乗り越えるために,地域企業が働きかけて,高品質製品の多品種少量生産に移行するための技術・技能教育の機関としてモード高校を設立するという事例があった。教育訓練・技能育成に関しては,このほかアンジェ大学でも関連のコースが設置されている。

また,P 社と M 社の事例からも明らかなように,顧客からの多様なニーズに自社の技術や生産設備のみでは対応できない場合には,自社にはない技術をもった企業に発注したり,他社の機械設備を利用したりすることが可能であり,集積の「範囲の経済」効果を享受できている。

産地企業の協力関係を強力に推し進めるうえで,その制度化された形態である産地組合「西部地域のモード産業拠点 (Pôle mode Ouest)」とその母体である「西部地域モード産業 (Ouest Mode Industrie)」の役割はとりわけ重要である。当該組合はメンバー制をとっており,信頼関係を共有できる企業しか加盟することができない。いわば「個人間の世界」の行為原理に従っており,「市場の世界」におけるような機会主義的行為は抑制される。組合への加盟社数は全体の 60％にあたる 50 社であるが,主要な産地企業はすべて加入しており,雇用の 75％を占める。組合は産地企業の利益を擁護するための諸種の活動を担う。

第一に,賃金水準の調整に関して,組合加盟企業間で暗黙に共有された慣行が存在する。これは経営者に利する形で賃金水準の上昇を防ぐ反面,解雇された労働者

---

34) 組合への聞き取りより。
35) 労働運動の活発さと支持政党の地域分布には関連がある。労働運動が盛んな地域では,労働者支持を基本とする左派政党の投票率が高いのに対して,西部地域はフランス全国のなかでも右派政党の投票率が高い地域である (Janin et al. 2010)。柔軟な生産システムで知られる「第三のイタリア」地域の発展がキリスト教 (北東部) や共産党支持 (中部) という「政治的土壌 (Political Subcultures)」によって支えられていた (Trigilia 1986) のとは対照的であり,興味深い。

を他企業が不当に安い賃金で雇用することを防ぐ役割がある。第二に，高級品ブランドの開拓を可能にする新しい展示会 'Made in France' の設立である。ヨーロッパでは商談の場として展示会が機能しており，そこで取引先を開拓するのが一般的である。もともと工場の展示会としては 'Fatex' があったが，海外生産を行う企業が大半を占めるようになってきたという問題を抱えていた。そこで，ショレの産地組合と企業が中心となり，2004年にフランス国内製造を維持する企業に専門化した全国レベルの展示会を新たに創設するに至った。これにより，国内製造を重視し，技術力の高い工場を探す高級ブランドとの取引が促進されることになった。組合を媒介としたローカルな活動が，ナショナルな制度を創出したといえる[36]。第三に，産地組合がロビー活動を展開し，リージョナルレベルに相当する州との間で「開発協定（contrat de développement）」を結び，産業支援の窓口となっている。前述の展示会の創設に際しても，こうして獲得された補助金が利用されている。州からの補助金を用いて，海外での展示会に出展したり，教育訓練を行っている。

　このほか，産地が抱えるさまざまな課題への取り組みが存在する。現在，産地企業の大半が顧客とする高級ブランドとの契約方法を改善することが課題となっている。従来，取引先とは文書契約は結ばれてこなかったが，発注企業の戦略変更によって，突如，取引を解消されるリスクが高まっている。ショレ地域の企業が擦合せ型製品の生産者であることから，継続取引のなかで特定の顧客に特化した投資を行っている場合，すなわちウィリアムソン（Wiliamson 1985）の言葉を借りれば「関係特殊的投資」を行っている場合には，損失が非常に大きくなると考えられる。契約を文書化するとともにこうした顧客の行為を防止するための憲章を作るべく，ロビー活動を通じて国に働きかけ，実際に成果を引き出している[37]。また，共同受注を組織することも課題である。近年，特殊な技術に特化した複数の工場と取引関係をもつのではなく，取引先を絞り込みたいという顧客の要望が強まっているという。組合が母体となり，共同受注を行っていくことも目指しているが，このように産地

---

36) 2010年2月，IFMの教員C氏への聞き取りによると，ナショナルレベルとの関わりでは，近年，技術水準の高い高級品下請企業の支援が，フランスのファッション産業の国際競争力維持の観点から，政策的に重視されつつある。フランス・モード学院もフランスの経済産業省と連携して，フランスの製造企業を維持するための方策を考えている。この背景には，国内の製造機能が著しく低下すれば，高品質の生産が不可能となり，フランスの輸出産業として重要性の高いファッション産業にとって深刻な問題になるとの認識がある。なかでも，アパレルに関しては，ショレ地域の企業支援を重視している。

の利益を代表しイニシアティブをとるのはローカルな主体にある。

(2) 産地システム：諸制度・諸慣行間の整合性

以上のような産地の諸制度・諸慣行に基づき,「個人間の世界」+「市場の世界」において,産地企業の行為が調整されている。本章の強調点は,これらの制度・慣行が単独で機能するのではなく相互に補完し合うことで,高級ブランドとの取引と,高品質製品の製造を可能にする産地システムを構成していることにあった。表6-5は,これまでの考察から明らかになった制度的諸要素をそれぞれ,技術,労使関係,教育（人材）,企業間関係（ネットワーク）,ローカルな規範,近接性としてまとめたものである[38]。

P社とM社の事例が示すように,ショレの企業が新たな需要に対応し,高級品製造産地へと転換できた背景には,パリとの地理的近接性,良好な「社会的風土（Climat Social）」（労使関係）,高級品ブランドの要求する高品質と生産性の高さに応える技術力（擦合せと提案能力）,顧客開拓を可能にする展示会の存在等々があった。

ショレ地域の企業は,パリへの地理的近接性を生かした顧客との密なコミュニケーションによる「擦合せ」（調　整（コーディネーション）の解決）と暗黙知の相互移転を行い,高い技術・技能と受注内容の柔軟性によって高級品ブランドの高い要求水準に応えている。さらに,地域主義的な規範と産地内の近接性を背景としながら,企業間の信頼関係とネットワークの存在によって,受注範囲の拡大や,人材育成のための教育機関や取引先開拓のための展示会の設立など,集積の利益を享受している。

ショレ地域の高い技術力を支える条件については,工場労働に慣れ,かつ技能水準の高い豊富な労働力の存在がある。さらに,ショレ地域の社会的風土の穏やかさと賃金水準の低さが,正規の長期雇用を容易にすることで社内での労働者の技能形成を可能にしている。温和な社会的風土に関しては,取引先からの信頼獲得にも有利に働いており,高級品ブランドとの取引拡大を促進している面がある。

フランスでは,通常,製造業の基盤があり雇用のプールが存在する地域では労働運動が盛んで,投資家はそうした砦を回避する（ボルタンスキー・シャペロ 2013）。

---

37)「高級品産業―発注企業と下請企業はゲームのルールを再定義した」と題された *L'Usine Nouvelle* の記事によると,同記事が発行された2010年に4月14日に,業界組合と高級品ブランドの立会いのもとで「良いマナー憲章」が調印された。金融危機後に加速した取引の解消による下請企業のいっそうの減少に対処することが目的である。

38) 諸規則間の整合性について整理するにあたって,アマーブル（2005）からヒントを得た。

表 6-5 ショレ産地システムにおける諸制度・諸慣行間の補完性

	技術	労使関係	教育	企業間関係（ネットワーク）	ローカル・リージョナルな慣行・規範
技術					
労使関係	・長期雇用が技能形成を可能にする				
教育	・モード高校や専門課程をもつ大学→人材供給 ・企業内での教育訓練の実施	・長期雇用が時間をかけた技能形成を可能にする			
企業間関係（ネットワーク）	・良好な企業間関係により，他者の技術・設備を利用して顧客のニーズに応える	・企業間での暗黙の慣行（賃金水準）	・企業間の協力による教育機関の設立 ・ロビー活動による産業支援→教育訓練費用		
ローカル・リージョナルな慣行・規範		・良好な労使関係が長期雇用を可能にする		・地域主義的な規範→独自の事業展開，企業の同質性，企業間協力→展示会の設立，産業支援，仲間取引	
近接性	・顧客との密なコミュニケーション→暗黙知の伝達，顧客のニーズへの対応			・近接した企業間で信頼関係を醸成する→ショレ地域全体の信頼関係	・地元で働き暮らす

　しかしショレを含むフランス西部地域では，雇用のプールが存在するにもかかわらず，労働運動が活発ではなく労使関係は穏やかである[39]。この要因としては，上述のような産業活動と地域コミュニティの重なりやショレ地域の政治的風土があろう。ただし，これは自然な風土ではなく，企業経営者側の戦略によって形成されてきた側面があることも忘れてはならない。ボルタンスキーとシャペロ（2013）によると，1980年代以降，フランスでは労働者の権利要求と社会批判への対抗措置が経営者に

よってとられていくが，ショレ地域の企業経営者がとった戦略もまた，企業を分割し小規模化することで労働組合の力を無力化することであった（Ginsbourger 1998）。高い技術力を支える正規労働の長期雇用および技能訓練を可能にするような穏やかな労使関係は，こうした政治経済的相克の結果を含みながら形成されてきたものであるといえる。

5 おわりに

フランスのファッション・アパレル産業は，1990年代以降，グローバリゼーションが進展した代表的な産業の一つであり，生産のドラスティックな海外移転を経験してきた。それに伴い，大都市を中心とするファッションの知識生産の活況とは対照的に，国内製造業は急速に衰退し，今や生産のほとんどが中国・東欧・北アフリカなどでの海外生産に置き換わっている。こうした一般的傾向に対して，フランス西部のショレ・アパレル縫製産地は，1990年代初頭に海外生産を試みたにもかかわらず，この10年ほどの間で高級ブランドの下請生産に特化することで生き残りを果たした，フランスのなかでも稀有な地域である。

ショレ地域が取引対象とする高級品ブランドの製品は「擦合せ」型であり，非常に高水準の品質を要求するとともに，その実現においてブランドと生産者の間で頻繁で綿密な打ち合わせを必要とする。ショレ地域の企業は，片道2時間というパリへの地理的近接性と，自社および産地として保有する高い技術力をベースに，高級品ブランドのニーズに応えている。こうしたショレ地域の展開を支える要因について，本章は市場側の条件変化とローカルな制度・慣行の役割からアプローチを試みてきた。

本章で得られた知見を整理すると次のようになる。

第一に，地理的条件と市場の条件，そして諸制度・諸慣行を通じて形成される地域企業の能力の「適切な」組み合わせによって，グローバル化においては一般に困難と思われる下請産地として発展する基礎が整備されていた[40]。K. ポランニー (2005) にはじまり，多くの論者が指摘してきたように，市場経済のアクターは，標

---

39) ルイ・ヴィトンは，フランス西部のブルターニュに立地する閉鎖された家電工場の跡地を買い取って新工場を操業したが，その際，旧家電工場で働いていた労働者のほとんどを再雇用した。

準的な経済学が想定するような原子論的存在ではありえず，社会的に埋め込まれている。つまり，アクター間の関係性，規範，文化といった社会的な文脈のなかで，行為原則，さらにはそのイノベーション能力すらも形成する存在である。そうした行為枠組みはさまざまな空間スケールから重層的に構成されるが，本章が扱っているような中小零細企業からなるマーシャル型の産業集積であれば，そうしたタイプの地域中小企業の行為原則やイノベーションへの試みを検討するうえで，領域的に共有された諸制度・諸慣行が依然として影響力をもちうる。本章で考察してきたように，実際，ショレ・アパレル産地の企業行動はローカルな制度的枠組みによって強く影響を受けていた。

第二に，ショレ地域の企業の能力は，制度・慣行など諸規則間の整合性のなかで構築されていた。すなわち，そうした制度的枠組みは，整合的な諸要素間の結合からなる一つのシステムとして理解される必要がある。さらに地理的近接性が顧客との取引や産地システムの機能を補強する役目を果たしていた。ショレ企業の能力は，地理的近接性と共有された諸規則を通じて構築され，高級ブランドとの継続取引を可能にしていた。

第三に，産業集積研究の方法論に関わる一般的なインプリケーションがある。ショレ・アパレル縫製産地の経験は，地域産業の発展と変容にアプローチするうえで，社会経済学的な考察が不可欠であり，経済・社会・政治といった異なる諸領域を統一的に捉えるうえで，制度・慣行への着目が切り口となりうることを示しているといえよう。

---

40) ここでの「適切な」という表現について，「個人間の世界」＋「市場の世界」という可能世界の経済秩序との整合性という意味で用いている。

パリのファッション産業における価値づけの装置

07

1 はじめに:知識創造から価値づけへ

　1990年代半ば以降,さまざまな言葉で社会・経済の変化を捉える試みが行われてきた。なかでも,経済地理学の文脈では,フロリダの創造階級論が影響力をもってきた。フロリダの議論は,創造経済への移行と併せて,ライフスタイル,人々の価値観,労働と分業のあり方の変化,そして働き住まう場所の質の重要性などを簡明かつ包括的に理解させてくれる。

　これに対し,スコット (Scott 2014) は,格差の拡大など創造経済の負の側面も含めて,非物質的労働の拡大と資本主義の変化という枠組みのなかで都市の経済を捉えようとする。スコットは,ムーリエ=ブータンらの認知資本主義論から着想を得て,認知的・文化的経済という用語を提起する。

　山本 (2016) によると,認知資本主義において,労働は非物質的財を生産する非物質的労働となり,知識の創造,判断,意思決定,他者との相互作用が不可欠なスキルとなる。労働と生活の区分は薄れ,生政治的生産と呼ばれる生による生の生産という色合いを強める(知識や感情は生を構成する重要な要素である)。イノベーションは,他方で,人々のネットワークと結合(出会い)にますます依拠するようになり[1],企業外の人や組織との連携・提携(社会ネットワーク)のなかで新奇的知識は流通する。そして,企業は,共有地(コモン)を所有権によって囲い込み,地代(レント)を得るかのように,都市に蓄積されたコモン,すなわち共通の知識・文化・制度などにアクセスすることでアイデアを創出し,(著作権を通じて)利益を得る。その意味で,利益はレントの性格を帯びつつある (山本 2016)。

　地理学的研究にとって重要な点は,この新しい資本主義が,グローバルに展開しつつも,都市とりわけ大都市地域と密接な関連を有するということであり,前述

のスコットの概念はここに着目するものである[2]。今日の大都市を非物質的財の主たる生産空間として位置づけるならば、そこでの労働の中身や人々の結合のあり方、コモンからレントを引き出す方法を含めて、「工場」あるいは製造の空間を超えた、価値の生産の仕組みが具体的に明らかにされなくてはいけない。換言すれば、出会いを組織し、知識を創造し、さらにそこから利潤あるいはレントを引き出すための装置として大都市産業集積を理解する必要がある。とはいえ、この課題に対し、どのようなアプローチが考えられるのであろうか。

産業地理学の研究においては、さまざまな概念を通じて、地理的集積における知識創造とイノベーションに多くの関心を寄せてきた（水野 2011）。しかし、生産過程における集積内の知識創造については議論が深められてきたが、創造された知識が市場との関係でイノベーションへと結実する過程や仕組みについては、十分に掘り下げられてはいない（Sunley et al. 2008；Macneill and Jeannerat 2016）。

この点に関して、近年では、市場や価値の構築といった観点から、イノベーション過程を明らかにしようとする試みが広がりつつある（Aspers 2010a, 2010b；Berndt and Boeckler 2009, 2010, 2012；Berndt 2012；Macneill and Jeannerat 2016）。この背景として、この10年ほどで急速な発展をみせている「価値づけ（valuation）研究」（Beckert and Aspers 2011）と、その着想の源であるアクターネットワーク理論やコンヴァンシオン理論の普及が影響していると考えられる[3]。

かつては、新しい機能をもつ製品をマスマーケット向けに生産していれば事足りたが、今日ではサービスはもちろんのこと物質的な財であっても、主観的で個別化されたニーズに細やかに対応することが求められる。財・サービスの価値は、機能性や効率性のみではなく、審美性、象徴的・倫理的意味、感情の想起なども含めて多様化している。また、たとえ機能的には同一の財であっても、それが使用され経

---

1) 2000年代以降の資本主義分析において影響力をもつボルタンスキーとシャペロ（2013）の『資本主義の新たな精神』も認知資本主義論と多くの点で共通する資本主義認識をしているが、なかでも結合は重要な意味をもつ。ネットワークとプロジェクトを通じて人々はつながり、また仕事をするようになっており、「プロジェクトのシテ」と呼ばれる結合主義的な規範（慣行）が現代資本主義を支える精神となっているとする。詳細は本書第8章を参照されたい。
2) なお、認知資本主義論の核となるネグリとハートは、価値を生産する空間が、かつての工場から、今では、人々の出会いを組織し膨大なコモンを蓄積する大都市へと切り替わっているとする（立見 2016）。この点は、ハーヴェイも基本的に同様の見方をしているといってよい（ネグリほか 2013；ハーヴェイ 2013）。

験される状況，あるいは川端の先駆的な研究（川端 2006, 2016）が示すところの市場の「地域暗黙知」によっても[4]，その使用法や効果，意味などは大きく異なりうる。「価値づけ研究」は，こうした時代にあって，多様な価値を規定しているその仕組みにフォーカスするのである。

本章は，以上のような問題意識を踏まえて，コンヴァンシオン理論の立場から，パリのファッション産業を事例に，価値づけの仕組みと大都市集積の役割を明らかにしようと試みるものである。パリのファッション産業は，知識創造など非物質的労働と衣服の製造に伴う物質的労働，ネットワークと結合が典型的に見出される事例であり，また複雑な価値づけの仕組みとパリという空間の果たす役割を示す好個な対象である。

本章の構成は以下の通りである。続く第2節では，産業集積研究の射程を価値づけ活動に拡張するための理論的な考察を行う。本章の課題は新たな理論的枠組みを集積研究に導入する試みでもあり，そのために，いくつかの概念について検討を行う。第3節以降がパリのファッション産業のケーススタディとなる。まず，この節でパリのファッション産業の特徴に関して概観し，第4節で当該産業において「ファッション」が生産されるまでの仕組みを明らかにする。第5節では，市場的装置という視点から，パリのファッション産業における価値づけと空間の役割を捉える。なお，本章で取り上げるケーススタディについては，2008年から2010年にかけて行ったインタビュー調査の結果を適宜使用する。

2 集積から価値づけへ

2-1 市場，価値，装置：アクターネットワーク理論とコンヴァンシオン理論

まず，近年の価値づけ研究が多くの示唆を得ているアクターネットワーク理論

---

3) 2013年には，*Valuation Studies*（『価値づけ研究』）という，PDFで公開されるジャーナルが発刊された。チーフエディターの一人は，アクターネットワーク理論（ANT）の拠点であるパリ国立高等鉱業学校のイノベーション社会学センターに所属するF. ミュニエーザである。ミュニエーザらのANTの研究者に加えて，コンヴァンシオン理論の旗手であるベッシーや，ボルタンスキーらも寄稿している。
4) 川端（2006, 2016）は，同じ財やサービスであっても，消費者が埋め込まれている文化や制度によって，それらの意味や価値はまったく異なりうることを豊富な事例から示している。本章での表現を用いれば，川端にとって企業のグローバル化とは，当該の財・サービスの価値づけシステムを作り直すことを意味する。

(ANT) とコンヴァンシオン理論の特徴を手短に確認しておきたい。

ANT に関しては，日本でも科学技術社会学や人類学の分野では比較的早くから知られていたが，近年では経営学でも（國部 2013)，また徐々にではあるが地理学でも紹介されるようになってきた（荒木ほか 2007；森 2009；野尻 2015b, 2016)。また，直接的な言及はないものの，ANT から示唆を受けた研究として，伊賀（2017) をここに加えることもできる。コンヴァンシオン理論については，地理学では，水野（1998)，立見（2004, 2007)，立見と長尾（2013；Tatemi and Nagao 2016)，長尾と立見（2003)，野尻（2015a）らによって，サレとストーパー（Salais and Storper 1993) の「生産の世界論」を中心に一定の理解が得られつつある。これら二つの理論の比較検討は別途行われなくてはならないが，これらは次のような点でおおまかな共通性をもつ。

すなわち，人間と，モノや技術などの非人間からなる異質で雑多な諸要素が，「質的規定（qualification：品質規定・格付け)」の過程を通じて見出され，実体として特定され，互いに関連づけられ，能力や性能がテストされるといった一連の過程を経て初めて，それぞれの実体物間の比較やエージェントによる計算（あるいは判断）が可能になると考える点である。そして，これを可能にする仕組みが，ANT，とりわけカロン（2016a, 2016b, 2017a, 2017b）においては，配置（agencement)，コンヴァンシオン理論においては，シテ（Cité）あるいは「生産の世界」などと表現されてきたといえる[5]。

質的規定とは，すなわち，共通の「計算空間」（カロン 2016a, 2016b, 2017a, 2017b；カロン・ミュニエーザ 2017) あるいは「共通善の空間」（Eymard-Duvernay 2009) を構築し，人や諸事物がそのなかに「移動させられ，並べられ，分類される」（カロン・ミュニエーザ 2017) ことであり，それによって他者の行為や自身の行為の結果，意図の調整，リスク，収益性や利益，そして価値を計算可能にするような操作である[6]。そうした空間を構成する諸要素の結合と配置によって，行為能力は形成される。

こうした観点から市場をみると，市場とは財や人の質（あるいは能力）を規定し，

---

5) カロンの「配置」は，ドゥルーズに由来する概念である。Agencement というフランス語は，日本ではドゥルーズの日本語訳に準拠して「アレンジメント」と通常訳されてきたものである。英語の文献では，結合体（assemblage）と訳される。しかし，カロンによると，この言葉には，異種混淆的な諸要素の結合と配置こそが行為能力（agence）をもつというニュアンスが含まれているが，アレンジメントや結合体ではこの点が抜け落ちてしまうことに注意が必要である。

諸アクターの計算や判断を可能にする，一連の諸事物や規則から構成される一つの装置であると言い換えることができる[7]。これに対し，標準的経済学では，すでにすべての財の質が規定され，市場参加者にそのリストが知れ渡っており（ノマンクラチュール仮説），市場参加者自身もホモエコノミカスとして構築されていることが，前提となっている。またそれは，カロン（2016a）が指摘するように，（実際の多くがそうであるところの，相対取引ではなく）あくまで集計量としての需要と供給を突き合わせるインターフェースである。しかしながら，ANT やコンヴァンシオン理論はいずれも，市場機構を新古典派的な経済社会学の「埋め込みアプローチ」のように虚構として退けるのではなく（Eymard-Duvernay 2009），特定の機能様式をもつものとして，市場の構築，すなわち財の価値を規定し，エージェントの計算を可能にするその過程を問題とするのである。

本章が依拠するコンヴァンシオン理論に関していうと，ベッシーとショーヴァン（Bessy and Chauvin 2013）が指摘するように，質の規定を経て共通の尺度で，すなわち共通の計算空間において測られるようになった質が「価値（value）」と呼ばれる。コンヴァンシオン理論では特に，特定の質を付与された生産物であるところの財（bien：善）が有する規範性を重視し，経済的価値と規範的価値を区別しない（スターク 2011）。ある財の取引が可能になるためには，ある特定の「質の慣行コンヴァンシオン」を基盤に[8]，規格・分類表・会計基準といった人や諸事物が特定され分類されるための規則や質を検査し，証明する試験のための道具・設備など，すなわち「良い質」を規定し，判断し，相互行為を可能にするための装置が装備されなくてはならない。その結果，経済理論がいうような，財の効用や調整コーディネーションの成功から得られる利得をめ

---

6) ただし，ANT がこうした構築（ANT では翻訳と呼ばれる）を担うアクターとして人間に加えてモノや技術などの非人間をも想定するのに対して（モノを強調するときにはアクタントという表現も使われる），コンヴァンシオン理論は共通の計算空間の構築における正当化の役割を重視し，シテとよばれる規範的慣行に基づく判断能力を有する人間にアクターを限定する点に違いがある。
7) この装置（dispositif）という概念は，コンヴァンシオン理論においてしばしば使用されてきた概念であり，もともとはフーコーから着想を得たものである。フーコーの装置概念については，アガンベン（Agamben 2007）を参照のこと。なお，これはカロンの配置と類似の概念だが，カロンはあえて配置を好む。詳細はカロン（2016a, 2016b, 2017a）と，付録1（カロン 2017b）における北川の訳者解題を参照されたい。
8) 質の慣行は，規範的慣行すなわち共通善であり，ボルタンスキーとテヴノー（2007）におけるシテ，サレとストーパー（Salais and Storper 1993）の「生産の世界」論における可能世界に相当するものである。

ぐる計算が可能になるのである[9]。

　したがって，価値づけの研究にとって，どのような媒介（人・モノ）（Bessy and Chauvin 2013）が関与し，それぞれにどのような役割を担うのか，そしてそれらの空間的にも分散した活動がどのように結合，配置されるのか，すなわち価値づけの仕組みが構築されているのかを知ることが重要であるといえる。本章では，これを市場的装置と呼び，ファッション産業における「質の慣行」にとりわけ注目しながら考察を進めていく。

2-2　市場的装置と集積

　次に，上記のような価値づけの分析を，第2章から第4章までの内容を振り返りつつ，集積論との関係で定位しておきたい。そのために，いま一度，合理性の区別に立ち戻るのが適切だと思われる。完全合理性と限定合理性の区別はよく知られているが，ここでは実質的合理性と手続き合理性の区別が重要であった。実質的合理性とは，最適化のように，研究者のような「客観的な」目線からみた合理性である。これに対し，手続き合理性とは，限定合理的すなわち認知能力の制限された個人が発揮するもの，すなわち行為する当事者の目線からみた合理性であるといえる。とはいえ，認知能力の制限された個人が，不確実な状況下でどのように意思決定を下すことができたのだろうか。

　認知論的な議論に基づけば，特定の制度ないしは文脈に依拠することによって，他者との相互行為であれ何であれ，意思決定（計算）が可能な範囲まで不確実性を縮減することができる。ある特定の制度あるいは文脈を共有していれば，本来であれば相互期待の無限循環に陥る場面でも，相互の期待を調整することができる。そして，期待の調整がなされることで，取引費用が節約されるだけではなく，知識の相互移転も可能となる。

　こうした制度の認知的な役割は，イノベーティブ・ミリュー論をはじめ，1990年代以降の知識創造とイノベーションに着目する産業集積研究が，明示的であれ暗黙

---

[9]　なお，財の質的規定と市場交換が実現するうえで，買い手には「能力と知覚を訓練すること，コツやノウハウを学ぶこと，（事物の差異を語らせるような）目印や分類，技術を我がものとすること，こうした差異に敏感になる身体感覚を，そしてたんに学ぶだけでなく，経験の中でひらめきを得て，自らを形成するような身体感覚を意識すること」（エニオン 2015：15-16）が求められる。財の質を判断しうる消費者とどうつながるのかということもまた，価値づけにおいて重要な要素である。

的であれ前提にしてきた仮定であるといえる[10]。ミリュー（環境）とは領域化された制度（諸規則）にほかならなかったのである。

しかしながら，認知がなされる状況は，実際には，集合的表象としての制度だけではなく，知覚の対象となる物的なモノの存在，他者との関係性などといった諸要素の結合から構成される。ANTやコンヴァンシオン理論では，特にモノの役割に着目し，認知科学の分散認知の考えを採用することで，手続き合理性の掘り下げを行う。

標準的な経済学をはじめ，知識は通常，人間の頭の中のみにあると考えられているが，行為を導く知識は，人間の頭の中だけではなく，アフォーダンスやシグニフィアといった概念が示すように（ノーマン 2015），モノ（objets）や，モノと表象の結合からも与えられる[11]。この考えに基づけば，認知は，人間，モノ，表象などの結合と配置（ネットワーク）から構成されるシステムのなかで実行されるものとなる[12]。ひるがえって，人間の認知能力は，こうした社会的・技術的人工物を装備することで初めて可能となるのである（エイマール=デュヴルネ 2006；立見 2008）。コンヴァンシオン理論の創始者の一人であるファブローにおいてこれは，「集合的認知装置DCC（dispositifs cognitifs collectifs）」（Favereau 1989）と呼ばれるものである（Bessy 2002；Tatemi and Nagao 2016）[13]。

ところで，上記のような，手続き合理性の認知論的拡張を経由することで，価値づけあるいは市場の構築に関する議論と，産業集積研究を架橋する道が拓ける。特

---

10) なお，経済地理学でも進化論的アプローチが活発に議論されているが，エイマール=デュヴルネ（2006；Eymard-Duvernay 2009）が指摘するように，進化論は他者の成功戦略（ルーティン）を模倣する「近視眼的な」合理性を前提としており，意思決定能力は人間から，ルーティンを選択する環境へと譲渡される。

11) モノや，分類など認知的人工物といった媒体と知識の結合は（「フォルムへの投資」によって実行される），構成的慣行を支えとしており，さまざまな仕方でなされうる。

12) なお，このように物質（モノ）の次元を考慮することは，とりわけ地理学研究にとって重要な意味をもつ。なぜなら，モノとモノの配置は，空間を不可避な要素として扱うことになるからである。これは，1980年代以降の空間論ともおそらく合流するものであり，別途改めて論じられるべきテーマであろう。試論の一つとして，立見と長尾（Tatemi and Nagao 2016）を参照のこと。

13) ディアツボーンによるファブローへのインタビューによると，DCCにおける装置とは「フーコーが示したように，諸規則が実際には諸実体の複雑なセットであり，表象，言表，物質的事物，権力関係，等々の混合物を意味する」（Favereau and Diaz-Bone 2012：42）。

定の集積地域におけるミリューの共有と知識移転という視点から，財に価値を付与し，市場交換を成立させる一連の仕組みとの関わりのなかで，集積地域を位置づけ直さなくてはならない。すなわち，集積地域とは，財や人の質を規定し，質を判断可能な状態に置き，買い手とつながり，愛着を抱かせる装置である[14]。

地理的研究にとっては，市場的装置が空間次元を伴う点が重要である（Berndt and Boeckler 2010）。集積地域は生産物を生み出す場として捉えられてきたが，流通から販売までを含めたさまざまな媒介者（物）の関与を通じた価値づけ，あるいは市場構築の過程のなかに位置づけ直さなくてはならない。それらの過程は，地理的に分散している場合もあるが，本章の対象であるパリのファッション産業では，むしろパリという大都市空間に生産から価値づけまでのほとんどの過程が集中している。

以下では，パリのファッション産業における，市場的装置とパリという空間の役割について検討していこう。

3 パリのファッション産業の概観

3-1 パリのファッション産業の歴史的概観

パリのファッション産業は，第二次世界大戦前までに，オートクチュールの極めて権威的な仕組みを中心に制度化され発展してきたが，1950年代後半頃から大きな変化を経験する。戦後の高度成長による中産階級の拡大と，黒ジャケットやロックンロールなどの若者のサブカルチャーを背景としたプレタポルテ（高級既製服）の急速な発展である。

それ以前のフランスでは，流行はオートクチュールとその顧客の特権物であり，一般の人々は，流行とは無縁な「コンフェクション」と呼ばれる安物の既製服を身にまとうか，雑誌メディアのオートクチュール情報をもとに街の仕立屋に服を発注するかのいずれかであった（深井 1993；Kerténian 2013）。プレタポルテは，オートクチュールから着想を得てシーズン性を帯びたものとなり，大衆向けの「コンフェクション」の地位を飛躍的に高めて流行を「民主化」することとなる。

1960年代には，ダニエル・エシュテル，ジャン・キャシャレル，エリー・ジャコブスンなど，フランス語で「スチリスト（styliste）」と呼ばれるプレタポルテのデザ

---

14) 質の判断はカルピック（Karpik 2009）が「判断デバイス」と呼ぶもの，また買い手への接続＝愛着づけは，エニオンやカロンが「アタッチメント」と呼ぶものに相当する。

イナーが多く出現すると同時に，オートクチュールのメゾンもこぞってプレタポルテに参入するようになる（Kerténian 2013）[15]。プレタポルテの台頭によってオートクチュールの特権的地位は低下するが，彼らは，その名声を衣服に限らずあらゆるアイテムに適用し利益を引き出す，ライセンスビジネスという手法を普及させる。

ところで，ファッションという財は象徴財の典型であり，個人の社会的アイデンティティ形成と不可分な関係にある（Scott 2000）。オートクチュールのファッションがクチュリエによって決定され，社会階級を分別する役割を果たしてきたのに対し，1960年代のインパクトは，「若者たちがストリートから発する様々なアイデア」（深井 1993：136）が流行に取り入れられるようになったことにあった。服装が「階層あるいは社会的ステイタスの指標ではなくなって」（グロー 2012：13）いくなかで，プレタポルテとそのスチリストは，「オートクチュールの指令には関係のない，自分にあったものを自分流に解釈して着る」という「街の多くの女性たちが望む新しいモードを提案した」のである（深井 1993：136）。こうして，ファッション産業が，社会・政治・文化の動向と時代の空気をいち早くつかみ，人々の潜在的なニーズや欲求をモノとして表現するうえで，社会・文化的現象が生起する大都市の「ストリート」の役割が高まっていく[16]。

これはオートクチュールのクチュリエ（「デザイナー」）にとっても例外ではなかった。モンタニェ=ヴィレット（Montagné-Villette 2005）は，オートクチュールのメゾンもストリートからしばしば着想を得てきたとする。たとえば，権威あるクチュリエであるクレージュが，1960年代初頭に採用したミニスカートや，サン=ローランが1966年に公表した女性用パンツがその一例である。これらはいずれも街中で可

---

15) 立地傾向として，エマニュエル・カーン，アンヌ=マリー・ベレッタ，ソニア・リキエルなどのスチリストたちは，パリ右岸に立地し続けるオートクチュールに対抗して，左岸に拠点を置いた（Kerténian 2013）。なお，一般にデザイナーと呼ばれる職種は，オートクチュールとプレタポルテで異なる名称をもつ。前者がクチュリエ，後者がスチリストと呼ばれる。本章では，フランスに固有の歴史的経緯に配慮して，文脈に応じて，これらの名称を適宜区別して使用することにしたい。同様に日本ではパタンナーと呼ばれる職種についても，求められる能力や仕事内容の違いを考慮して，本章ではフランスでの呼称にならって「モデリスト」と表記している。
16) グロー（2012）によると，ファッションがすべての社会的階層に浸透することで，ストリート自体がファッションのインスピレーションを与える場所となった。そして個人の自由への要求が高まり，今日，ファッションの集団的傾向を押し付けることは困難になったという。

視化しつつあった，女性の解放という社会的文脈に対応したものであった。

なお，以上のようなプレタポルテの普及とファッションの産業化の流れのなかで，パリでは右岸の2区に位置するサンティエ地区に集積が形成される。同地区は，1980年代頃までは，中小零細企業の「柔軟な分業」に基づくマーシャル型の集積として知られていた（Scott 2000）。しかし，1990年代以降，国際競争の激化のなかで，パリ市内で製造される低級品の割合は急速に低下し，製造機能が基本的に海外に移転していくにつれ，パリはますますクリエーションに特化した場所になっていったのである。次項では，ファッション産業の立地動向を確認しておこう。

3-2 パリ：ブランドとクリエーターの集積

ファッション産業に限らず，創造産業は一般的に大都市への強い集積がみられる。INSEE（2011）によると，創造産業の雇用のおよそ45％がパリ圏（イル・ド・フランス）に集中する。さらに，パリ圏の雇用のうち51％をパリが占め，次いでその西郊のオー＝ド＝セーヌ県に24.5％が集積する[17]。同レポートによると，創造産業部門では居住地と職場の近接性が特徴であり，パリあるいはオー＝ド＝セーヌ県に住みながら働く傾向が強い。とりわけパリで職住近接の傾向が強く，同じ街区内に職住の場所を置くケースが創造産業全体では28％であるのに対して，パリでは42％に及ぶ（INSEE 2011）。

ただし，ファッション産業に限定すると，統計的把握は容易ではない。ファッション産業に含まれる業種の範囲によって，数字は大きく異なりうる[18]。パリ都市計画局（Apur 2015）の定義を参照しておくと，イル・ド・フランスにおける雇用数は

---

17) ただし，このINSEEレポートでは，厳密な統計的把握の難しさから，ファッション産業は除外されている。ここでいう「創造産業」は，パフォーミング・アーツ，広告，建築，ゲーム・ソフトウェア制作，出版（書籍，雑誌），映画・音響映像・フォトグラフィー・音楽を指す。さらに，創造産業の雇用といっても，「創造的」な職業に従事するものは53％にとどまる点に注意が必要である。
18) 2011年に実施されたパリ商工会議所の調査では，ファッション・デザイン関連産業のイル・ド・フランスにおける雇用は151,500人にのぼる。このうち，イル・ド・フランスにおける雇用者数の58％と，イル・ド・フランスに立地するおよそ80社の大企業やホールディングスの本社のほとんどがパリに集中する（CCIP 2012）。他方でパリ都市計画局（Apur 2016b）では，テキスタイル製造業や香水，アクセサリーなどが除外されており，イル・ド・フランスに占める「ファッション・デザイン」の雇用数は26,650人にとどまる。

07 パリのファッション産業における価値づけの装置　*161*

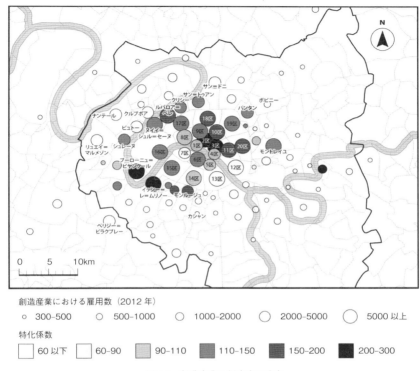

図 7-1　創造産業の従事者の分布
(出所：パリ都市計画局 (Apur 2016b) の図を基に筆者作成)

39,260 人で，そのうちの 48％ が，またデザインに限ると 69％ がパリに集中する。これは，INSEE にならってファッション関連 14 業種にデザインを加えて「ファッション・デザイン」としたものだが，対象を狭く絞った限定的な把握である点に注意する必要がある。

図 7-1 は，2012 年のパリ圏における創造産業従事者の分布を示したものである[19]。創造産業の雇用がパリ市内とパリに隣接する西郊で際立っていることが確認できる。なかでも，パリ市内の 2 区と 3 区で特化係数が高くなっているが，ファッション産

---

19) ここでいう「創造産業」には，映画・映像音響・フォトグラフィー・音楽 (構成比 24.1％)，広告 (14.8％)，出版 (14.6)，パフォーミング・アート (13.6％)，ゲーム・ソフトウェア制作 (13.3％)，建築 (6.3％)，古美術アート (5.3％)，そしてファッション (6.1％)，デザイン (1.9％) が含まれる。

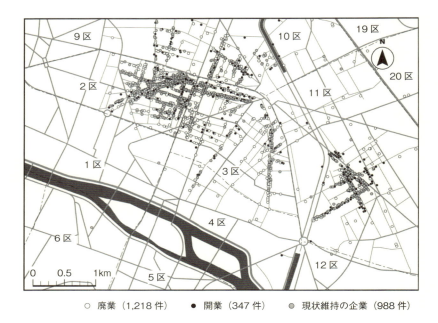

○ 廃業（1,218件）　● 開業（347件）　● 現状維持の企業（988件）

図7-2　マレ地区やサンティエ地区を中心とするアパレル（卸）企業の集積（2000-2014）
（出所：パリ都市計画局（Apur 2016a）の図を基に筆者作成）

業との関連ではクリエーターの多いマレ地区やサンティエ地区がこのエリアに位置している。

　図7-2からも，同地区にアパレル企業が高密度に集積していることが確認できる。加えて，近年では，パリと隣接する郊外地域にも多くの分布がみられるようになっている。

　ファッション産業については，パリ北郊のオーベルヴィリエ，パンタン，ボビニー，そして南郊のカシャンで集積が形成されつつある（Apur 2016b）。オーベルヴィリエの再開発地区におけるアパレル企業集積のほか[20]，パンタンにはエルメスのアトリエやシャネルの子会社が立地し，ファッション専門学校の「エスモード」施設の拡張計画とテキスタイル・インキュベータの開設がある。またカシャンには，ランジェリーブランドの「シャンテル」グループが立地するなど，パリのファッション産業の空間的範囲は拡大しつつある。

3-3 ファッション産業の分類

とはいえ，実際には，前述の「ファッション産業」のなかにはまったく異質な市場と生産の論理が混在している。考察を進めるにあたって，高級ブランド，クリエーターのブランド，ファストファッション，安価な量産品など，異なる財の市場を区別しておく必要がある。この点について，近年価値づけ研究の興隆を担う一人であるアスパー（Aspers 2010a）は，パリに限定したものではないが，対象とする消費者との関連から四つの市場を理念型として特定している（表 7-1）[21]。これらの市場では，それぞれが異なる価値，販売促進方法，生産連鎖，店舗，価格帯，組織構造，対象とする消費者層をもつ。このうち，本章の検討対象とは関連の薄い ZARA などに代表される「ブランド化した小売業者」を除く三つの類型について，パリのケースを補足しながらみておこう。

まず，個人所有のショップは，「無難なファッション」が中心的な価値となる。通常は小規模経営で，インスピレーションを求めてショーや海外に行くことはできない。相対的にステータスは低く，経営者や従業者は移民系の傾向がある。エスニックビジネスのネットワークを通じて買い付けを行うこともある。パリであれば，サンティエ地区やオーベルヴィリエに立地する企業に該当するであろう。

これに対し，独立系デザイナーは，オートクチュール・プレタポルテ（高級既成服）を手がけるデザイナーと同様，「クリエーティブ・ワーカー」で，若手の自営業

---

20) この地域が，かつてのサンティエに置き換わりつつある。2006 年には CIFA（フランス・アジア卸売業国際センター）が，2015 年には，香港のビジネスセンターから着想した「ファッションセンター」が同地区に開業し，中・低級品を生産するアパレル企業が集積するようになった。ラジオ・フランス 'France Info' の報道（2015 年 5 月 21 日）によると，オーベルヴィリエの一角は 2005 年までは産業跡地だったが，今日では 1,500 社の卸売業者が軒を連ねる。経営者の 90％が中国出自であり，製造は基本的に中国で行われる。ただし，フランスにおける「メイド・イン・チャイナ」も存在し，オーベルヴィリエを含むセーヌ＝サン＝ドニ県では，戸建て住宅の地下室や地下倉庫で，オーベルヴィリエの卸売業社や，フランスや海外の小規模アパレル向けに，最低賃金を下回る劣悪な環境で不法滞在者による「現代の奴隷労働」が行われている。そこでは，研修期間の最初の 2 か月は給料が支払われないなど，労働法規はいっさい及ばない。
21) なお，日本においては，産業研究の立場からのファッション産業研究は依然として少なく，富澤修身の一連の先駆的な研究が際立っている。ここでは，たとえば富澤（2013）を挙げておきたい。また，とりわけテキスタイル分野では，市場創造志向の企業と展示会の関係を明らかにした大田（2015）をはじめ，大田康博の一連の論考が貴重である。

表 7-1 消費者との関係から見た市場区別
(出所:アスパー (Aspers 2010a:15) を一部修正)

	ブランド化した小売業者	個人所有のショップ	独立デザイナー	オートクチュール／高級プレタポルテ
価値	アフォーダブルなファッション	無難なファッション	オルタナティブなファッション	顕示的ファッション
プロモーション	ナショナル・メディア，テレビ，雑誌 billboards	消費者ネットワーク，ローカルメディア	個人的ネットワーク，ショー	ジャーナリスト，ショー
生産チェーン	グローバルな購買チェーン	輸入業者からの購入	投入素材の購入，インハウスでの生産	投入素材の購入，インハウスでの生産
店舗	標準化	個別化	スタジオ／ホーム／個別化	スタジオ／特権的
価格	低価格／適度	適度	適度	非常に高価
組織構造	購買・デザイン・マーケティングなど複数の部局	一人のオーナーと，おそらくは数名の従業員	小規模，パートタイム，自営業	顧客ニーズに応じたインハウスでの小規模生産
消費者	ほとんど万人向けだが，いくつかの集団にフォーカス	さまざまなニッチあるいはより広範な集団	友人，特別な何かを欲する人々	セレブ，富裕層

者である。価格帯はそれほど高いわけではないが，買い手に個性的なスタイルを提供する。この市場の価値は，「オルタナティブなファッション」である。基本的にはクリエーター自身が，あるいは知人のネットワークや中小企業の助けを経て生産に携わったり，代理店経由で海外生産を行う。ただしこの市場の問題は，消費者がわずかであり，そのほとんどが若者で購買力がないことである。パリであれば，たとえば3区のマレ地区界隈に集積するデザイナーが該当するであろう。

オートクチュールおよびプレタポルテの高級ファッションは，特権的な雰囲気をもち，価格面では最高級品の市場にあたる。華々しいデザイナーのイメージは，この市場に対応するものである。デザイナーの地位は，後述のように，創造性と製造品質に加えて，パリ・クチュール組合などの制度によっても生み出される。生産は非常に高価な素材を用いて，企業内の「アトリエ」で行われる。特にオートクチュールの価値は，社会階級と富の所有を示す「顕示的なファッション」にある。

これらの類型は，クリエーションの水準・名声・価格帯から，オートクチュール・高級プレタポルテ→独立デザイナー→個人所有のショップ≒ブランド化した小売業者という形で階層的に捉え直すことが可能であり，またこの産業における価値づけを考えるうえでは，オートクチュールと独立デザイナーの世界が重要な意味を

もつのである。

4 パリにおける「ファッション」の生産過程

4-1 ファッション産業の制度的布置

ファッション産業におけるパリの世界的な優位性を支える仕組みとして、オートクチュールを中心とした諸制度の存在がある。オートクチュールの世界において、衣服の価値を規定するクチュリエ（「デザイナー」）の権威は絶対的で、彼らはかつて「独占的な権力を手中にし」「社会に対して服飾的進化への服従を命じることができ」たのである（グロー 2012：19）。

今日でも名声を築いたデザイナーの権威は強く、これを支える中心的な制度として、フランスの法令（1945年）に定められたオートクチュール企業の条件と、パリ・クチュール組合の規定によって年2回の開催が義務づけられたパリ・コレクション（以下、パリコレと表記）という装置がある。パリコレは、ファッションモデル、開催場所、用いられる素材などすべての面で多額の費用をかけて準備され、期間中には世界中からおよそ1,000人のジャーナリストを呼び寄せる。この枠組みのなかでオートクチュール・メゾンは、王侯貴族・有名俳優・大富豪といった特権的な顧客を獲得し、コレクションを批評し大々的に報じるメディアによって世界規模の名声と権威が付与されるのである。かくしてオートクチュール・メゾンや、のちにその仕組みに倣った高級プレタポルテ・ブランドは、ブランド名を冠した香水・アクセサリー・プレタポルテなどの分野で高い利益を得ることが可能になる。

プレタポルテが台頭して以降は、1973年に三つの組合から結成された「フランス・クチュールならびにクチュリエとクレアトゥールのプレタポルテ連盟」が、オートクチュールとプレタポルテのそれぞれのショーの日程調整と[22]、参加者リストの作成を担っている。川村（2004）によると、連盟の正会員ないしは準会員になって公式リストに登録されることは、「社会的な意味」をもつということである。すなわち、パリで認められたデザイナーとしての正統性を付与されることを意味するのである。コレクションの時期にはジャーナリストやバイヤーが世界中から集まるために、これにあわせて公式リストには載らないデザイナーもまた独自にショーや展

22）オートクチュールは、1月（春夏）と7月（秋冬）に、プレタポルテが10月（春夏）と3月（秋冬）に開催される。

示会を開催する。

　パリにはこのほか，人材を輩出する学校の集積，政府系の支援機関で各種補助金を提供するフランス服飾開発推進委員会（DEFI），高級品の利益を守るコルベール委員会，素材の展示会であるプルミエール・ヴィジョンなど，ファッション産業を支える組織や制度が数多く存在している。さらに近年では，政府や高級ブランド企業のメセナによる若手クリエーター支援の役割も大きい。

　『ル・モンド（*Le monde*）』の記事（2015年6月24日）によると，ロンドンやニューヨークなど世界の大都市と比べても，パリで創業する若手クリエーターが増加しているという。その理由として，フランスには，新興ブランド向けの金融支援が充実していることや，パリの高級ブランドと関係をもちたいというクリエーターの願望がある。この数年でフランス政府はクリエーター支援を拡充させ，パリにおける基金や補助金へのアクセスはさらに向上しつつある。事実，若手デザイナー向けのANDAM賞やLVMH賞に加えて，近年，さまざまな支援制度が立ち上げられている[23]。

4-2　トレンド（流行）形成の媒介者[24]

　ファッションという財は，ファッションのトレンドと個々のクリエーターによるクリエーション活動の擦合せのなかで生産される（Salesses 2013）。このうちトレンドは，価値づけ活動を支える重要な「質の慣行」として捉えられるものである。先述のようにデザイナーの地位も，質を判断するための重要な要素だが，トレンドはファッション関連市場の全般的な参照軸となるものである。トレンドは，繊維の生産者，紡績業者，テキスタイル業者，デザイナー，購買者等々，初期段階の素材から完成製品までさまざまな媒介者が関与し，数か月から数年かけて形成される。ウ

---

[23] 2012年にはIFCIC（映画ならびに文化産業の資金調達のための協会）が，フランス政府と，シャネル，バレンシアガ，ルイ・ヴィトンと連携して，若手クリエーター向けの支援基金を立ち上げている。また，シャネルは2014年にANDAMに加わり，40歳未満のクリエーター向けにアクセサリー賞を設立した。このほか，Nelly Rodi MoneyBoxなど，クリエーターへの企業投資を促進するための投資ファンド，IFM（フランスファッション学院）による起業プログラム（IFM Entrepreneurs）なども挙げることができる。

[24] ここでの記述は主として，ウィルド（Wild 2013）に負っているが，2006年9月と2008年6月～7月に行ったパリで活動するデザイナー，モデリスト，スタイル・オフィスに対する筆者のインタビュー結果も踏まえている。

ィルド (Wild 2013) は，その過程を，「トレンドとなるもの」を生産する川上と，「トレンドであるもの」を生産する川下に分けて説明している。

まず，「川上」におけるトレンドは，スタイル・オフィス（ネリーロディ社，カルラン社など），ファッション関連の業界組織（2年後の流行色を提案する「インターカラー」など），そして社会学者といった専門家たちの協議・相談を通じて現れてくる。特にトレンドの目印となるのが，プルミエール・ヴィジョンに代表される素材の展示会である。年に2回パリで開催されるプルミエール・ヴィジョンでは，色幅・テキスタイル・副資材に関するトレンドが一斉に展示され，その成果は，2年先までのトレンド予測をするスタイル・オフィスのトレンド・ブックや，各種業界の専門メディアを通じて普及していく。こうした展示会は，「集合的な解釈的プロセスの場」としてさまざまなアクター間の対話を組織し，展示会組織自ら，企画・開発の基礎になるトレンド情報（意味や言語）を創造する（大田 2015：65）[25]。衣服など最終製品のクリエーション活動もまた，とりわけテキスタイル分野の傾向から，大筋のトレンドや時代を表現するコンセプトを把握する。

このうち，スタイル・オフィスに関しては，社会，旅行，買い物などの消費者行動の潮流に関する社会学的・記号論的な分析を総合してトレンド情報を抽出する。彼らは，都市のさまざまな集団を観察・分析し，それを，イメージ，色，素材感（texture），言葉によって表現し，定式化するのである（Wild 2013）。後述のように，都市のストリートは，この際，新たなトレンドを生み出す重要な社会的相互作用の場の一つとして分析される[26]。

次にトレンド生産の「川下」についてである。ここには，コレクションとファッションショーが該当し，さらにこれらを受けて，メディアが「トレンドというもの」を確立・拡散する。新聞・雑誌などのメディアが有する権力は絶大であり（川村 2004），トレンドは，その普及過程において，編集者や記者によっても「製造される」ことになる（Wild 2013：86）。加えて，衣服やアクセサリーといった財を購入する消費者の選択が，集計的にトレンドを確定し，トレンドを読みやすくする。こうした一連のトレンドの形成を経て，財を評価するための重要な参照基準が作られて

---

25) 大田（2015）は，インタビュー調査を重ね，展示会におけるトレンド形成と市場創造型企業の企画開発の仕組みを詳細に描き出している。
26) ITC技術の飛躍的な発展と普及によって，トレンド形成におけるファッション・ブログの影響力も高まっている。特定のブロガーがトレンド形成に影響力をもつことから，ブランドからの協力依頼がくるケースもあらわれているという（Wild 2013）。

いくのである。

4-3 クリエーションから生産の流れ

(1) クリエーションの一般的スケジュール

ここでは，個々のブランドにおけるクリエーション活動に視点を移そう。ファッションの生産物が企画され，生産され，財として販売されるに至るまでの活動は，サロンやファッションショーでのコレクションの発表を軸に展開される。高級ブランドのコレクションは，年に5回開催される（Malbec-Pantano et al. 2013）が，春と秋に開催されるものは商業的な意味が強い。これに対しファッション・ウィークに開催される夏と冬のコレクションは，非常にクリエーティブかつイメージ重視で，トレンド形成に寄与するものである[27]。

クリエーションが価値の源泉となる高級品の分野において，クリエーションから生産までの一般的流れは，およそ次のようになっている（Malbec-Pantano et al. 2013）。

まず，①トレンド調査を踏まえて，コレクションの大筋を準備し，購買価格の対象を決める。特に重要なのがプルミエール・ヴィジョンで，クリエーターはそこでトレンドを把握し，関連サプライヤーを見つけ，コレクションの計画に必要な生地見本を選ぶ。そして，デザインを開始し，アートディレクションと製品チーフが素描きを確定する。②素描きを発展させ，「トワル（toile）」（トワルと呼ばれる生地をマネキン・ボディに貼り付けて衣服の型を作る過程）を経て試作品を作る。③ショールームやサロン（販売展示会）で行われることになる，コレクションのリハーサルに必要な素材・付属品を購入する。また，製品の工業生産に適した製造業者を探索する。アイテムごとに採用する素材・付属品，ファッション関連の小物をリストアップし，原価計算をする。④コレクションのリハーサルを実行するとともに，価格会議において卸値や競売価格を決定する。ここまでがクリエーションの過程となる。

次に，⑤コレクションを実施し，展示会やショールームの会場でブティックやディストリビューターから卸値で受注する。製品や流通のタイプに応じて受注期間はさまざまである。⑥上記で選別したサプライヤーから生地などの素材・付属品を購入する。⑦個々の製造業者ごとに，素材・付属品の到着日・予定製造期間に応じた

---

[27] ファッション・ウィークは，パリ，ニューヨーク，ロンドン，ミラノ，東京といった大都市で1年に2回開催され，この際，クリエーターやオートクチュールのメゾンはファッションショーを通じて新コレクションを発表する。

生産計画を立てる。⑧製造発注を行い，必要部材を管理し，必要な指示を製造業者に伝える。⑨そして，最終製品が納品されるのである。

(2) ブランドTにみるクリエーションと生産の過程

1970年代以降パリを拠点に世界的に活躍してきた著名な日本人デザイナーのブランド事務所における，実際の生産スケジュールを確認しておこう。同デザイナーのもともとのブランドは，1990年代初めにLVMHに買収され，その後，2000年代に入って同氏が設立したのがブランドTである（ただし，同ブランドは2007年に経営難のため閉鎖した）。デザイナー1名，モデリスト2名（立体裁断→「トワル」→必要に応じて型紙までを担当），パトロニエ（型紙担当）2名，テキスタイル・デザイナー1名，ニット1名（半分デザイナー，半分モデリスト）の構成である。なお，以下の記述は，デザイナーとモデリストの二つの顔をもち，同ブランドではニット担当の「アシスタント・スチリスト」として働いていたTK氏に対し，2008年6月に行ったインタビューに基づくものである。

まず，クリエーションの流れは基本的に前述の内容と同様である。コンセプト作りに必要なリサーチがあり，「トワル」と仮縫いを経て，コレクションの直前に複数回，モデルにサンプルを着せて修正を重ねる過程がある。3月（秋冬）と10月（春夏）に開催されるパリコレ（プレタポルテ）の時期にあわせて，サロン（「トラノイ」「プルミエールクラス」など）に出展したり，プレタポルテ協会に自社であらかじめ決めた日時を申請してショーを開催したりして受注をとる。このうち，後者のショーはプレス向けの広報の意味が大きい。

TK氏によると，フランスにおけるクリエーションと生産の過程は，日本に比べて「職人的」である。たとえば，CADについては，シャネルやルイ・ヴィトンであれば導入していると思われるが，ほとんど普及していない。同ブランドでは，たとえば36号でオリジナルを作り，それを手作業でほかのサイズに展開していた。

製造については，サンプルまでは社内で行うが，量産は海外の工場に委託する。高級品はイタリアに出すことが多いが，通常は中国の工場に発注する。一般的には，EUの拡大に伴いルーマニアに発注するブランドも増えているが，いずれにせよ海外生産は必ずしも容易ではない。同社がチュニジアの工場に量産を発注した際には，非常に段取りが悪くフランス人スタッフは現地工場との間を頻繁に往復せざるをえず，また，納品された商品レベルも非常に低いものであった。パリ市内にも縫製工場は存在するが，マンションのフロアで製造するような小規模な事業者で値段も高

いため量産に出すことはないが，社内のサンプル作りが間に合わないときなどに仕事を出すこともあったという[28]。

ところで，ファッション産業の規範として，パリではクリエーションが非常に尊重される。日本ではデザイナーが細かい仕様までを指定し，モデリストは型紙を担当するのみだが，パリのデザイナーはよりクリエーティブな活動に特化している。デザイナーが非常に大雑把に書いたデザイン画をモデリストが実際の形として実現していくため，モデリストの地位も高い。

反面，経営に関しては非常に厳しい状況に置かれている。クリエーションの比重が高いため経営とのバランスが難しく，さらに税金と社会保険への支出が大きいことも企業側には負担となる。TK氏の周辺では，資金繰りに苦慮するブランドがほとんどである。同社の場合，取引は基本的に手形で行われるので，契約しても半年近く支払いがなかった。10月と2月のプルミエール・ヴィジョンで生地を発注すれば，その翌月ないしは翌々月には支払いと各種経費のため資金が必要となる。3月のコレクションで受注すれば，サプライヤーへの発注のための資金がいる。8月に納品してうまくいけば入金があるが，10月のコレクションの準備に向けてすぐさま資金が必要となるのだ。

日本の多くのアパレル企業とは対照的に，パリのクリエーター企業は質をめぐる競争の世界に属すことで，クリエーションを価値の源泉として重視すると同時に，経営面での不確実性にいっそう直面しているといえる。

---

28) ブランドRでモデリストを務めるY氏へのインタビュー（2008年7月）でも，ファッションショー前の繁忙期にはサンプル作り的にパリの縫製工場に発注することはあるが，加工単価は，その他の工場に比べて倍以上高いという。なお，ブランドRは，生産量が少なく1ロットは100着未満である。特に生産量が少ない10%程度のアイテムについては社内のアトリエで製造する。残りは外注に出すが，海外生産は行っておらず，ボルドー，ロワール，ノルマンディーあたりの工場に出している。フランス生産は海外に比べて高いが，仕様書で書かれていないことも提案してくれるなど「感覚を持って」生産してくれる。ただし，ニットに関してはイタリアに，刺繍関係はインドに出している。また同氏によると，近年ではパリ市内で，モデリストを抱え，デザイン画から発注可能な縫製工場が現れているとのことだった。同氏の知り合いもパリ市内の工場で働いているが，そこにはモデリストが4人在籍し，サン=ローラン，ディオール，シャネル，ニナ・リッチなどの高級ブランドを主な顧客としているという。

4-4 クリエーターの社会ネットワーク

　財の生産に関わる一連の過程を確認してきたが，価値構築の中心を占めるのはクリエーションである。デザイナーやモデリストなどのクリエーターが，クリエーション活動を行ううえで極めて重要な意味をもつのが，クリエーター同士の社会ネットワークの存在である。このネットワークを通じて，技術・就職・転職に関する情報や知識がやり取りされるためである。

　事実，ブランドRでモデリストとして働くY氏は，「クリエーター同士のつながりがないと生き残ることはできない」とする。ネットワークを築く機会は，学校，研修（スタージュ）先のブランド，友人のパーティーなどさまざまである。日本人であれば，主に日本人ネットワークを通じて，あるいはファッション産業一般であれば，ファッション関係者の誕生日パーティーやショー後の打ち上げが出会いの機会となる。「良い」ネットワークを選ぶことは，評価の高いブランドで職を得ることにつながるが，そのためには，当該のネットワークのメンバーから評価されるだけの実力を習得しなくてはならない。

　日本人デザイナーが創業したクリエーターのブランドのTPで，デザイナーのアシスタント兼モデリストを務めるO氏の事例をみてみよう。ブランドTPは，日本であればセレクトショップを主たる顧客とし，その他，主な百貨店で販売している[29]。フランスでも同様に，ボン・マルシェやギャルリー・ラファイエット，各セレクトショップで販売している。

　O氏の人的ネットワークは，語学学校・専門学校・社内での出会いをベースにしている。さらにこれらの知人・友人から何らかの機会に人を紹介してもらい，ネットワークを広げている。たとえば，知り合いの配偶者が開いた写真展で，偶然そこに来ていたあるブランドのデザイナーを紹介してもらうといった具合である。また，ファッション産業全体として雇用の流動性が高いため，会社の同僚が転職し，転職先の職員を紹介してもらうといったことも少なくない。元同僚自身が有名ブランドのデザイナーになることもあるという。こうしたネットワークを介して，求人情報を含む，通常は出回らない類の情報がやり取りされる。O氏のネットワークには，オートクチュール・高級プレタポルテのデザイナーやモデリストとのつながりも含まれるが，基本にあるのは日本人同士の結合である。

　こうした人的ネットワークを通じた効果の具体例の一つが，図7-3である。これ

---

29) 日本向けであれば，コート6万8千円，シルクブラウス3万円台の価格帯である。

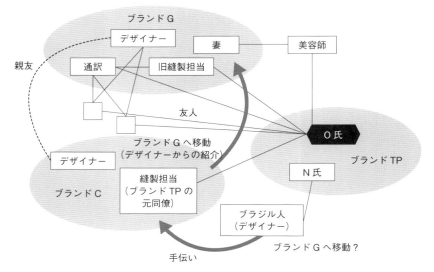

図7-3 人的ネットワークを通じた具体事例
(出所：O氏へのインタビューを基に筆者作成)

は，日本人の若手デザイナーが立ち上げたブランドGの仕事をO氏が手伝うようになった経緯と，その人的な関係性を示している。ブランドGは，日本の雑誌にも紹介され，「コレット」や「レクレルール」などフランスの有名セレクトショップに卸している。O氏は同ブランドのデザイナーと，複数の友人やそのスタッフを介してつながっている。直接的な経緯は，同デザイナーの妻と同じ美容師に髪を切ってもらっていたことである。また図中のO氏の元同僚も，ブランドCで縫製担当をしていたが，ブランドCとブランドGのデザイナー同士が親しい友人であることから，ブランドGに移ることになった。O氏の同僚のN氏の友人のブラジル人デザイナーは，ジバンシィで研修をしているが，自分のブランドをフランス人デザイナーと立ち上げながら，学校で学び，そこでN氏と知り合った。金曜日の午後は研修の仕事がないので，ブランドCを手伝い，土日で自身のブランドの仕事をしている。

　この図からもみえてくるのは，デザイナーやモデリストといったクリエーターたちが，頻繁に所属を変えており，流動的な雇用のなかで，あるいは学習の場である教育機関を通じて人的なネットワークを拡大させ，そこでクリエーション，技術，トレンド，転職といった情報・知識をやり取りしているということである。また評

価の高いブランドでの仕事が，当人の評価を支え，次の仕事につながっていくのである。

5 市場的装置と価値づけ

5-1 クリエーションと「価値づけ」の構想

　ここまで，ファッション産業の具体的な仕組みについて明らかにしてきた。以下では，財の価値づけの構想と，消費者への接続（愛着づけ）という視点から，先述の活動を捉え直し，最後に，パリという空間の果たす役割を意識しつつ当該産業の市場的装置を捉えることにしたい。

　まず，価値づけと買い手への接続の構想は，コレクションに先立つリサーチと企画の段階から行われる。マルベック=パンタノら（Malbec-Pantano et al. 2013）によると，「消費者」「ブランド」「価格」「流通」「マーケティング・マーチャンダイジング」といったさまざまな観点からリサーチは実施される。

　すでに述べたように，ファッションという財の価値は，一般的な「質の慣行」としてのトレンドと，デザイナーの地位を含む個々のブランドの個性との交差から成り立つ。しかし，トレンドを踏まえることは不可欠だが，生産物の価値を支えるところのブランドの個性（ブランドの歴史・アイデンティティ・世界観）を維持・発展させつつ，トレンドを各コレクションに適用していかなくてはならないということである。トレンドを踏まえなければ評価が難しくなり，他方でトレンドに追随しすぎると独創性と個性を欠くことになる。後者の場合，クリエーションの質が高くないと判断されるだけではなく，買い手に愛着を抱かせることができない[30]。したがって，「ブランド」戦略の観点からは，このバランスをよく吟味する必要がある。

　また，特定の消費者を対象として財の質を構想するうえでは，価格も慎重に検討しなくてはならない。そのために，関連の製品群・素材群の価格を比較することで，ほかのブランドとの競合関係のなかで当該ブランドをポジショニングする作業が行われることもある。

---

[30] 前出のO氏とその同僚X氏もまた，トレンドはインターカラーとプルミエール・ヴィジョンを見ればある程度把握することができるとする。しかし，ブランドの個性がないと顧客が愛着をもつことはないという。同氏にとって，パリに比べて日本のブランドは，ビジネスには長けているがトレンドへの追随に傾斜しすぎているという（2008年7月インタビュー）。

さらに，財の流通形態もまた価値づけを構成する要素である。当該ブランドのポジショニングに応じて，どのような形態の店舗（フランチャイズ，セレクトショップ，個人ブティック等々）で販売するか，どこに立地するか，売り場面積はどれくらいかを決定しなくてはならない。

　とはいえ，これらの過程は企業規模や企業が生産する生産物の質によって，具体的な方法や過程は異なりうる。たとえば，市場を調査し売れ筋商品を作るためにマーチャンダイザーという職種がある。しかし，パリでは，よほどの大手かZARAなどのSPA（製造小売業）企業を除いて基本的には存在しない。日本ではクリエーターよりも販売の観点からマーチャンダイザーの意見が重視される傾向にあるが，フランスの中高級品ブランドでは，クリエーションを担うデザイナーやモデリストが価値づけの構想を担う。フランスにも「コンセイエ（アドバイザー）」という職種はあるが，クリエーターの意見を尊重し，作品の良し悪しを述べる仕事であり，マーチャンダイザーとは目的が異なる（TK氏へのインタビュー）[31]。

　それではどのようにして，市場ニーズを把握するのであろうか。たとえば，前出のY氏がモデリストとして働くブランドRでは，コンセプト作りにおいては，日本のアパレル企業の基準では無駄と思えるほど，デザイナーやモデリストなどのスタッフで徹底的に議論を重ねる。ここには，日本のアパレル企業一般とは異なる，クリエーションを重視するフランス固有の産業・企業文化の存在がある[32]。Y氏によると，デザイナーは「時代性を読める人」であり，その読みが外れることは少ない。しかしデザイナーは，他方で，各自の意見に慎重に耳を傾けたうえでコンセプトを確定してもいく。その意味で，意見のぶつけ合いのなかから「形のないものが形になっていく」のである[33]。

---

31) ここでの記述は，TK氏が後日，在仏20年の日本人モデリストから確認した内容である。
32) クリエーターは，日本のアパレルのように「売れるもの」を作るのではなく，「自分が欲しいもの」をつくるのだという。この点については，日本の大手アパレルに2005年に買収されたブランドJSのデザイナーであるC氏（モロッコ生まれのフランス人）もまた，クリエーション重視の企業文化が日本企業による買収によって儲け偏重に変わってしまったとして，同ブランドをやめる考えであると述べた（2006年2月インタビュー）。なお，TK氏によると，日本とフランスの労働環境の違いも大きい。同氏は日本ではデザイナーとしてブランドを任されていたが，朝から晩まで働きづめでクリエーションどころではなかった。
33) スタッフの出身国はさまざまで，フランス，イタリア，ドイツ，アイスランド，日本となっており，コミュニケーション能力が重要という。

各自のリサーチ活動において，パリに立地することで得られる文化・社会・ファッションなどに関する知識や感覚は重要である。とりわけフランスのように中央集権的な国では，パリにあらゆる領域の活動が集中していることから，パリは，さまざまな文化的・社会的な動向が生まれ，相互作用し，刷新される場所である。ファッションが文化・社会の反映であり，それらと共鳴する存在である以上，社会・文化的動向は来るべきトレンドの形成にとって非常に重要である。また，都市のストリート自体が，新たなファッションを生み出す社会的相互作用の場ともなる。特にストリート・ファッションに顕著だが，特定の社会的アイデンティティを付与されたストリートは，常に更新される差異化を生み出す場としての役割を果たす（川口 2008；立見・川口 2007）。そして，トレンド形成を担う諸アクターも，そこに将来のトレンドの萌芽を探るのである（Malbec-Pantano et al. 2013）。

　パリに拠点を置く代表的なスタイル・オフィスの一つであるネリーロディ社は，トレンドを生み出すうえで，クリエーター，マーケティングの専門家，社会学者を交えた内外のチームでブレインストーミングを行う。ファッション情報は専門家が作ることもあるが，消費者の理解が重要である。そのために社会学者と連携した消費者分析を重視しており，パリの街中で定点観察を行う[34]。ネリー・ロディ氏によると企業はクリエーションを行ううえでは，映画・音楽・文化・社会学・マーケティングなど広範な情報を必要とするが，それらを把握するのは困難であり，ここにネリーロディ社のような専門家企業が介在する余地がある。

　ところで，知識の源泉としての都市の役割に関して，表象としての文化だけではなく，道行く人の身なりや，パリのもつ景観・建物・モノといった物的な要素も重要である。スコット（Scott 2010）が指摘するように，文化経済における場所に固有の創造的エネルギーは，一般的に，社会的環境と建造環境が補完し合うことで養われる。美術館・アートギャラリー・劇場・ショッピング施設・エンターテイメントなどの文化的アメニティと，そこに隣接して集積している広告・グラフィックアート・音響映像生産・出版そしてファッション・デザインなどの活動，それからそうした地区の建物・景観などの物的環境は，相互に関連し合っている。

---

[34] 2006年9月に実施したネリー・ロディ氏本人に対するインタビューに基づく。トレンド情報の生産は，シナリオを考える→イメージを固める→色を作るという流れで行われる。つまり，まずコンセプトを作り，それを発展させてイメージや色を作っていく。なお，3-4年前までは彼らが作った流行を消費者に買わせるという図式だったが，現在では逆転しているかもしれないという。

前掲の TK 氏もまた，パリに固有のクリエーション環境として，社会ネットワークを通じた知識・情報の入手[35]や，リサーチの過程に必要な資料へのアクセスに加えて[36]，建築物・街並み（景観），道行く人の洋服，お手本となる過去の衣服を挙げる[37]。それらが身近に存在していることで，クリエーションのイメージが促進されるという。たとえば，古びたバルコニーの手すり一つをとってもイメージの素材となり，その風合いを肌で感じられることに意味があるのだ。

5-2 買い手への接続と場所の役割

ところで，価値づけにおいては，生産されたイメージと消費者の集団的アイデンティティとを接続する仕方が重要である。アスパー（Aspers 2010a）も言及しているが，その一つの方法が店舗の地理的な配置である。

高級ブランドは，サントノレ通りやカンボン通りなど，高級レストランやホテルが集まる有名な通りやアヴェニューのある1区や8区，あるいはサン＝ジェルマン＝デ＝プレなどの6区や高級百貨店内に立地する。1区と8区は，オートクチュールが開かれる会場（図7-4），高級品の海外輸出の促進を担うDEFIの拠点，フランス・メンズプレタポルテ連盟の拠点といった重要機関も立地するなど，オートクチュール・プレタポルテの制度的中枢を担う空間でもある。さらに，こうした象徴的な意味に加えて，高級ブランドは短期間での企画と生産を必要とするために，クリエーションと製造の間の近接性が必要となることも要因となる（Apur 2016a）。かくして，1区（ルイ・ヴィトン，スキャパレリなど），8区（クリスチャン・ディオール，アレクサンドル・ボーティエなど），それから近年になって独立系デザイナーが集積す

---

35) ファッションの知識を実際のモノとして忠実に表現するための技術情報も重要である。たとえば，通常であればデザイナーは，「トワル」の過程でマネキン・ボディにトワル用の布を付けてイメージを確認するのみだが，バレンシアガのデザイナーは本物の生地を使用し，さらにそれをモデリストにも見せることでより具体的なイメージの共有を図る，といったことを行っている。
36) たとえばランバンなど，日本では市場調査するのが難しい一流ブランドの店舗にも容易にアクセスできる。
37) リサーチの際に，図書館でアールヌーボーの様式を調べてさらに街中で実物を見ることができることの意味は大きい。また西欧人は洋服が似合うために，街ゆく人の服装からもクリエーションのイメージが湧きやすい。前掲O氏もまた，パリの優位性の一つとして，1960年代のサン＝ローランの服など，有名デザイナーのオリジナルが古着として簡単に入手できることを挙げた（2008年7月インタビュー）。

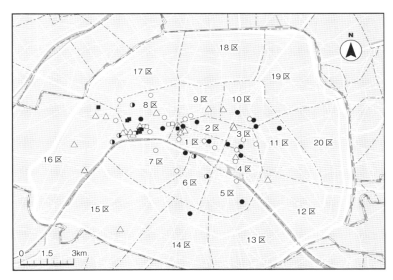

● メンズファッション　　○ プレタポルテ　　◐ 同一場所での複数のショー
■ オートクチュール・メゾン　　△ オートクチュールのショー

図 7-4　パリにおけるファッション・ショーの開催場所（2015 年夏）
（出所：Apur (2016a) の図を基に筆者作成）

る 3 区と 10 区（ジャン＝ポール・ゴルチエとメゾン・マルジェラ）に，高級ブランドの生産・販売拠点が集中することになる。

これに対し，独立系デザイナーの店舗は，アパレル企業一般に加えて，クリエーターが多く集積するマレ地区界隈を中心とした 2 区や 3 区に集積する。中高級品を手がけるパリの若手クリエーターは，マルチブランドを扱う小売店（日本でいうセレクトショップ）など，比較的新しい形態の店舗を通じて販売を行っている。パリ都市計画局（Apur 2016a）によると，これらの店舗は 2 区と 3 区の中心からは少しはずれた界隈にも立地し始めている。すなわち，従来は下町的な雰囲気をもつ界隈であったが，近年，比較的クリエーティブな職種に従事し[38]，社会的にも文化的にも裕福な出自の若い潜在顧客が暮らすようになってきた場所である。そこでは，比較的安価な家賃で芸術家風の空間（かつての工場，ロフト）を店舗として使用することも

---

38) 企業の経営陣，職人，商人，管理職層，高等知的専門職，中間層を含む。

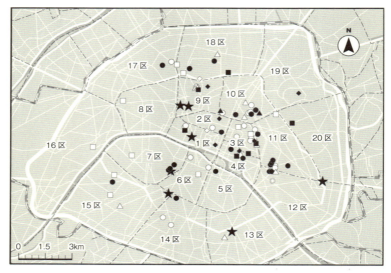

○ コンセプトストア　　□ 衣装レンタル　　◇ アパルトマンでのブティック
● デザインストア　　■ クリエーターのブティック　　◆ 期間限定ショップ
△ カフェブティック　　◉ アート・ブティック
▲ e-shop　　★ 百貨店のpop-upストア

図7-5　新しい小売り形態
(出所：Apur (2016a) の図を基に筆者作成)

できる。具体的には，中心部東部や北東部であり，3区，4区，10区，およびその周辺地区にあたる（図7-5）。

川口 (2008) が大阪・堀江のストリート・ファッションの検討で示したように，ある場所が有する社会的アイデンティティが，特定のアイデンティティを求める消費者のアクセスを拒んだり受け入れたりすることを考えれば，店舗の地理的配置は象徴的な意味をもち，消費者との接続における重要なデバイスとなるのである。

5-3　ファッション産業の市場的装置

以上の検討を踏まえて，第2節で提示した諸概念との関係でパリのファッション産業における市場的装置を考察していこう。

本章の視角から，パリのファッション産業における調　整（コーディネーション）と価値づけの仕組みを整理したのが図7-6である。ファッション産業における制度・慣行・技術に加え

07 パリのファッション産業における価値づけの装置　　*179*

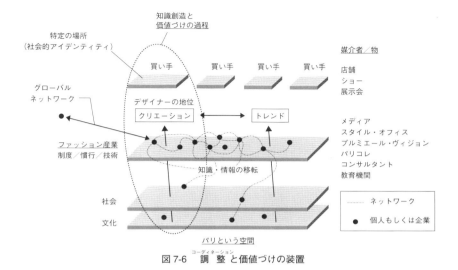

図 7-6　調　整 と価値づけの装置
　　　　コーディネーション

て，パリという空間のなかで生起する社会（価値観や思想）や文化（消費者の嗜好性，アート）という多層的なレイヤーが重なり，混ざり合いつつ，共通の知識基盤あるいはコモンを形成しているといえる。このなかで，人的ネットワークを通じて，さまざまな情報や知識の移転が行われる。このネットワークのなかでは，教育機関も，専門知識を付与するだけではない，人的ネットワークを育む媒介者となる。こうした多様な媒介者の関与のなかで，以下の二つの重要な質の慣行が形成されることになる。

　第一に，デザイナーやブランドの地位を規定する慣行である。ファッション産業の中核にあるフォーマルな制度は，オートクチュールと高級プレタポルテを中心に形成されてきた。デザイナーの権威とそれに基づく衣服の質を支えるさまざまな仕組み，すなわちオートクチュールの範囲を定義する法律，オートクチュール組合の規定，法的に規定され維持されてきた職人技術・技能，特権的な顧客，パリコレという舞台における衣服への意味付与と雑誌メディアによる批評と普及，といったものである。この仕組みは，デザイナーなどのクリエーターの「偉大さを試験する装置」（ボルタンスキー・シャペロ 2013）となる。パリコレの公式リストに載るかどうか，影響力のあるメディアで批評され好評を得るかどうか，名声のあるブランドに雇用されたかどうか，定評のある賞を受賞しているかどうか，といったことが，作り手の質，ひいてはその生産物である衣服・アクセサリーの質を判断する基準（慣

行) ともなる[39]。

　第二に，ファッションのトレンドが重要な「質の慣行」として，スタイル・オフィスなどのさまざまな媒介者が関与するなかで形成され，プルミエール・ヴィジョンなどを経由して衣服のクリエーションに取り入れられる。そこでは，川端（2006，2016）が「地域暗黙知」と呼んだような，社会的相互作用が密に行われる大都市のなかで生み出される，萌芽的あるいは潜在的な嗜好性へのアクセスもまた重視される。

　衣服のデザイナー（チーム）にとって，トレンドは質をめぐる重要な参照軸となるが，ブランド独自の個性を加味することが価値づけにとっては必要である。ある特定の買い手の共感を得ることができるようなテイストを作り出す作業，と言い換えてもよいだろう。また，パリではビジネスよりもクリエーションが重視される規範的慣行が共有されており，知識創造とモノへのその移転の過程は，個人の直感やノウハウに負うところが大きい。

　クリエーションの過程において，デザイナーはコンセプトやイメージを作り出し，モデリストがそれをモノとして表現する役割を担う。各自が行うリサーチでは，トレンドに関する市場調査もあるが，イメージを具体化するための建築などの様式や過去のデザイナーの衣服といった歴史的なものへの準拠がなされ，さらにパリという大都市に身を置くことで得られる最新の文化動向，時代が求めているものなどの地域暗黙知を把握していく[40]。

　次に，消費者への接続であるが，ブランドは，流通と販売先の選定には慎重でなくてはならない。価格帯やイメージ，価値観などが，買い手とのマッチングを媒介する雑誌メディアや店舗と整合的であるかが問題となる。この問題を考えるうえで，パリにおける場所の果たす役割は少なくない。オートクチュールや高級プレタポルテであれば，1区や8区などの豪華な歴史的な建物・景観があり，それ自体が高級

---

[39] なお，サレとストーパー（Salais and Storper 1993）によると，デザイナーの権威を中心としたこうした「質の慣行」は，「生産の世界」の類型のうち「個人間の世界」に対応するものである。

[40] たとえば，日本のファッションには「セクシーさ」がなくフランスの市場では受け入れられにくい（ネリー・ロディ氏へのインタビュー）ことなどが具体例としてあげられる。モデリストのY氏によると，パターンを作る際も，とにかく体のラインを強調することが必要で，西欧人の体型にはその方が綺麗に仕上がるが，同じ方法を日本に適用すれば，「いやらしい」と判断されるかもしれないという。

ブランド化された通りに本社，アトリエ，ファッションショーの開催場所，店舗などが集中している。そこに立地するということは，ファッション産業やさらには文化や社会の権威の中枢にいることを可視的に示すことになる。あるいはマレ地区界隈のように，庶民的な地区でゲイ・コミュニティなどもあり，クリエーターが多く集積する地区に立地することも，そうした文化的嗜好性をもつ買い手とのマッチングにおいて重要である。

　財や人の質を規定し，質を判断可能な状態に置き，特定の買い手に接続するための価値づけの一連の過程が，パリという空間におよそ集約されている。そこでは，地理的近接性と，制度・慣行に基づく認知的近接性によって，エージェント間で密な相互作用が行われるだけではない。社会的なアイデンティティや意味と結びついた物的な要素が，ファッションに意味を付与し，特定の買い手に接続するうえで重要な役割を果たしているのである。

6 おわりに

　認知資本主義において，大都市はかつての工場に変わる生産空間としての役割を強めているとされる。そこは，グローバルなネットワークの結節点として人々の出会いを組織し，共通に蓄積されたコモンにアクセスしてレントを引き出すことを可能にする場所である。本章は，パリのファッション産業が，どのように人材をグローバルに引きつけ，出会いやイノベーションを可能にするのかを，財の価値づけを縦軸としながら考察してきた。

　本章の検討を踏まえると，パリという空間は，こうした価値づけに必要な諸要素のほとんどが集中する稀有な例である。すなわち，デザイナーの権威とその生産物の価値を支えるためのフォーマル／インフォーマルな制度・慣行・媒介者の存在，トレンドとブランドの個性を引き出すためにアクセスすることのできる膨大なコモン（社会・文化・ファッションの領域における共有された知識，技術，制度・慣行，そして社会的・歴史的意味を付与された建造環境），職場や教育機関を媒介としたクリエーター同士の出会いとネットワーク構築を通じた知識・情報の相互移転，買い手とのマッチングを媒介するショー・展示会・小売店舗，そしてそれらが立地する場所といったさまざまな媒介者（物）の役割がある。

　そして，これらの雑多な諸要素が価値づけ活動のなかで結合し配置されることで，人や財の質を規定し取引を可能にする市場的装置として機能しているのである。パ

リのファッション産業の強さは，パリが歴史的に蓄積してきたこうした膨大な資産に依拠しているのであり，また社会・文化における卓越した求心力のうえで成り立つものであるということができる。

　最後に，産業集積研究の文脈で本章の知見を捉え直しておきたい。ミリュー論をはじめとして，これまでの集積研究は，コーディネーション問題の解決と集団学習の基盤となる「領域化された制度・慣行」として産業集積地域を捉えてきた（立見 2007）。コモンという表現は用いないものの，領域内で共有された制度・慣行によって，互いの意図（期待）が事前に調整され，情報や知識の相互移転，さらには集団的な知識基盤を環境変化に応じて刷新するダイナミズムが強調されてきたといえる。しかし，域内で創造される知識が，どのようにして財として価値づけられ，イノベーションへと結実するのかという点には必ずしも十分なフォーカスはあてられてこなかった。これに対して，本章で検討してきたように財の価値づけ活動を重視するのであれば，パリのような一部の産業集積あるいはミリューは「領域化された調　整(コーディネーション)と価値づけの装置」として捉えることが有用であろう。

　本章では，市場構築と価値づけという視点から産業集積論を拡張するための理論的枠組みの提示と，パリのファッション産業における経験的研究へのその応用を試みてきた。価値づけの大枠は示すことができたと考えるが，とりわけ買い手との関係で，ある特定の財の価値づけがなされる状況を詳細に描き出すことはできなかった。買い手がどのようにある財を評価し，そこに物質的要素がどのように関与しているのか，またその背後にある諸要素のネットワークと配置がいかなるものであるのかを明らかにすることは，今後考察を深めるべき課題として残されている。

資本主義の新たな精神と豊穣化の経済
地場産業製品への価値の再付与

08

1 はじめに

　伝統的な技術や，近年しばしば手仕事とも形容されるクラフト品の再評価が起こっている。多くの地場産業産地や伝統工芸品産地は，海外との価格競争や国内市場の変化，流通構造の再編のなかで著しい衰退を経験してきた。そうした産地において，産地の伝統を生かした自社ブランド商品の開発・販売，海外市場の開拓など新しい芽が生まれつつある[1]。伝統産業が文化産業あるいは創造産業へと変貌する動きである。本章では，そうした萌芽的試みが，資本主義の変化と新たな経済の出現という，時代の大きな要請のなかで生じ，また新たな価値づけ形態によって特徴づけられていることを示す。その際，考察の手がかりとなるのは，ボルタンスキーとシャペロ（2013）の「資本主義の新たな精神」と，ボルタンスキーとエスケール（Boltanski and Esquerre 2017）の「豊穣化の経済」をめぐる議論である。以下では，まず，社会・経済的変化について概観したあとで，本章の構成を示すことにしたい。

　かつての経済成長を支えた工業経済に代わって，新しい経済の特徴が議論されてきた。産業集積や都市研究の領域では，1990年代以降，知識（基盤）経済という言葉がしばしば使われてきたが，近年では，創造経済あるいは認知的・文化的経済

---

[1] こうした動きに呼応するように，国の政策的支援も2000年代に入って本格化している。たとえば，中小企業庁の事業である「Japanブランド育成支援事業」（2004年度～）は，「既にある地域の特性等を活かした製品等の魅力・価値をさらに高め，全国さらには海外のマーケットにおいても通用する高い評価（ブランド力）を確立すべく，商工会・商工会議所等が単独又は連携し，地域の企業等をコーディネートしつつ行う，マーケットリサーチ，専門家の招聘，コンセプトメイキング，新商品開発・評価，デザイン開発・評価，展示会参加，販路開拓活動等の取組を行うプロジェクトについて，総合的に支援を行う」（日本商工会議所・全国商工会連合会 2005）。

(cognitive-cultural economy) といった言葉で，社会・経済の変容を捉えようとする試みがなされている（フロリダ 2008；Scott 2014）。このうち，創造経済がそのポジティブな側面を強調する傾向があるのに対し，スコット（Scott 2014）が提示する認知的・文化的経済は，認知資本主義論からヒントを得つつ，社会的不平等の拡大など負の側面にも目配りしようとする違いがある[2]。いずれにせよ，サイエンス型産業や創造産業が経済成長のモーターとなり，さまざまなタイプの知識の創造・マネジメントに関わる労働の拡大と，社会そのものの変容が起きているとする。

創造産業には特に定まった定義はないが，メディア・映画・音楽・観光・ファッション・デザイン性の高い新しい工芸など，文化の一端を担う産業を指すことが多い[3]。工芸あるいはクラフトの製品は，創造産業として市場の拡大が期待される領域である。

ところで，これらの産業によって支えられる新しい経済の中核的な活動は，戦後の高度成長を支えた工業における分業のあり方や働き方と大きく異なっている。そこでは，終身雇用・年功賃金・労働組合を通じた団体交渉など，安定性・階層性・硬直性といった要素が回避され，プロジェクトやネットワークを通じた柔軟な分業と労働，そして高レベルの不安定性と不確実性が特徴となる（Scott 2014）。そして，ハリウッドの映画産業の論理が広く観察されるようになっている（フロリダ 2008）。映画産業では，プロデューサーが投資家から資金を集め，映画製作というプロジェクトを立ち上げる。俳優や技術者たちは一時的に結集し，制作にあたる。そして，作品が完成するとプロジェクトは解散し，各人は別の仕事（プロジェクト）に移っていく。ネットワークとプロジェクトを通じた経済においては，人々は転職を繰り返し，フリーランスや契約社員として働くのである。

この背景として，市場の断片化や移ろいやすさに加えて[4]，イノベーションの活動自体が，企業の垣根を越えた社会ネットワークのなかで行き交う知識の結合に基づくようになっていることも大きい。創造産業では，イメージ，デザインなどの審

---

2) 認知資本主義論については，山本（2016）が日本では初のまとまったテキストとなっている。
3) よく引用されるのは，イギリスの文化・メディア・スポーツ省（DCMS）の定義である。そこでは創造産業を「個人の創造性，スキル，才能にもとづき，知的財産権の発展を通じて富と雇用を創造する可能性をもった産業」として，13業種――広告，映画・映像，建築，音楽，美術品・アンティーク市場，舞台芸術，コンピュータ・ゲームソフト，出版，クラフト（工芸），ソフトウェア，デザイン，テレビ・ラジオ，デザイナーファッション――を挙げている。

美性，意味の操作，情動の喚起などに関わる象徴的知識の生産が鍵となることが多い。これらの知識は，多様な背景をもつ人材の出会いのなかで交換され流通するため，イノベーションの源泉として，ネットワークと結合が決定的な要素となる。近年，社会ネットワークを通じたイノベーションの研究が増加しているのは，こうした現実の変化に対応したものであるといえる。

以下では，まず第2節において，こうした大きな社会・経済的潮流の変化について，フランスの社会学者L.ボルタンスキーらの議論を手がかりに，「資本主義の精神」の変化という観点から検討を加える。そして第3節で，今日の資本主義においてますます影響力を増しつつある新たな経済の特質と，そこにおける商品の価値づけ形態について提示する。これらの検討を踏まえて，第4節で，資本主義の変容と新たな経済の台頭をめぐる議論のうちに，地場産業地域が経験している変化の意味を探る。そして第5節において，高岡銅器産地を例に具体的な変化の諸相を示すとともに，上記の議論を参照軸として若干の検討を加える。

2　資本主義の精神と「プロジェクトのシテ」

すでに述べたように，創造経済など呼び名はさまざまだが，いずれにせよ新しい特徴を備えた経済の存在が認識されるようになっている。R.フロリダの議論でも示されている通り，それは新しい経済であると同時に，人々の生き方，労働に対する意識，社会的なつながり方など，社会的変容も伴うものである[5]。クラフトやローカルな技術・産品の再評価もまた，こうした大きな変化のなかにおいて定位され，理解される必要がある。第4節以降で詳述するように，地場産業から創造産業への移行の背後には，生産者の意識，分業，流通の仕方あるいは市場とのつながり方，消費者の意識，デザイナーやバイヤーなど関与する媒介者の存在など，広範な変化が横たわっている。

こうした課題に取り組むうえで，フランスを代表する社会学者の一人である

---

4) フォーディズムの終焉とともに市場の不確実性が増大した1980年代，大企業の大量生産モデルに代わって，中小企業の水平的ネットワークへの注目が高まる。「柔軟な専門化」論（ピオリ・セーブル1993）として，特に欧米諸国では活発に議論された。ハリウッドの映画産業も「柔軟な専門化」の代表例である。
5) アメリカにおける社会の変化について，フロリダの一連の著作は，インタビューに基づく豊富な事例を挙げながらわかりやすく描き出している。

L. ボルタンスキーと経営学者の E. シャペロが 1999 年に執筆した『資本主義の新たな精神』(2013) が手がかりを与えてくれるように思われる。
　著作のタイトルにもなっている資本主義の精神とは，人々を資本主義に参加させるイデオロギー（もしくは規範＝慣行〔コンヴァンシオン〕）であるとともに，道徳的な支柱として資本主義そのものを制約するものである。それは，ボルタンスキーとテヴノー (Boltanski and Thévenot 1992) が「シテ (Cité)」として定義した，思考と行為の参照軸となり，社会秩序の基礎となる規範的価値の原理から構成される。シテは歴史的に形成され変化するもので，今日，七つのシテが存在するとされる。すなわち，「家内的 (domestique)」シテ，「工業的 (industrielle)」シテ，「インスピレーション (inspiration)」のシテ，「世論 (opinion)」のシテ，「商業的 (marchande)」シテ，「市民社会的 (civique)」シテ，それからボルタンスキーとシャペロ (2013) が特定した「プロジェクト志向 (par projet)」のシテである。
　人々は，特定の価値への合意が問題となる場面において，何らかのシテの論理に準拠することで自らの主張を正当化 (justification) し，その一般性を上昇させる。そして，討議と正当化のプロセスを経て特定のシテに合意できたとき，あるいは異なるシテとの間で妥協ができたとき，何らかの秩序を成立させることができるのである。シテによる正当化のプロセスは，家庭，職場，産業などさまざまなスケールに該当しうるが，資本主義もまたその正当性の論拠をシテの論理に負っている。
　表 8-1 のように，資本主義にはこれまでに三つの精神があり，19 世紀末の工業経済の勃興期は第一の精神，1930 年代から戦後の高度成長期は第二の精神，そして 1970 年代から 1990 年代にかけて現れてきた今日の新しい経済は第三の精神を基盤とする。シテの観点からすると，第一の精神は，家内的シテと商業的シテの妥協に基づき，とりわけブルジョワという人物像，ならびにパターナリズムを特徴とするような家族的な資本主義の形態と結びついていた。次に，第二の精神は，工業的シテと市民社会的シテの妥協によって支えられるもので，効率性・パフォーマンス・官僚制的機構など工業の論理と団体交渉など公平性の論理が融合したものである。これに対し，第三の精神は，とりわけ 1990 年代以降に明確に認識可能となった，人々が自発的に結びつくことに価値を置く「結合主義的」な論理であり，新たな精神として位置づけられる。
　ボルタンスキーとシャペロにとって，資本主義の変化と新たな精神を準備するものは，資本主義への批判である。批判によって資本主義は修正され，あるいは新しい秩序原理へと移動する。批判には 2 タイプあり，賃金や労働条件の改善を要求す

08 資本主義の新たな精神と豊穣化の経済　187

表 8-1　ボルタンスキーとシャペロによる資本主義の三つの「精神」
(出所：ナシ (Nachi 2006) の表を基に筆者作成)

	人物像	自主性	安全性	共通善	妥協
第一の精神 (19世紀末)	・ブルジョワ ・個人企業家 ・家族企業	・ゲーム、リスク、投機、イノベーションの重視 ・賃労働、コミュニケーションツールの発展に伴う、地理的ないしは空間的な解放	・パターナリズム ・家族、遺産、従業員との扶養的関係という家父長的特性が繋がっていることの重要性	・功利主義 ・進歩、科学、技術への、そして工業の恩恵への信念	・家内的シテと商業的シテの妥協
第二の精神 (1930年代～1960年代： 高度成長期)	・ディレクター (管理者) ・工業部門の大企業 ・合理的な労働組織	・権力をもつポジションへのアクセス ・必要からの解放 ・大量生産、大量消費を通じた欲望の実現	・合理性への信仰と長期の計画化 ・労働法と社会保障の発展	・制度的で集団的な連帯 ・社会正義を目指した、財の再分配と富の共有	・工業的シテと市民社会的シテの妥協
第三の精神 (1970年代～1990年代)	・可動的であること ・地方分散 ・ネットワーク化した諸企業	・目的への志向 ・ヒエラルキーの拒否と自己管理	・能力主義 ・将来の制御 ・個人的な開花 ・信頼	・新技術への信念 ・新しい正義感覚の登場	・進行中

る社会的批判が第二の精神を準備した。これに対し，資本主義の第二の精神に基づく社会経済システムを批判し，弱体化させ，今日の精神へと帰結してきた批判のタイプは芸術家的批判と呼ばれる。芸術家的批判は，19世紀以来，芸術家や研究者が主張してきた，自由，解放，真正性（authenticity）の要求である。大胆に要約すれば，それは，個人を縛るあらゆる制約からの解放（emancipation）の観点から資本主義を批判する[6]。というのも，人は肩書や集団の属性ではなく，固有の人格をもった人として扱われ，自由な個人が自律的に社会を作らなくてはならないからである。

　資本主義の第二の精神においては，分業の高度な発展によって固有の人格をもつ人間は労働者として標準化された機械の部品と同様に扱われ，容易に置き換えられるものである。こうした労働の疎外だけではなく，市場では，大量生産された複製品が，個々の個性をもつ商品に取って代わり，あるいは企業の差別化戦略として「＊＊風」の表層的なイメージをまとった商品が津々浦々に浸透することで，生活のなかからかつてのような意味や象徴的な要素が失われる。芸術家的批判は，いわばこのリアクションとして，あからさまに商品化された作り物やまがい物ではなく，「本物」であること，つまり真正性を要求する。

　こうした芸術家的批判は1980年代を通じて，社会的批判と結びついていた労働者の安全性と安定性に寄与してきた諸装置（dispositifs）の弱体化に寄与し，「資本主義の新たな精神」として具体化していく。1980年代は，アメリカのシリコンバレーや「第三のイタリア」の地場産業地域のような新しい産業空間と，そこでの中小企業の水平的なネットワークに基づく「柔軟な専門化」が注目された時期であった。市場の変化に応じて分業を組み替える「柔軟な専門化」自体が，プロジェクトベースの仕事を想起させるものであり，「資本主義の新たな精神」形成の萌芽的現れとして理解し直すことが可能である。さらに，シリコンバレーの起業家はアップルのスティーブ・ジョブズをはじめ，ヒッピー文化などアメリカのカウンターカルチャーを体現する人物が少なくない。従来型の大企業のヒエラルキー的な産業文化に対して，芸術家的批判をビジネスの世界で広めていく役割を担ったといえる。

　市場では，真正性の観点から，あからさまに企図された「偽物」ではないものが志向される。たとえば，食品であれば遺伝子組み換えではなく土地の風土に根ざした「自然なもの」が本物であるし，観光産業では旅行業者によって企画されたわけ

---

6) ある社会集団へのレッテル貼りや差別などの特殊な疎外ではなく，一般的疎外と呼ばれるあらゆる決定からの解放である。

ではない歴史的重みや訪問先での偶然の出会いが「本物」の経験を提供し，場所の価値を高める。商品の質はかつては機能性の観点からもっぱら評価されたが，今日では，生産者と消費者の間で共有された特定の価値と照らし合わせて「本物」の「良い」品質であるかどうかが判断される。その際に基準となる商品の価値は，エコロジー，地産地消，審美性，「本来」の暮らし方，連帯（フェアトレードなど）等々，多様化しているのである。

3 「豊穣化の経済」と「コレクション」形態

3-1 「豊穣化の経済」と価値づけ

以上を踏まえると，資本主義の新たな精神の台頭に伴う真正性の要求の高まりが，伝統的な地場産業やクラフトの再評価をもたらす背景となっているといえる。職人の手作業による製品は，同じものであっても少しずつ違いがある。たとえば，登り窯で焼いた器は同じ作り手のものであっても工業製品のように完全な複製品にはなりえない。また，ある製品は本来しかじかの素材でしかじかの技術によって作られていて，近代化が浸透する以前の暮らしでは，しかじかの使われ方がしていたという製品の歴史・文化的な起源や，作り手の個性が，製品の真正性を構築・規定する。そしてその場合，伝統的産地の素材や技術・技能に基づいて生産された個性をもった製品が価値をもつ。その際，審美性を兼ね備えていることもまた重要である。

ボルタンスキーは，近年，同じ社会学者であるエスケールとともに，こうした新しい資本主義における製品の価値づけ形態に関する考察をまとまった形で展開している。彼らの議論に従えば，こうした地場産業製品ないしは「手仕事」によって生み出される製品への価値の再付与は，新しい経済における主たる価値づけ形態として理解されなくてはならない。

ボルタンスキーとエスケール（Boltanski and Esquerre 2017）[7]が考察の対象とするのは，一般には創造経済や創造産業と呼ばれる領域である。ただし，彼らはこうした呼び名を採用せず，新たに「豊穣化の経済（économie de l'enrichissement）」とい

---

7) 同書のもとになった論文の一つが，中原隆幸と須田文明によってボルタンスキーとエスケール（2017）として訳出されている。「豊穣化の経済」は，中原と須田の訳語に負っている。なお，本節の記述にあたっては，この中原と須田の翻訳と，ボルタンスキーとエスケール（Boltanski and Esquerre 2017）をともに参照した。後者は500頁を超える大著であり，諸概念について丁寧かつ平易な説明がなされている。

う概念を提示する。具体的には，芸術，なかでも造形芸術（絵画・建築・彫刻・工芸など），文化，アンティーク，美術館などの設立，ラグジュアリー産業，歴史遺産化（patrimonialisation）されたもの，ツーリズムなどがそこには含まれる。彼らは，工業生産とは異なる富の形成という観点から，そこに固有の製品の価値づけ様式と，政治経済学的争点を明らかにしようとしている[8]。

豊穣化とは（とりわけ日本語にすると）わかりにくい言葉だが，そこには次のような意味合いが込められている[9]。まず，第一に，豊穣化の経済は，富裕者層（riche）に向けられているということである。第二に，新しいモノの生産というよりは，すでに存在しているモノの「豊穣化」に依拠していることである。そこでは，素材，生活スタイル，文化的コンテンツ，衣服，「コレクション」のなかで関連づけられる事物の総体といったものが「豊穣化」されうる。その意味で豊穣化は，とりわけ過去（passé）に準拠したものであるとされる。

その意味では，豊穣化されえないモノは存在しない。たとえば，リノベーション——日本においても急速な普及をみせている——を通じて古民家の梁を見せることによって「物質的」に，そして／あるいは相性のよいほかのモノと関連づけることで（モノとモノの関係性を創出ないしは組み替えることによって），「文化的」にモノを豊穣化することが可能である。本章の対象との関連でいえば，地場産業製品が，たとえばデザイナー，バイヤー，販売される店舗などによって豊穣化され，創造産業市場において価値を有することになるといったことである。ボルタンスキーとエスケール（Boltanski and Esquerre 2017）によると，こうした価値づけは，常に叙述という装置（dispositif）に依拠している。

ところで，ここでいうところのモノの価値は，彼らにとって本質主義的に定義されるものではない。価値とは，人々が価格を正当化する際に参照するものであ

---

[8] 創造経済あるいは創造都市に関する研究・政策におけるフロリダの影響力は際立っている。ボルタンスキーとエスケールは，フロリダの議論に対して，いくつかの問題を指摘する。第一に，フロリダが創造階級に属するとされる人々の労働が関与する生産物（モノ）の特殊性を考慮しておらず，工業経済と彼らが豊穣化と呼ぶ経済の区別をしていないことである。そして第二に，クリエイティブ・クラスがあたかも均質な全体を構成しているかのように捉えていることである。しかし実際には，「豊穣化の経済」は，新しい階級構造を生み出し，この経済の内部において利潤分配に関する著しい社会的不平等の問題を生み出している。

[9] フランス語の enrichir の名詞形である。金持ちにする，豪華にする，価値を増加させるといった意味がある。

る。「古典派経済学者が行ってきたように，価値を価格の上流に，そしてモノ自体の中に定位するのではなく，あるいは新古典派経済学者のように価値を理論的な均衡価格と混同するのではなく，われわれは価値を価格の川下に定位することになる」(Boltanski and Esquerre 2017：111, 強調はママ)。彼らにとって価値とは，「それがモノの価格を批判したり正当化することを可能にする限りにおいてのみ適切である」(Boltanski and Esquerre 2017：111, 強調はママ）とされる。

したがって，モノを規定する作業が問題となるのである。なぜなら，モノに価格が付与され流通するためには，何らかの関係性のもとでそれらが関連づけられていなければならないからである。換言すれば，ある同一のカテゴリーのなかに位置づけられることで初めてモノは規定され，比較可能となり，あるいは差異を付与されるのである。ボルタンスキーとエスケールは，ここで「形態（フォルム）」という概念を導入する。

形態は，「モノと，モノが正確に評価されるよう企図される際のパースペクティヴを結びつけることを可能にする」もので，それは，コンヴァンシオン経済学がいうところの慣行（コンヴァンシオン）に相当するものである (Boltanski and Esquerre 2017：154)。彼らは，『特異性の経済』を提起する L. カルピック（Karpik 2007）のように特異性の秩序と量産の秩序の対立を強調するのではなく，慣行的（コンヴァンショネル）形態におけるモノへの価値付与（mise en valeur）方法の違いに着目するのである。

形態は，それが機能するとき，すなわちその慣行的次元が忘却されるとき，次のような役割を果たす。一つは，交換を通じて流通するモノに対して採用されうるさまざまなパースペクティヴを明確化するとともに，その数を制限することである。そして，もう一つは，モノそのもののある属性を際立たせることによってモノが正当化されうるように，その適用を配分することである。そして，形態は，差異（分析 vs. 叙述）と時間（価値の喪失 vs. 価値の獲得）という二つの軸から把握することができる。

まず，モノに付与される差異の規定に関わる軸であるが，モノが提示（présentée）されるうえで，その属性は 2 タイプの言語によって記述されうる。一つは，分析的言語（弁別的で，しばしば測定可能で，コード化された特徴）と，そしてもう一つが叙述的言語（出来事や／あるいは人物を演出すること）と呼ばれるものである。

たとえば，工業製品であれば，後述するところの「標準」形態のもとで，モノが分析的言語によって提示され，モノとモノとの関係性において，差異とヒエラルキー的な位置づけを付与される。そこでは，まず，オリジナルなプロトタイプ（原型）

表 8-2 四つの価値づけ形態（フォルム）

(出所：ボルタンスキーとエスケール（Boltanski and Esquerre 2017：159）の表より作成)

	分析的な提示	叙述的な提示
市場的力（マイナス）	「標準」形態 (Forme standard)	「トレンド」形態 (Forme tendance)
市場的力（プラス）	「資産」形態 (Forme actif)	「コレクション」形態 (Forme collection)

となるモノが分析的言語によって提示され，そして，それを基にさまざまなサンプル（見本：spécimen）が生み出されるのである。分析的提示は，そのモノ自体にとどまり，しばしば数字によってモノをその純粋なモノ性（chosêitê）において表象しようとする。それは，モノが状況づけられるコンテクストのいかんにかかわらずその同一性を保ち続けることを前提とする。これに対して叙述的提示は，創造産業において広くみられるように，モノの記述，モノを取り巻く（あるいは取り巻いてきた）状況の喚起，そしてその生産者，所有者，かつての所有者などモノと関係をもつ（あるいはもってきた）人物を結びつけることを可能にする。

　次に時間軸であるが，これについて，ボルタンスキーとエスケール（Boltanski and Esquerre 2017）は，モノが有する市場的力と呼ぶものの程度として示している。それは時間の経過とともにモノの価値が損なわれるのか，あるいは増加するのかに着目したものである。すなわち，「過去を付与されたモノが幸いにも時間とともにその力を増加させるのに対して，過去を持たないモノは，時間とともにその力を喪失することになる」のである（Boltanski and Esquerre 2017：157）。工業製品は，多くの場合，時間とともに品質劣化し，最終的には廃棄されるのに対して，たとえばクラフト製品はむしろ使い込むことによって味わいが増すとみなされる。ハウスメーカーによる工業的な住宅と古民家，あるいはそれらの集合体である（オールドタウン化した）新興住宅地と歴史的地区の対比を例に挙げてもよい。

　こうして，これらの二つの軸の交差から，モノの価値づけに関わる四つの形態ないしは価値づけにおけるパースペクティヴが導かれる（表8-2）。それぞれの形態は，価格を正当化し，うまくいけば「適切」だと判断されるような価格形成を促進するとともに，価格に向けられる批判の基盤ともなる。いずれにせよ形態は，判断の基準を提供するのである。たとえば，「標準」形態に従って自動車の売買がなされるとすれば，その自動車が同じ機能を有するとしても，新車は中古車よりも高い価格で

販売される。その唯一の理由は、それが新品（neuve）であるということである。これに対し、「コレクション」形態に従えば、オリジナルのアート作品は、その複製品よりも（それが完璧な複製であったとしても）高く取引される。その唯一の理由は、それがオリジナルであるからである。

これら四つの形態のうち、フォーディズムに代表される工業経済を特徴づけてきたのは、「標準」形態による価値づけ方法である。それに対し、今日拡大をみせている「豊穣化の経済」にとりわけ特徴的な形態は、「コレクション」形態であるといえよう。

3-2 「コレクション」形態

コレクション、とりわけ彼らが体系的コレクションと呼ぶものが、「豊穣化の経済」における中心的な価値付与形態となる。体系的コレクションとは、系列の次元を有し、それは何らかの関係性のもとでさまざまなモノを相互に関連づけ、体系的に組織し、適切だと認められた差異に従ってモノを分配し、一つにまとめ上げる論理である。たとえば陶器は、ある時代のある場所で生産されていたということによって互いに関連づけられると同時に、サイズ、色、形、装飾図案などによって差異を付与されうるということである。標準的な事物の生産が低賃金諸国に移転すると同時に、資本主義のダイナミズムが過去というものの活用へと大きく転回するなかで、この形態が富の創造様式を移動させる要因となってきた。そして、すでにあるものに価値付与することは、「標準」的生産が依拠するものとは大きく異なる論拠と試験＝試練（épreuve）の確立を前提とする。

ところで、コレクションは何らかの実体（entités）を蓄積する活動だが、コレクション可能なものは物体（corps）を有していなくてはならない。たとえば書籍は、物的なものとして本棚にコレクションされる。したがって、モノを収納し、配列することは、コレクションするための必要条件となる。物質性の付与と身体的世界への参加という事実は、モノにとって、この種の装置のなかで存在するうえで不可欠な属性なのである。言語（書かれたものや口頭）によって伝達される考えや、パフォーマンスアートとは異なり、モノは持続的かつ物的な単一性を有することで、個人ないし集団に所有されることができる。

こうした「コレクション」形態は、先述の二つの軸に従って説明が可能である（図8-1）。一つはモノの（叙述的）提示という縦軸であり、もう一つはモノが有する市場的力という横軸である。まず前者の縦軸については、モノが提示される状態を、プ

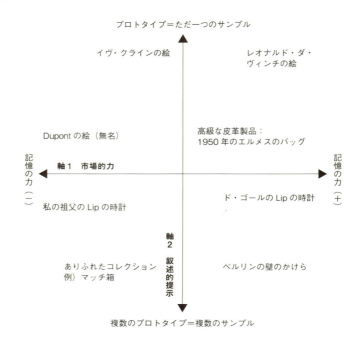

図 8-1 コレクション形態の構造図式
(出所:ボルタンスキーとエスケール (Boltanski and Esquerre 2017:281) の図より作成)

ロトタイプ(原型)と,すでに確立された何らかのプロトタイプを基に生み出されるサンプル(見本)との関係から説明するものである。

　縦軸の下方には,(すでに質を)規定されたプロトタイプを基に生産されるサンプルとして捉えられるようなモノのコレクションが位置づけられる。ここには,もともとは「標準」形態に基づき価値付与されたクラフト製品ないしは工業製品が,時間の経過とともに見捨てられ価値の喪失を経たのちに,再度,「コレクション」形態の論理に従って見出され,価値付与されるような,多くのコレクションが含まれる。こうした通常のコレクションを構成するのは,マッチ箱,パイプ,ビールやウイスキーの空ビンといった,ありふれた事物の収集である。もともとは安価な製品で,その後あらゆる市場的価値を失ったのち,コレクションの対象となったものが多い。

　次に,縦軸の上方には,プロトタイプに相当するようなサンプルのコレクション

が位置づけられる。たとえば，特別な意味をもつアンティークの高級時計や車といった，ラグジュアリー産業で流通してきたようなモノである。彼らが例としてあげるのは，1992年に売りに出された，フランスの造形芸術家として著名なアルマン・フェルナンデスのコレクションである。たとえば，1950年代に生産されたハミルトン，エルガン，イリノワなどの初の電子時計，1930年代から1940年代に製造されたロレックスなどである。

　最後に，この軸の最上位部分には，プロトタイプとサンプルの間の区別が弱いか存在しないようなモノから構成されるコレクションが位置づけられる。レオナルド・ダ・ヴィンチのような年月を重ねたアートであれ，バルテュスの《トルコ風の部屋》（1963年）やイヴ・クラインの青のモノクロームのようなモダンないしは現代アートであれ，著名なアート作品がここに該当する。これらは「独創的である」，あるいは「特異である」としばしば形容されるようなプロトタイプとして扱われるが，それはただ一つのサンプルしかもたないようなプロトタイプだからである。

　続いて，横軸の市場的力の次元である。この点に関して，「標準」形態において価値づけられるモノが，「使用」による劣化を伴い時間経過とともに価値を喪失するのに対し，「コレクション」形態においては多くの場合，モノは「使用」目的以外で価値づけられ，時間とともにむしろ価値を増加させることはすでに確認した通りである。「コレクション」形態のなかでも，モノが生み出す記憶の効果（記憶的力（force mémorielle）と呼ばれる）の程度によって付与される価値は異なってくる。そして記憶的力にとっては，次の二つの点で，ある人物ないしは出来事との物理的な接触（物理的近接性）があったかどうかが重要な意味をもつ。

　第一に，「コレクション」形態における価値づけが，一般的に，物語（récit）に依拠しているということである。工業的な事物が標準の組み合わせ，すなわちコード化形態によって記述されるのに対し，コレクションの事物は，それらが生み出された条件，それらを生み出した人物，それらを所有していた人物などをめぐる物語によって記述されるのである。したがって物語性（narrativité）を有していることが重要である。

　第二に，「コレクション」形態においては，物語を裏づけるような真正性が求められる。真正性を担保するものは，人々の記憶に残る，過去に埋め込まれた場所，人物，出来事とモノの物理的な接触である。したがって，あるコレクションにおいて，オリジナルに代替しうるようないかなる再生産（完璧な複製であったとしても）もありえないのである。モノの内在的な属性とは別の帰属の過程が，モノの価格形成に

おいて本質的な役割を果たすことになる。

　ただし，記憶的力にとって，その記憶が個人的なものか集団的なものかという区別は重要である。これが市場的力を左右する。たとえば「私の祖父」が保有していたリップ（Lip）[10]の時計は，私と家族にしか記憶的力を発揮しない。これに対し，ド・ゴール将軍がチャーチルに贈ったとされるリップの時計「T18 モデル」は，歴史的に重要な人物や出来事と結びついていることから，多くの人々によって強固な記憶的力を付与されているということになるのだ。

4　地場産業製品の価値づけ：「標準」形態から「コレクション」形態へ

4-1　「コレクション」形態と民藝運動

　以上の議論を踏まえて，改めて地場産業地域で生産される産地製品の価値づけ形態の変化について捉え直しておきたい。多くの地場産業地域では，産地問屋を中心に細かい社会的分業が組織され，製造企業は特定の加工技術や工程に特化することで，技術・技能の深化と効率的な生産システムを形成している[11]。多くの地域は，輸出用を含む量産品の生産によって発展し，1980 年代半ば以降，国際競争の激化と国内需要の喪失によって顕著な縮小を経験してきた。もちろん，地場産業製品は，西陣織や高級漆器のような高級品市場向けの伝統工芸品や，各地の陶磁器産地に点在する陶磁器作家の作品など，もともと「コレクション形態」において価値づけられてきた製品を含むが，多くは海外製品との価格競争にさらされるような「標準」形態において価値づけられてきたといえる。

　2000 年代以降に顕在化してきた，地域のすでにある技術・素材・イメージなどを「再発見」し，新たに価値づけを行おうとする試みは，「標準」形態の価値づけから「コレクション」形態における価値づけへの移行として捉えることができる。そして，その際，地域外のデザイナーやバイヤーが重要な位置づけを占める。これをボルタンスキーとエスケール（Boltanski and Esuquerre 2017）の「コレクション」形

---

10) 1867 年創業のフランスを代表する時計ブランド。
11) 産地とは，「特定の地域に同業種の地元資本の中小企業が集中立地し，広域的に市場を求めている製造業を中心とした地域的産業集団」を指す（藤塚・高柳 2016：44）。そこには，陶磁器，食品，機械金属，繊維，玩具，家具，木工など多様な製品分野が含まれる。中小企業庁「産地概況調査」（2005 年に廃止）によると，年間売上額 5 億円以上の産地は，全国に 578 地域存在する。

態の説明図式に対応させると，多くは，「標準」形態において一度価値を喪失したモノが再度価値付与されるような，「ありふれたコレクション」に相当すると考えることができる。しかし，叙述的提示の仕方に応じて，プロトタイプにいっそう接近（より上方へとシフト）し，さらに市場的力を増加させることがありうる。

　地場産業製品とりわけクラフト製品に関しては，モノの価値が市場で評価されるうえで，特定の価値の参照元として民藝運動の著作が，影響を及ぼしてきたと考えられる。雑誌や書籍などにおいては，柳宗悦やバーナード・リーチなどの人物との結びつきを介して，民藝運動と地場産業の製品，さらにはモダン・デザインが関連づけられている（濱田 2007）。クラフト品を扱う雑貨店などでは，器や雑貨と並んでこれらの著作が置かれていることも少なくなく[12]，店舗レベルでもモノの価値を判断する文脈が発信されている。

　民藝運動は戦前の日本で柳宗悦らによってリードされた芸術運動で，無名の工人によって近代的な工業的生産（あるいは産業資本主義）とは異なる論理で作られた「下手物（げてもの）」と称される庶民の雑器に美を見出し（「用の美」と称される），民藝という体系的コレクションを生み出した。それは，ウィリアム・モリスを祖とするイギリスのアーツ・アンド・クラフツ運動のように，美とソーシャリズムを明確に結びつけた芸術・社会運動（大内 2012）として位置づけることはできないにせよ，少なくとも民藝運動の工芸品が工業的な価値とは異なる価値の文脈を提供しているということはできる[13]。そして，ボルタンスキーとシャペロ（2013）の資本主義の精神の

---

12) ビームスのような大手セレクトショップでも民藝を積極的に扱うようになってきている。ビームスの「フェニカ」は，2003 年に「デザインとクラフトの橋渡し」をテーマに立ち上げられた。民藝関連の産地製品を扱い，イベントなども行っている。ボルタンスキーとエスケール（Boltanski and Esquerre 2017）の議論を想起させるような，民藝と関連の深いモダン・デザインの人物との関連づけもなされている。たとえば，2016 年に東京・新宿に開設された店舗「ビームス ジャパン」の「フェニカ スタジオ」の内装設計に関して，フェニカの責任者への次のようなインタビューが『Pen online』に掲載されている。「バーナード・リーチやシャルロット・ペリアンなど，日本の民藝と関わりの深い人たちのイメージとつながる棚や壁面をつくるなど，内装にも私たちの希望を多く取り入れていただきました」。バーナード・リーチは民藝運動の主導者の一人であり，シャルロット・ペリアンはル・コルビュジェの家具を多く制作したことで知られるが，日本の伝統建築や工芸から影響を受け，民藝運動とも関係をもつ人物である〈https://www.pen-online.jp/feature/culture/beams_japan-fennica_studio/2/（最終閲覧日：2018 年 1 月 3 日）〉。
13) 民藝運動が地場産業地域に与えた影響を考察したものとして，濱田（2006）がある。

議論に立ち返るならば，それは芸術家的批判と呼ばれるタイプの批判として理解することが可能であろう。今日の日本で，クラフト製品のモノの「真正な」価値を理解するうえで重要な参照軸の一つを占めているように思われる。

たとえば柳宗悦という人物と結びつけられることで，ある陶磁器産地の伝統的な素材・技術・技能を用いた器が真正性を獲得し，豊穣化されうる。さらに，前述の議論に従うならば，柳宗悦が実際に産地を訪れ，素材・環境（風景や自然）・作り手・器と接触し評価を与え，今日，日本民藝館に収蔵されているような，自身のコレクションに加えていることが重要な意味をもつ。

一例を引くと，柳宗悦が兵庫県篠山市今田町の丹波（立杭）焼の産地を訪れ，そこで明治以前に焼かれていた典型的な日用雑器を見出し，茶道の美は本来清貧の美であるとして非常に高い評価を付与した。柳は『丹波の古陶』(1956) において，自然環境（加工の難しい痩せた土など）や当時の工人たちの置かれていた生活が「健康な自然な民器」を生み出したとし，当時その価値が認められていなかったモノを豊穣化したのである。そしてその際，近代的な「標準」的生産が古丹波に対置され，批判されている。

> 近時，立杭に科学の知識を集めて，合理的な窯が新設された。ここでは望みに適って，不完全な品はその後を絶った。だが結果はどうであったか。一つの無駄もなく無疵に取れはするが，凡ては固くて冷たくて，何の味わひも潤ひも含まれておらぬ。完全だというのは生産的に，経済的に見ての言葉であるが，美しさは逆にその命を失って了った。それは商業的成功と美的価値との交換であった。さうしてもはや丹波の固有な性質をそこに見ることは出来ない。(柳 1956：28-29)

ここでは，工業的生産による，モノの個性ないしは特異性 (singularité) の喪失が問題とされている。民藝運動は，芸術家的批判とともに，その主導者たちによって各地で発見された雑多なモノを民藝というパースペクティヴから関連づけ，コレクションし，価値を付与したのである。丹波の古陶にみられるように，その地域に固有の素材や歴史的に蓄積されてきた技術・技能あるいはそれと不可分の関係にある生活様式が価値の論拠となる。したがって，各産地の地場産業製品は，たとえば柳宗悦という人物と結びつけられることで，強固な記憶の力と真正性を獲得し，ほかの地域で焼かれた焼き物によっては代替されえない特異性が付与されるのである。

4-2　D&Department project：すでにあるモノへの再価値付与

　ただし，地場産業の製品あるいはクラフトにとって，生産されたモノへの価値付与は民藝運動のコンテクストによるものだけではない。別のパースペクティヴによるコレクションとも重なり合う。なかでも，グラフィック・デザイナーのナガオカケンメイ氏によって 2000 年前後に開始された「D&Department project」は，デザイナーによる店舗運営を基軸とした[14]，「正しいデザイン」の工業製品を再評価し，新たな価値観と市場形成を牽引する運動である。「正しい」という形容は，規範的価値と不可分だが，ここで「正しい」というときの基準は時の経過であるとされる。D&Department では，「時が証明した息の長いデザインは「正しい」と考えて，商品誕生から 20 年以上経った生活品だけを定価で販売」する（ナガオカ 2013：4）。

　工業製品は通常，時の経過とともにその価値を喪失するが，ナガオカケンメイは，「ロングライフデザイン」というパースペクティヴから，「標準」形態において価値を失いリサイクルショップで販売されるようになった中古品に，「コレクション」形態の価値付与を行ったのである。ナガオカによって価値付与されたモノの多くは，1960 年代にデザインされたものであった。そして，ボルタンスキーとエスケールの図式に従えば，それらはプロトタイプに近いサンプルである。そして，こうしたナガオカケンメイの活動の背景には，「流行を作り，大量に消費させ，ゴミも作り出してしまうデザイン」やそうした社会・経済的な仕組みへの批判がある（ナガオカ 2013：16）。

　「D&Department project」は，47 都道府県に拠点を作ろうと，2007 年頃からそれぞれの地域の個性を見出し，発信するようになる。地場産業製品ないしはクラフト製品に関しては，クラフトバイヤーの日野明子氏との出会いが一つの契機となり（ナガオカ 2013），デザイナーによって再価値付与された各地の産品を中心に地場産業製品を積極的に扱うようになった。ここで民藝運動との接点が生じてくる。ナガオカが民藝運動のことを知ったのは 2007 年頃のことで，それまではまったくその存在を知らずに独自に活動を展開してきたとしつつも，その親和性を肯定している。

---

14) 顧客との関係性の問い直しを含んでおり，店舗を「学習」のコミュニティとして位置づけている。「売場を休んで工場を取材したり，お客さんと一緒になって定休日の売り場にゲストを招いて勉強会もします［…略…］買い物の中に学びを求め，店員やつくり手，お客同士の交流をも求め始めるのです。それは，今どきの言葉に置き換えると「コミュニティー」といえるでしょう」（ナガオカ 2013：4-5）。

彼らが言う「用の美」は，僕が言う「ロングライフデザイン」だし，『冊子工芸（民藝）』は，『d longlife design』。各地に点在する「民藝館」は，「D&Department」となるようである。会社名が「project」としたのも「運動」と見えるらしい。確かに共通点がある。他にも「その土地のもので作る」とかいろいろある。（ナガオカ 2018：287–288）

　ナガオカは，「新しく作らない」という「もうひとつのデザイン」を明確に意識し，「リサイクルを前提とした回収型の循環による物の生まれ方」を実践的に探る。新しいモノのデザインとは異なるデザインを行う，デザイン活動家として自身を位置づけるようになっている。たとえばある織物産地に売れ残りやサンプルの残りとして蓄積されている「デッドストック」の端布をラグなどに加工し，「ライフストック」という新しい名称と価値を付与して販売する。「ある時代にそう呼び名をつけられ，マイナスイメージとなってしまったモノも，そのモノに可能性があれば，形を変えず，まして捨てず，「呼び名」を変えてあげる。みんなでそう呼ぶことで，新しい価値として見えてくる」（ナガオカ 2018：133）。豊穣化の経済の台頭によって，可能になってきた活動であるといえる。

4-3　モノのデザイン

　最後に，モノのデザインについて触れておきたい。すでにあるモノの豊穣化という点では，モノ自体のデザインを行う活動もまた変化し始めている。デザイナー・戸田祐希利氏の活動を一例としてみておこう[15]。

　戸田氏は，1977 年に愛知県に生まれ，富山県高岡市にある工芸関係の高等教育機関で木材工芸について設計から加工までを学んだ。卒業後，家具製作会社で家具職人として制作現場を経験したのち転職し，大手学習机メーカーで営業部署を経て商品開発担当となった。そこで，誰に対していくつ売らないといけないのかなど，流通も踏まえながら設計を行う経験を積んだ。そして，33 歳で独立し，フリーのデザイナーとして活動を開始した。独立前の経験が，「産地と市場の間で仕事をする」同氏の特徴を育む要因ともなった。

　戸田氏にとってデザインの目的とは，目新しさで雑誌や売り場の目を引くことで

---

[15] ここでの記述は，2014 年 9 月に行った同氏へのインタビューと，同年 10 月の大阪市立大学創造都市研究科のワークショップでの講演記録による。

08 資本主義の新たな精神と豊穣化の経済　201

図 8-2 「one to one」[16]

はなく，問題を気づかせたり解決したりすることである。したがって，形や色の美しさはあくまでもよいデザインの条件の一つであって，場合によっては，「何もしないというデザインの選択肢」もありうるという。日本でデザイナーといったとき，ゼロから造形する作業がイメージされることが多く，いずれにしてもデザイナーという言葉に込められる意味が多義的であるため，自身では，デザイナーを自称せず，「商品開発の手伝いをしています」というようにしているという。

　いくつかデザインの具体例を挙げると，たとえば，「one to one」（図 8-2）は石から型をとり，表面加工した真鍮板のブローチである。木箱内の左が製品で，右がブローチの元になった型の石である。自然物にまさる美しさはないが，どこにでも偏在していることで普段の生活では見落とされているモノの美しさをブローチとして表現したという。戸田氏が行ったのは，形のよい石を選び，型に写し取っただけなのだが，型となった石と製品をセットにすることで，それは「世界に一つだけのブローチ」となった。これによって，サンプルがプロトタイプに近づくのである。

　次に，「cutpiece」（図 8-3）は，大阪を拠点に活動するクリエーター集団 graf との共同開発商品である。これも類似の発想に基づいており，日常的に身近にある野菜や果物の切れ端がもつ美しさを，真鍮という素材で際立たせ，表現したものである。行ったことは，共同開発者とのアイデアの交換であり，野菜を切って型にとっただけである。しかし，真鍮にしたときの美しさに加えて，玉ねぎの皮をバラすと個々のパーツが箸置きになるなど，意外性をもたせている。

　戸田氏はモノのデザインにおいて素材の特性と，産地企業によるクラフト的生産

---

16) 「暮らすひと 暮らすところ」HP 〈http://www.kurasu-kurasu.com/product/onetoone.html （最終閲覧日：2018 年 1 月 3 日）〉より。

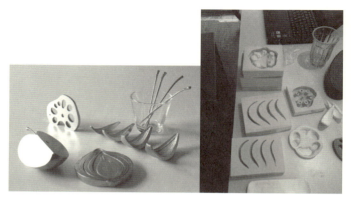

図 8-3 「cutpiece」
（出所：左写真は図 8-2 に同じ。右写真は 2014 年，筆者撮影）

を重視している。商品開発の活動は，上述の「one to one」のようなオリジナル品に加えて，「cutpiece」などの販売店との商品開発，あるいはメーカーとの商品開発に分けられるが，「one to one」でも製造は高岡銅器産地の製造企業 O 社が担った。メーカーとの商品開発に際しては，成功のイメージを共有することが必要であり，仕事の範疇は狭義のデザインにとどまらない。「いくら売上を上げたい」のか，「どんなお客さんに商品を届けたいか」「どんな雑誌に掲載されたいか」といったことを明確化していく。戸田氏にとって重要なことは，多くの商品が売れることではなく，生産キャパシティーと販売量のバランスであり，そして価格や価値を下げずに，計画通りにしっかり売れることである。

　戸田氏と地場産業産地との関わりの端緒は，漆器や，次節で詳述する銅器の産地が立地する高岡市で学生時代を過ごしたことである。学生時代，高岡市デザイン・工芸センターの K 氏からデザイナーと産地企業をつなげる企画に誘ってもらっていた。2001 年に，デザイナーの立川裕大や安次富隆が参加して立ち上げられた「HiHill（ハイヒル＝高岡）事業」である。その後，フリーランスとして活動を開始するようになり，何か恩返しができないかと考えて，高岡でプロダクトをやりたいということで 2011 年に作ったのが，「真鍮の箱」だった（図 8-4）。自分の結婚式の引き出物に模した。真鍮素材の重量，「重い」が「思い」に重なることが意図されている。素材の表面加工は，伝統工芸技術による加工で，高岡銅器産地の銅器着色メーカー O 社が行った。同社と戸田氏の関係は深く，同メーカーが立ち上げたブランド「トーン（tone）」のデザインも戸田氏が手がけている。

図 8-4　真鍮の箱
(出所：2014 年，筆者撮影)

　モノの真正性は，産地の歴史や伝統技能など叙述的に提示されるだけではなく，モノの物的要素もまた関わる。この点については，ベッシーとシャトーレイノ (Bessy and Chateauraynaud 2014) が理論化を行っているように，モノの良し悪しを判断することを可能にするものは，物語性のような表象と，物質としてのモノの知覚の結合からなることを確認しておく必要がある[17]。

5　「地場産業」から創造産業への転換：高岡銅器産地の変容

5-1　高岡銅器産地の概要

　以上，豊穣化の経済とその中核をなすコレクション形態という概念フレームとの関わりで，近年の地場産業やクラフトに価値を付与する市場形成について検討してきた。それに伴い，生産の側，すなわち地場産業地域においても，産地の変容がもたらされ，新たな可能性が芽生えつつある。この点について，具体的ケースとして，富山県・高岡銅器産地と同産地に強い影響力をもたらした能作の経験を検討してみることとしたい。

---

17) ベッシーとシャトーレイノ (Bessy and Chateauraynaud 2014) の議論に関する簡潔な説明が，須田 (2016) によってなされているので，併せて参照されたい。なお，素材とデザインの関係については，クラフト品を手がけるデザイナーの小野里奈氏もまた，ゼロから造形するのではないことを強調する。「素材の声に耳を澄ま」し，「素材が生きるかたちを見つける」のだという。土地の文化や気候風土，木工であれば材木の特性などのなかから見合った形を見つけ出していく (2017 年，創造都市研究科ワークショップでの講演より)。

高岡銅器産地は，仏具と銅器の産地であり，産地問屋を中心とした分業の仕組み（鋳造・研磨・彫金・着色など）によって発展してきた[18]。多くの地場産業地域と同じように，1990年代以降，市場の変化と需要の縮小，海外との競争の激化によって苦境を迎える。ピーク時の1990年には375億円あった銅器の販売額は，右肩下がりで2008年には127億円に激減することになる。高岡銅器産地は，そうした状況のなかでデザイン性の高い企画開発の試み，とりわけ鋳造メーカーによる自社ブランドの開発による躍進という，新しい潮流を起こしてきた。パリで開催される世界的なインテリア関連の見本市「メゾン・エ・オブジェ」をはじめ，海外の展示会にも出展し，海外からの注文を受ける企業も現れている。

　従来，産地問屋を頂点として組織されてきた下請制では，産地問屋とメーカーの間に主従の関係が存在し，メーカーが自社ブランドをもつことは許されない雰囲気があった。ボルタンスキーとテヴノー（Boltanski and Thévenot 1992）の規範的価値の秩序を再度引き合いに出せば，家内的シテの秩序が，産地の社会・経済を調整する原理として共有されてきたといえる。年長者，親方，親，雇い主との人格的な上下関係と，パターナリズム的な安全を前提とする秩序である。

　もっとも，こうした力関係を含めた暗黙の産地内慣行が産地の変化を阻むことは高岡以外にも多くみられることである。そうしたなかで，高岡産地では，産地の衰退を契機として地域外とのネットワークの構築と，従来の規範的秩序のあり方に変更を迫るようなメーカー主導の自社ブランド開発が行われている[19]。問屋組合が担い手となったJapanブランド事業における商品開発も行われる一方で，2005年頃からいくつかのメーカーが自社ブランド開発を成功させ，独自の販路を構築してきた。前述の銅器着色メーカーO社もその一つだが，なかでも，鋳造メーカーの能

---

18) 高岡市産業振興部産業企画課（2010）によると，2008年時点で，問屋78社，鋳造79社，溶接5社，研磨26社，彫金22社，着色46社，仕上げ13社となっている。なお，従業者数の平均は，問屋が8.6人，鋳造メーカーで9人と小規模零細である。
19) 高岡市役所産業企画課でも，これまでの問屋制度が時代とミスマッチを起こしているとの認識がある。とりわけ，高岡産地では上代を固定しない商習慣があり，こうした価格設定方式を含めて課題が少なくなく，根本的な意識改革・流通改革が必要であるという。問屋側としても，JAPANブランドの取り組みなども行われているが，産地内部の諸慣行をいっそう変えていく必要がある。日本全体で流通の仕方の変更が迫られており，ネットでの買い物がさらに拡大していくことになれば問屋の存在意義が問われる。問屋でも比較的若い世代は，こうした課題意識を有しており，以前とは異なる状況が生じているという（2011年8月，高岡市役所産業企画課H氏へのインタビューより）。

作は産地の変革を牽引してきた企業である[20]。

5-2　能作の試みと産地の変容

能作は1916（大正5）年創業，2010年頃から急速に売上を増加させてきた。2011年8月のインタビュー時点では35名（製造16名，事務5名，東京事務所2名，パート11名，海外担当1名）であったが，2014年に従業員数が100名となるなど，新たな市場を開拓して急成長を遂げている企業である。

能作は，もともとは，高岡産地のほかの鋳造メーカーと同様に問屋の下請製造を行ってきた。2000年代初めまでは問屋との取引が100％であったが，その後，活発な自社ブランド開発を行い，2014年には，自社ブランドやOEMなど，県外売上比率が85％を超えるまでになった。能作社長自身がデザインを手がけるほか，外部のデザイナーと連携して商品開発を行い，産地問屋との取引先のバッティングに配慮しながら独自に販路開拓してきた。高岡の問屋が販路を有していなかった「コレクション」形態のモノの流通経路を切り開いた。能作の商品は，今では全国の雑貨店やセレクトショップで商品が販売されている。また，2017年1月現在，パレスホテル東京店や松屋銀座をはじめ，東京を中心とする大都市の百貨店やホテルに11の直営店を置き，メディアにも頻繁に取り上げられる。2009年からは，パリの「メゾン・エ・オブジェ」をはじめとした大規模展示会にも出店し，海外展開も行っている[21]。

取引先を広域に展開する一方，製造に関しては，基本的に高岡産地で行う。2011年段階の情報だが，着色5社（得意技術をそれぞれもっている），仕上げ4-5社，段ボール4社に外注に出している。極めて特殊な加工でなければ，高岡産地の企業に外注を出している。

能作社長は，大阪芸術大学を卒業し大手新聞社でカメラマンをしていたが，27歳のときに妻の実家である能作に入社し鋳造の技術を身につけた。能作の自社ブランド開発の契機となったのは，2001年，前節でも触れた高岡市デザイン・工芸センターが主催する「HiHill（ハイヒル＝高岡）事業」への参加である。外部のデザイナーの指導で商品開発やデザインを行う試みであった。能作氏は，その鉛レスの勉強会

---

20) 能作の記述は，2011年のインタビュー，2013年の大阪市立大学創造都市研究科でのワークショップにおける能作氏の講演内容，2014年メールでのやり取りに基づく。
21) 2014年には，「メゾン・エ・オブジェ」でクリスチャン・ディオールから大量受注を獲得した。ただし，海外市場は国によって求められるテイストが異なるため，その国の文化を知ることが重要だという。

でデザイナーが持参したイタリア・アレッシ社の金属製ボールを目の当たりにする。素材感のある製品が市場では求められていると聞き，技術的には自社の茶器「建水」でもそん色がないと感じたため，講師のデザイナーたちに見せると，技術力が高く評価される。そして，講師の一人 T 氏の紹介で東京・表参道のギャラリーでの展示会が実現したのだった。

　伝統的製品の品質慣行に従えば，仏具は着色を施して初めて製品となる。しかし，能作は，あえて剥き出しの真鍮素材を生かした製品を出展した。裸の素材でも傷がつかない，鋳造技術の高さがそれを可能にした。展示会は好評で，ホテルの照明の別注と，インテリア関連の人気ショップを展開する B 社からベル（呼び鈴）の受注を受ける。ベルは当初まったく売れなかったが，売り場の人の意見を踏まえて風鈴として売り出したところ市場から高い評価を受け，今日の足がかりを築く。

　能作氏の方針として，「モノ・コト・ココロ」を重視している。すなわち，モノの背後にある産地の歴史や技術（コト）と作り手の気持ち（ココロ）を消費者に伝えることを重視している。これは換言すれば，モノとしての真鍮や錫の素材感，色，形状などに加えて，高岡産地で製造されていることで生まれる「コト」と「ココロ」が能作の商品の個性，さらには真正性を構成しているということができる。伝統産地に立地することの強みを生かした試みである。こうした，ボルタンスキーとエスケール（Boltanski and Esquerre 2017）の表現によるところの叙述的提示の内容は，店舗で顧客に伝えられる場合が多く，その点で，商品が販売される店舗の役割は大きい[22]。

　ところで，モノの開発過程に関しては，もともとデザインは能作氏が行っていたが，その後，外部のデザイナーとの連携も開始し，現在では 20 名以上のデザイナーと契約している。その端緒は，デザイナーの小泉誠氏との出会いであり，小泉氏からデザイナーの人脈を紹介してもらっているという。デザイナーとの連携において

---

[22] 小野里奈氏が 2007 年にデザインした「kago」シリーズは，錫の特性を生かして形状を自由に変えられるという商品である。2017 年現在でも売上がいまだに上がっている商品だが，最初の数年間はまったく売れなかった。形が変形することを売り場でうまく顧客に伝えないと売れないことがわかり，どうしようかと能作氏と一緒に頭を悩ませた。小野氏のコンセプトが悪かったかもしれないと伝えたとき，能作氏は，自分たちの売り方が悪いのだと言って，売り方を工夫して頑張った。松屋銀座で，一週間，小野氏が店頭で売る機会があり，結果的に，非常によく売れた。能作氏はこれをみて，直営店を増やし，また販売員を会社から出して説明ができるように徹底した（2017 年 11 月，創造都市研究科ワークショップでの小野氏の講演より）。

は，対等な立場が重要であると考え，デザイナーとの契約も販売価格の一部がデザイナーの収益となるロイヤリティー契約としている。したがって，デザイン料としては支払わない。行政機関が販路支援として有名デザイナーを地域に派遣することも多いが，メーカーがデザイナーに任せておけば商品が売れると誤解する恐れがある。

能作氏によると，たとえば，デザイナーを「先生」と呼んでしまってはならない。関係者のすべてが同じ立場で，各自が隠し事をせずに協力し合うと結果としてよいものができるという。同社の場合，最初にそうしたデザイナーと出会うことができたことが大きかったようだ。「このデザインだと型費が高くつきますが，ここを変更したら安く製造できます」といった提案をデザイナーは，すぐさま受け入れてくれたという。こうした意識は，ボルタンスキーとシャペロ（2013）がいうところの「プロジェクト志向のシテ」に近いと考えられる。

能作の事例にみられるデザイナーとのいわば水平的な関係は，高岡市デザイン・工芸センターの姿勢でもある。高岡市デザイン・工芸センターのプロジェクトは基本的にすべて，デザイナーに依存するスタンスはとらない。同センターでは，HiHill 事業のときからこの方針をとっている。これには，デザイナーの安次富隆氏の影響がある。3 年間かけて行った「いのり・いわいプロジェクト」では，安次富氏がプロデューサーを務めたが，デザインは企業が行うというものだった。デザイナーの関与は単発で終わることが多く，その後の持続性が課題だという認識があったため，今後は，産地企業がデザイナーやプロデューサーの役割を担い，地場の企業が活性化することを目指したのだ。「いのり・いわいプロジェクト」では，デザインを見る目を養うことを重視し，また一部の開発商品はデザイナーがデザインしたが，ほとんどは企業がデザインをしたものだった[23]。

---

23) ここでの記述は，2011 年 8 月，高岡市デザイン・工芸センターの A 氏へのインタビューに基づく。なお，企業は最初，自社はメーカーだから指示されたものだけを作るという意識だった。このプロジェクトで変えていったのは，自分たちで図面は描けないにせよ，できたものを評価する力はあるという意識の形成である。まず，各自で絵を描いていった。最初はあまりうまくないが，なんとか描いて壁に貼り付けていった。デザイナーを含めて各自が一票の原則で，皆で投票を行った。面白いことに，デザイナーのデザインに票が集まるわけでもなかった。こうした作業を通じて，普通のメーカー，あるいは職人にもデザインを見る目があることを認識してもらった。自分の描いた絵が皆から選ばれると嬉しいので，実際にそれをモノとして実現しようということで商品化へと進んでいった。

高岡産地では，こうして，高岡市デザイン・工芸センターが地域外部のデザイナーとのネットワークと地域企業の接点を提供していった。高岡市では，1986年から全国的なクラフトコンペ（「工芸都市高岡クラフト展」）を開催し，審査員のデザイナーを通じて新たなデザイナーとのつながりを作ってきたことで，こうした取り組みの下地があった。HiHill事業に参加し躍進した能作もまた，産地の他企業にデザイナーを紹介し，ネットワークの拡大に寄与した[24]。産地の衰退による旧来の問屋主導の社会秩序が弱まるなかで，創造産業のネットワークと価値が地域内に入り込む余地が広がり，高岡銅器産地の創造産業への参入の動きに結実していったということができる。

6　おわりに

　本章では資本主義の変容という文脈から，地場産業の創造産業への移行を検討してきた。大きな傾向として，資本主義の新たな精神，あるいは「プロジェクト志向のシテ」によって，生産者から消費者にわたる人々の意識や関係性が再編されつつある。さらに，ボルタンスキーとエスケール（Boltanski and Esquerre 2017）の理解に従えば，今日の資本主義は，「豊穣化の経済」へとシフトすることで，歴史や文化などしばしば価値を喪失した過去からの継承物を遺産化しつつ，すでにあるモノを豊穣化することによって富を生み出すようになっている。モノの豊穣化の方法，あるいは価値づけの形態は，「コレクション」形態として形式化されうるものである。

　地場産業製品ないしは地場産業地域で生産されるクラフト製品への評価の高まりは，こうした社会・経済的文脈を抜きにして理解することはできない。過去を主たる資源として，「標準」形態とは異なる原理でモノを価値づける「コレクション」形態が，新たな市場を形成してきたといえる。そこでは，本章の手短な検討ではあ

24）能作氏や高岡市デザイン・工芸センターの仲介で，デザイナーとの出会いと自社ブランド化に成功した事例として，鋳物メーカーのF社がある。クラフトデザインを手がけるデザイナーのO氏と出会うことで，自社ブランドと独自販路を開拓した。O氏のデザインは，着色も研磨もメッキもしない，真鍮鋳物の素地仕上げの商品開発だった。仏具や通常の鋳物からすると未完成品であり，当時，能作を含めてどこもこうした商品を生産していなかった。デザイナーのO氏もまた，F社に頻繁に通い，素材や技術の特性を知り，F氏とのコミュニケーションを深めた（2011年8月，F社へのインタビューによる）。

るが，クラフト製品だけではなく，プロトタイプに近い工業製品も同様に価値づけられており，また，民藝運動や，「標準」形態に基づく生産・流通・消費システムへの批判が，モノの価値を識別し整序するパースペクティヴとして共有されつつあるようにみえる。

そして，こうした動向とリンクして，地場産業地域の変容もまたもたらされてきたといえる。高岡銅器産地の経験は，「コレクション」形態における価値づけが，規範的秩序の変容，すなわち家内的シテから「プロジェクト志向のシテ」への移行を，おそらくは依然として萌芽的にであれ，伴っていることを示唆している。

敷衍すると，ボルタンスキーとシャペロ（2013）は「新たな精神」を規範とする社会秩序を結合主義的世界とするが，創造産業あるいは「豊穣化の経済」は，そうした規範的価値が端的に観察される分野である。地場産業は，豊穣化と真正性の観点から産業として大きな可能性をもつが，そのためには産地ないしは産地企業が従来の認識や関係性を変えることができなくてはならない。たとえば，真正性の無理解，権威的な関係性，外部に開かれた水平的ネットワークの拒絶，デザイナーにデザインのみを外注する姿勢など，「標準」形態における価値づけや，家内的シテに基づく規範的秩序に基づきながら，「コレクション」形態の世界に参入することは難しい。地場産業産地が，豊穣化の経済における発展を目指すのであれば，そこで共有されている価値原理を理解し，関連のアクター間で意識と行為を調整していく必要があろう。

あとがき

　本書は，大阪市立大学と名古屋大学で過ごした大学院生時代から，大阪市立大学に職を得て今日に至るまでに取り組んできた研究成果をまとめたものである。筆者は，修士課程の学生の頃，知識・学習・イノベーションをめぐる産業集積研究とその底流にある制度の経済学に興味を抱き，産業集積内の制度がローカルなアクターの思考と行為をどのように枠組みづけているのかを，経済地理学と日本の工業集積研究，そしてコンヴァンシオン経済学の成果を互いに結びつけながら，明らかにしようと試みてきた。

　研究スタイルとしては，フィールドワークを通じて産業集積地域の実態に触れることで感じたことを，コンヴァンシオン経済学を手がかりに理解しようというものであった。もちろん，理論的なフィルターがあることによって初めてみえてくる現実もあるが，現地調査に入る際には，できるだけ経験から得られる直感を大事にしたいと願ってきた。

　このうち，フィールドワークについては，地域研究を重んじ，「巡検」や野外実習をカリキュラムとしてもつ地理学の分野で教育を受けてきたこともあり，当初より，研究の前提であった。しかし理論については，なぜコンヴァンシオン経済学でなくてはいけなかったのだろうか。改めて振り返ってみると，出会いや人的つながり，偶然の要素もたしかに強いが，それを選んだ背景には，コンヴァンショナリスト風にいうと，フィールドワークのなかで形成されてきたある種の規範的感覚（コンヴァンシオン）があったのかもしれない。

　コンヴァンシオン経済学では，不確実性があり合理性が制限されているにもかかわらず，アクターは，認知的環境を整備することで意思決定能力を担保することができると考える。そして，そうした環境そのものを作り変えるのもまたアクターの批判と価値判断の能力である。これに対し，フィールド調査のなかで実感してきたのもまた，人間の価値判断の重要性であった。産業集積地域や企業の盛衰は，たしかに偶然や外部環境要因によってもたらされる側面もあるが，どのようにして関連のアクターが状況をとらえ，既存の仕組みを批判し，どうあるべきかを考えて行為するのかということが，やはり大きな意味をもつ。したがって，制度変化の中心に人間の批判と価値判断の能力を置くコンヴァンシオン経済学と，筆者のフィールド経験がうまくフィットしたのだろうと思う。

研究を進めていくうえで，地理学に加えて，ほかの諸分野，特に経済学や経営学関係の諸先生方から多くの指導を受け，また多くの研究仲間と交流をもってきた。産業集積研究とコンヴァンシオン経済学を架橋しながら，ひとまず，このような形で成果をまとめることができたのは，多くの人の支えがあったからだと改めて感じている。本書の第2章，第3章の一部と，第5章は，学生時代の研究内容がベースになっている。

　まず，地理学関係については，研究の入り口を作ってくださった伊東理先生（関西大学），博士課程在籍時に，フランス語もままならぬ筆者を客員研究員として1年間受け入れてくださり，学問をする楽しみを惜しみなく与えてくださった故ジョルジュ・ベンコ先生（パリ第1大学）には深く感謝している。ベンコ先生については，何も恩返しができないまま2009年に亡くなられてしまったことが悔やまれる。

　また，長尾謙吉先生（元大阪市立大学，現専修大学）には，大阪市立大学の修士課程以来お世話になりっぱなしである。「ボーダーを越えてボーダーが見える」という昔うかがった名言の通り，（地理的にも，分野的にも）移動することで自分の考えを常に一歩引いて眺め，新しい発想を得ることの大切さを教えていただいた。また，水野真彦先生（大阪府立大学）からは，制度と空間が交差する地点に産業集積を定位するうえで，多くの示唆を受け続けている。

　博士論文の指導教員であった岡本耕平先生（名古屋大学）には，激務の合間を縫って丹念に論文指導をしていただき，また研究面での心構えを厳しくかつ暖かく教えていただいた。これもまた規範として付着してしまっている感もあるが，地理的次元の重要さに気づかせていただき，研究者として今日に至るまでの基礎の全般を作っていただいたと思う。林上先生（名古屋大学名誉教授，現中部大学）と伊藤喜栄先生（元慶應義塾大学）の超人的な仕事から受けた刺激も大きい。

　経済学・経営学関係では，工業集積研究会を主宰されている植田浩史先生（元大阪市立大学，現慶應義塾大学）には，修士時代から，フィールド調査を通じて中小企業の人と現場を知ることの重要性を教えていただいた。とにかく中小企業の「現実」を緻密に捉え，さらにそれを一般化していく作業には圧倒された。現場に対する真摯な姿勢については，大田康博先生（徳山大学）をはじめ，工業集積研究会のメンバー諸氏からも多くを学んだ。修士課程在籍時に，渡辺幸男先生（慶應義塾大学名誉教授）の調査（児島アパレル産地）に参加させていただいたことや，繊維産業の専門家である富澤修身先生（大阪市立大学）のゼミに潜らせていただいたことも貴重な経験となった。

あとがき　　*213*

　筆者は他方で，コンヴァンシオン経済学を中心に，理論研究の諸先生からも多くを学ぶ機会を得た。なかでも海老塚明先生（大阪市立大学名誉教授）からは，修士時代にマンツーマンで毎週厳しくご指導いただき，コンヴァンシオン関連の文献をテキストとしてフランス語を一から教えていただいた。その後，コンヴァンシオン理論の翻訳プロジェクトに加えていただいたことで，片岡浩二先生（横浜国立大学），須田文明先生（農林水産省農林政策研究所）からも多くを学ぶ機会を得た。また，海老塚先生を介して知り合った荒川章義先生（元九州大学，現立教大学）には，パリ第1大学に一年間留学していた際，毎週カフェでコンヴァンシオン経済学の初の入門書 *Théorie des conventions*（『コンヴァンシオン理論の射程』）を一緒に輪読していただき，また制度の経済学についてレクチャーしていただけたことも後の助けとなった。

　本書の第4章，第6章，第7章，第8章，そして初出論文の改定部分については，2006年，大阪市立大学に教員として着任して以降の業績が基になっている。コンヴァンシオン経済学については，何よりも，同理論の創始者のお一人である，オリビエ・ファブロー先生（パリ第10大学名誉教授）と，第二世代にあたるフィリップ・バティフリエ先生（元パリ第10大学，現パリ第13大学），ギメット・ドゥ・ラルキエ先生（元パリ第10大学，現リール大学），クリスチャン・ベッシー先生（高等師範学校）との交流が大きな糧となっている。2010年の1年間の在外研究がこのきっかけとなった。

　それ以降，これらの先生には，コンヴァンショナリストの交流の場に筆者を暖かく迎え入れていただき，セミナーでの報告機会や学会での日仏共同セッションの設定などでお世話になっている。このなかで，コンヴァンシオン経済学に対する理解が飛躍的に進み，掘り下げるべき方向性の示唆を得た。ここ数年は，ジャンマルク・ルギャール先生（元パリ第4大学）にコンヴァンショナリストとの関係をサポートしていただいたことも大きい。

　また比較的直近では，「価値論研究会」の山本泰三さん（四国学院大学）と北川亘太さん（関西大学），それから須田文明先生と中原隆幸先生（阪南大学）から，認知資本主義，アクターネットワーク理論，コンヴァンシオン経済学，レギュラシオン理論などをめぐって多くを学ばせていただいている。本書の第7章と第8章は，こうした交流から多くの刺激と示唆を得ている。

　ところで本書の出版は，ナカニシヤ出版の米谷龍幸さんのご理解および編集部のスタッフのみなさんのご支援なくして実現することはありえなかった。米谷さんと

は山本泰三さんを編者とした『認知資本主義』（2016年，ナカニシヤ出版）の企画で知り合った．人文社会科学の最先端の事情に精通しておられ，非常にすぐれた編集者の方であるという印象があった．米谷さんには，経済地理学としてはやや（？）マニアックな本書の企画を持ち込んだときも快くその趣旨を受け入れていただき，書籍として具体化するうえでさまざまなアドバイスをいただいた．本書の出版にあたっては，2018年度日本地理学会出版助成に加えて，大阪市立大学経営学研究科から出版助成をいただく幸運に恵まれた．あわせて，深く御礼を申し上げたい．

また，本書に所収のオリジナル論文を査読してくださった，匿名の多くの先生方にも心より感謝している．査読コメントを踏まえて修正を繰り返し論文が掲載される仕組みにおいては，査読者の知識もまた論文にずいぶん注ぎ込まれているはずである．なお，本書の至らぬ点については，その責任はすべて筆者にあることはいうまでもない．

最後に，長らく支援を続けてくれた両親，そして研究活動に時間を割くことを許し励ましてくれた妻と幼い娘に感謝する．

文　献

はしがき

友澤和夫（1995）：工業地理学における「フレキシビリティ」研究の展開．『地理科学』50(4)：289-307.
ネグリ, A.・ハート, M. 著，幾島幸子・古賀祥子訳・水嶋一憲監訳（2012）：『コモンウェルス―〈帝国〉を超える革命論（上・下）』NHK 出版．
ピオリ, M. J.・セーブル, C. F. 著，山之内靖・永易浩一・石田あつみ訳（1993）：『第二の産業分水嶺』筑摩書房．（Piore, M. and Sabel, C. (1984): *The second industrial divide*, New York: Basic Books.）
フロリダ, R. 著，井口典夫訳（2008）：『クリエイティブ資本論―新たな経済階級の台頭』ダイヤモンド社．
ボルタンスキー, L.・シャペロ, E. 著，三浦直希・海老塚明・川野英二・白鳥義彦・須田文明・立見淳哉訳（2013）：『資本主義の新たな精神』ナカニシヤ出版．
ボワイエ, R. 著，山田鋭夫訳（1990）：『レギュラシオン理論』藤原書店．（Boyer, R. (1986): *La théorie de la régulation: Une analyse critique*, Paris : La Découverte.）
Benko, G. and Scott, A. (2004): Economic geography: Tradition and turbulence. In Benko, G. and Strohmayer, U. eds. *Human geography: A history for the twenty first century*, London: Arnold : 47-63.
Brusco, S. (1986): Small firms and industrial districts: the experience of Italy. In Keeble, D. and Weaver, E. eds, *New firms and regional development in Europe*, London: Croom Helm: 184-201.
Harrison, B. (1992): Industrial district: Old wine in new bottles?. *Regional Studies*, 26(5): 469-483.
Lipietz, A. (1986): New tendencies in the international division of labor: regimes of accumulation and modes of social regulation. In Scott, A. and Storper, M. eds. (1986): *Production, work, territory: The geographical anatomy of industrial capitalism*, Boston, MA: Allen & Unwin: 16-40.
Moulaert, F. and Sekia, F. (2003): Territorial innovation models: A critical survey. *Regional Studies*, 37(3): 289-302.
Scott, A. (1988): *New industrial spaces: Flexible production organization and regional development in North America and Western Europe*, London: Pion.
Scott, A. (2007): Capitalism and urbanization in a new key? The cognitive-cultural dimension, *Social Forces*, 85(4): 1465-1482.
Scott, A. (2008): Resurgent metropolis: Economy, society and urbanization in an interconnected world, *International Journal of Urban and Regional Research*, 32(3): 548-564.

Storper, M. (1997): *The regional world: Territorial development in a global economy*, New York: The Guilford Press.

Storper, M. and Scott, A. (1988): The geographical foundations and social regulation of flexible production complexes. In Wolch J. and Dear M. eds. *The power of geography*, London: Allen & Unwin : 21-40.

Storper, M. and Walker, R. (1983): The theory of labour and the theory of location. *International Journal of Urban & Regional Research*, 7: 1-43.

01 産業集積論概説

青山裕子・ハンソン, S.・マーフィー, J. T. 著，小田宏信・加藤秋人・遠藤貴美子・小室譲訳（2014）：『経済地理学―キーコンセプト』古今書院．

上野直樹・ソーヤーりえこ編著（2006）：『文化と状況的学習―実践，言語，人工物へのアクセスのデザイン』凡人社．

ウェンガー, E. C.・スナイダー, W. M.（2007）：「場」のイノベーション・パワー，DIAMOND ハーバード・ビジネス・レビュー編集部編『組織能力の経営論―学び続ける企業のベストプラクティス』ダイヤモンド社：234-259．

エイマール＝デュヴルネ, F. 著，海老塚明・片岡浩二・須田文明・立見淳哉・横田宏樹訳（2006）：『企業の政治経済学―コンヴァンシオン理論からの展望』ナカニシヤ出版．（Eymard-Duvernay, F. (2004): *Économie politique de l'entreprise*, Paris: La Decouverte.）

鎌倉夏来・松原　宏（2012）：多国籍企業によるグローバル知識結合と研究開発機能の地理的集積，『経済地理学年報』58(2)：118-137．

カロン, M. 著，北川亘太・須田文明訳（2016a）：市場的配置とは何か（上），『関西大学経済論集』66(2)：127-160．

カロン, M. 著，北川亘太・須田文明訳（2016b）：市場的配置とは何か（中），『関西大学経済論集』66(3)：183-215．

カロン, M. 著，北川亘太・須田文明訳（2017a）：市場的配置とは何か（下），『関西大学経済論集』67(1)：63-85．

カロン, M. 著，北川亘太・須田文明訳（2017b）：市場的配置とは何か（付録1），『関西大学経済論集』67(2)：162-191．

シャバンス, B. 著，宇仁宏幸・中原隆幸・斉藤日出治訳（2007）：『入門 制度経済学』ナカニシヤ出版．

立見淳哉・長尾謙吉（2013）：グローカル化，格差，コミュニティ―コンヴァンシオン理論を通した展望，『経済学雑誌』113(4)：85-103．

立見淳哉・藤川　健・宮川　晃（2012）：地域中小企業の環境適応能力と産業集積―大阪府八尾市における中小企業の聞き取り調査から，『季刊経済研究』35(1/2)：41-69．

ネグリ, A.・ハート, M. 著，幾島幸子・古賀祥子訳・水嶋一憲監訳（2012）：『コモンウェルス―〈帝国〉を超える革命論（上・下）』NHK出版．

ハーヴェイ, D. 著，森田成也・大屋定晴・中村好孝・新井大輔訳（2013）：『反乱する都市

―資本のアーバナイゼーションと都市の再創造』作品社．(Harvey, D. (2012): *Rebel cities: From the right to the city to the urban revolution*, London: Verso.)

藤川昇悟（1999）：現代資本主義における空間集積に関する一考察，『経済地理学年報』45(1)：21-39．

ベッシー，C.・ファヴロー，O. 著，山本泰三・須田文明訳（2011）：制度とコンヴァンシオン経済学（上），『四天王寺大学紀要』53: 451-480. (Bessy, C. and Favereau, O. (2003): Institutions et économie des conventions. *Cahiers d' Économie Politique*, 44: 119-164.)

ベッシー，C.・ファヴロー，O. 著，山本泰三・須田文明訳（2012）：制度とコンヴァンシオン経済学（下），『四天王寺大学紀要』54：567-586. (Bessy, C. and Favereau, O. (2003): Institutions et économie des conventions. *Cahiers d' économie Politique*, 44: 119-164.)

ホジソン，G. M. 著，西部忠監訳（2003）：『進化と経済学―経済学に生命を取り戻す』東洋経済新報社．(Hodgson, G. M. (1993): *Economics and evolution: Bringing life back into economics*, New York: Cambridge University Press.)

マーシャル，A. 著，永沢越郎訳（1986）：『産業と商業―産業技術と企業組織，およびそれらが諸階級，諸国民に与える影響の研究』岩波ブックサービスセンター信山社（原著第4版（1923）の翻訳）．(Marshall, A. (1919): *Industry and trade: A Study of industrial technique and business organization: And of their influences on the conditions of various classes and nations*, London: Macmillan.)

松原　宏（1999）：集積論の系譜と「新産業集積」，『東京大学人文地理学研究』13：83-110．

水野真彦（2005）：イノベーションの地理学の動向と課題―知識，ネットワーク，近接性，『経済地理学年報』51(3)：1-224．

水野真彦（2007）：経済地理学における社会ネットワーク論の意義と展開方向―知識に関する議論を中心に，『地理学評論』80(8)：481-498．

水野真彦（2011）：『イノベーションの経済空間』京都大学学術出版会

水野真彦（2013）：経済地理学における制度・文化的視点，ネットワーク的視点，関係論的視点，『経済地理学年報』59(4)：454-467．

水野真彦・立見淳哉（2008）：認知的近接性，イノベーション，産業集積の多様性，『季刊経済研究』30(3)：1-14．

宮町良広（2008）：グローカル化とは何か，大分大学経済学部編『グローカル化する経済と社会』ミネルヴァ書房：1-20．

山本健兒（2005）：『産業集積の経済地理学』法政大学出版局．

山本健兒（2013）：経済地理学の「本質」とは何か?，『経済地理学年報』59(4)：377-393．

與倉　豊（2009）：イノベーションの空間性と産業集積の継続期間，『地理科学』64：78-95．

レイヴ，J.・ウェンガー，E. 著，佐伯　胖訳（1993）：『状況に埋め込まれた学習―正統的周辺参加』産業図書．

渡辺幸男（2011）：『現代日本の産業集積研究―実態調査研究と論理的含意』慶應義塾大学出版会．

Amin, A. (1999): An institutionalist perspective on regional economic development.

International Journal of Urban and Regional Research, 23(2): 365-378.

Argyris, C. and Schön, D. (1978): *Organizational learning: A theory of action perspective,* Reading, MA: Addison Wesley.

Asheim, B. T. (2000): Industrial districts: The contributions of Marshall and beyond. In Clark, G. L., Feldman, M. P. and Gertler, M. S. eds. *The Oxford handbook of economic geography,* Oxford: Oxford University Press: 413-431.

Bathelt, H. and Glückler, J. (2003): Towards a relational economic geography. *Journal of Economic Geography,* 3: 117-144.

Bathelt, H. and Glückler, J. (2014): Institutional change in economic geography. *Progress in Human Geography,* 38(3): 340-363.

Bathelt, H., Malmberg, A. and Maskell, P. (2004): Clusters and knowledge: Local buzz, global pipelines and the process of knowledge creation. *Progress in Human Geography,* 28(1): 31-56.

Becattini, G., Bellandi, M. and De Propis, L. (2009): Critical nodes and contemporary reflections on industrial districts: An introduction. In Becattini, G., Bellandi, M. and De Propris, L. eds. *A handbook of industrial districts,* Cheltenham: Edward Elgar: xv-xxxv.

Benko, G. and Scott, A. (2004): Economic geography: Tradition and turbulence. In Benko, G. and Strohmayer, U. eds. *Human geography: A history for the twenty first century,* London: Arnold: 47-63.

Berndt, C. and Boeckler, M. (2009): Geographies of circulation and exchange: Constructions of markets. *Progress in Human Geography,* 33(4): 535-551.

Boltanski, L. and Thévenot, L. (2006): *De la justification: Les économies de la grandeur,* Paris: Gallimard.

Boschma, R. and Frenken, K. (2006): Why is economic geography not an evolutionary science? Towards an evolutionary economic geography. *Journal of Economic Geography,* 6: 273-302.

Callon, M. (1998): Introduction: The embeddedness of economic markets in economics. In Callon, M. ed. (1998): *The laws of the markets,* Oxford: Blackwell: 1-57.

Camagni, R. ed. (1991): *Innovation networks: Spatial perspectives,* London: Belhaven Press.

Denzau, A. and North, D. C. (1994): Shared mental models: Ideologies and institutions. *Kyklos,* 47: 3-31.

Diaz-Bone, R. and Favereau, O. (2019): Perspectives of economics of convention on markets, organizations, and law: An introduction. *Historical Social Reserach,* 44(1): 7-24.

Dicken, P. (2011): *Global shift: Mapping the changing contours of the world economy,* (6th edition), New York: Guilford Press.

Essletzbichler, J. and Rigby, D. (2007): Exploring evolutionary economic geographies. *Journal of Economic Geography,* 7(5): 549-571.

Gertler, M. (2008): Buzz without being there? Communities of practice in context. In Amin, A. and Roberts, J. eds. (2008): *Community, economic creativity, and organization*, Oxford: Oxford University Press: 203-226.

Hall, S. (2008): Geographies of business education: MBA programmes, reflexive business schools and the cultural circuit of capital. *Transactions of the Institute of British Geographers*, 33: 27-41.

Harrison, B. (1992): Industrial district: Old wine in new bottles? *Regional Studies*, 26(5): 469-483.

Hassink, R., Klaerding, C. and Marques, P. (2014): Advancing evolutionary economic geography by engaged pluralism. *Regional Studies*, 48(7): 1295-1307.

Jones, A. (2013): Geographies of production I: Relationality revisited and the 'practice shift' in economic geography. *Progress in Human Geography*, 38(4): 605-615.

March, J. G. (1991): Exploration and exploitation in organizational learning. *Organization Science*, 2(1): 71-87.

Martin, R. (1999): The new 'geographical turn' in economics: Some critical reflections. *Cambridge Journal of Economics*, 23(1): 65-91.

Moulaert, F. and Sekia, F. (2003): Territorial innovation models: A critical survey. *Regional Studies*, 37(3): 289-302.

Nooteboom, B. (2008): Cognitive distance in and between communities of practice and firms: Where do exploitation and exploration take place, and how are they connected?. In Amin, A. and Roberts, J. eds. *Community, economic creativity, and organization*, Oxford: Oxford University Press: 123-147.

Scott, A. (1988): *New industrial spaces: Flexible production organization and regional development in North America and Western Europe*, London: Pion.

Sheppard, E. (2011): Geographical political economy. *Journal of Economic Geography*, 11: 319-331.

Storper, M. (1997): *The regional world: Territorial development in a global economy*, New York: The Guilford Press.

Swain, A. (2006): Soft capitalism and a hard industry: Virtualism, the 'transition industry' and the restructuring of the Ukrainian coal industry. *Transactions of the Institute of British Geographers*, 31: 208-223.

02 産業集積と制度・慣行:イノベーティブ・ミリュー論の射程

エイマール=デュヴルネ, F. 著,海老塚明・片岡浩二・須田文明・立見淳哉・横田宏樹訳(2006):『企業の政治経済学―コンヴァンシオン理論からの展望』ナカニシヤ出版. (Eymard-Duvernay, F. (2004): *Économie politique de l'entreprise*, Paris: La Decouverte.)

大田康博(2015):繊維産業における市場創造志向の水平的協働―フランス・イタリア・日本の展示会と中小企業,『徳山大学論叢』81:43-70.

ケインズ, J. M. 著, 塩野谷祐一訳（1983）:『雇用・利子および貨幣の一般理論』東洋経済新報社.
シェリング, T. 著, 河野　勝訳（2008）:『紛争の戦略—ゲーム理論のエッセンス』勁草書房.（Schelling, T.（1960）: *The strategy of conflict*. Cambridge: Harvard University Press.）
スコット, A. J. 著, 水岡不二雄監訳（1996）:『メトロポリス—分業から都市形態へ』古今書院.（Scott, A. J.（1988）: *Metropolis: From the division of labor to urban form*. Berkeley: University of California Press.）
立見淳哉（2007）: 産業集積への制度論的アプローチ—イノベーティブ・ミリュー論と「生産の世界」論. 『経済地理学年報』53(4): 369-393.
立見淳哉（2008）: 知識・学習・産業集積—認知と規範をつなぐ.『経済学雑誌』58: 37-58.
富樫幸一（1990）: 地域構造論と企業の地理学. 矢田俊文編著『地域構造の理論』ミネルヴァ書房: 52-62.
友澤和夫（2000）: 生産システムから学習システムへ—1990年代の欧米における工業地理学の研究動向. 『経済地理学年報』46(4): 323-336.
ビヤンクール, O.・シャゼラン, C.・レベリゥ, A. 著, 海老塚明訳（2006）: コンヴァンシオン経済学—研究プログラムの確認. バティフリエ, P. 編, 海老塚明・須田文明監訳『コンヴァンシオン理論の射程—政治経済学の復権』昭和堂: 243-276.（Biencourt, O., Chaserant, C. and Rebérioux, A.（2001）: L'Économie des conventions: l'Affirmation d'un programme de recherche. In Batifoulier, P. ed. *Théorie des conventions*, Paris: Economica: 193-218.）
マーチ, J. G.・サイモン, H. A. 著, 土屋守章訳（1977）:『オーガニゼーションズ』ダイヤモンド社.（March, J. G. and Simon, H. A.（1958）: *Organizations*, New York: John Wiley & Sons, Inc.）
松原　宏（2002）: 立地論の基礎概念と系譜. 松原　宏編『立地論入門』古今書院: 1-9.
三浦俊彦（1997）:『可能世界の哲学—「存在」と「自己」を考える』日本放送出版協会.
山本健兒（2005）:『産業集積の経済地理学』法政大学出版局.
與倉　豊（2009）: イノベーションの空間性と産業集積の継続期間.『地理科学』64: 78-95.
Aumann, R. J.（1992）: Irrationality in game theory. In Dasgupta, P., Gale, Hart, D. O. and Maskin, E. ed. *Economic analysis of markets and games: Essays in honor of Frank Hahn*, Massachusetts: MIT Press: 215-227.
Aydalot, P.（1986）: *Milieux innovateurs en Europe*. Paris: Groupe de Recherche Européen sur les Milieux Innovateurs（GREMI）.
Bathelt, H., Malmberg, A. and Maskell, P.（2004）: Clusters and knowledge: Local buzz, global pipelines and the process of knowledge creation. *Progress in Human Geography*, 28(1): 31-56.
Bessy, C.（2002）: Institutional embeddedness of economic exchange: Convergence between new institutional economics and the economics of convention. In Favereau, O. and Lazega, E. eds. *Conventions and structures in economic organization*, Massachusetts: Edward Elgar Publishing: 79-92.

Camagni, R. ed. (1991): *Innovation networks: Spatial perspectives*, London: Belhaven Press.
Camagni, R. (2003): Regional clusters, regional competencies and regional competition (Paper delivered at the International Conference on "Cluster Management in Structural Policy: International Experiences and Consequences for Northrhine-Westfalia").
Camagni, R. (2006) : Conclusion et regard sur l'avenir. In Camagni, R. and Maillat, D. eds. *Milieux innovateurs: Théorie et politiques,* Paris : Economica: 448–455.
Camagni, R. (2016): Afterthoughts on urban economic theory and its focus. *Investigaciones Regionales: Journal of Regional Research*, 36: 87–105.
Capello, R. (1999): Spatial transfer of knowledge in high technology milieux: Learning versus collective learning processes. *Regional Studies*, 33: 353–365.
Crevoisier, O. (2006): L'approche par les milieux innovateurs: État des lieux et perspectives. In Camagni, R. and Maillat, D. eds. *Milieux innovateurs: Théorie et politiques*, Paris: Economica.
Gilly, J. P. and Torre, A. eds. (2000): *Dynamiques de proximité*, Paris: L'Harmattan.
Hodgson, G. M. (1998): The approach of institutional economics. *Journal of Economic Literature*, 34: 166–192.
Keeble, D. and Wilkinson, F. (1999): Collective learning and knowledge development in the evolution of regional clusters of high technology SMEs in Europe. *Regional studies*, 33: 295–303.
Knight, J. and North, D. (1997): Explaining economic change: The interplay between cognition and institutions. *Legal Theory*, 3: 211–226.
Krumme, G. (1969): Notes on locational adjustment patterns in industrial geography. *Geografiska Annaler*, 51B: 15–19.
Lewis, D. K. (1969): *Convention: A philosophical study*, Cambridge, MA: Harvard University Press.
Lorenzen, M. and Foss, N. J. (2002): Cognitive coordination, institutions, and clusters: An exploratory discussion. In Brenner, T. and Fornhl, D. eds. *Cooperation, networks and institutions in regional innovation systems*, Cheltenham: Edward Elgar: 82–104.
Matteaccioli, A. ed. (2004): *Philippe Aydalot: Pionnier de l'économie territoriale*, Paris: L' Harmattan.
Matteaccioli, A. and Tabariés, M. (2006): Historique du GREMI- Les apports du GREMI à l' analyse territoriale de l' innovation. In Camagni, R. and Maillat, D. eds. *Milieux innovateurs : Théorie et politiques,* Paris: Economica: 3–19.
Orléan, A. (1994): Introduction, In Orléan, A. ed. *Analyse économique des conventions*, Paris: Presses universitaires de France: 9–40.
Salais, R. and Storper, M. (1993): *Les mondes de production. Enquête sur l'identité économique de la France*, Paris: Edition de l'EHESS.
Simon, H. (1976): From substantive rationality to procedural rationality. In Latsis, S.

ed. *Method and appraisal in economics*, Cambridge and New York: Cambridge University Press: 129-148.
Storper, M. (1997): *The regional world: Territorial development in a global economy*, New York: The Guilford Press.
Storper, M. and Venables, A. J. (2002): Buzz: The economic force of the city (Paper presented at the DRUID Summer Conference on 'Industrial Dynamics of the New and Old Economy: Who is Embracing Whom?' in Copenhagen, Elsinore, 6-8 June).
Williamson (1985): *The economic of institutions of capitalism: Firms, markets, relational contracting*, New York: the Free Press.

03 コンヴァンシオン経済学と産業集積：サレとストーパーの「生産の世界」論

磯谷明徳（2004）：『制度経済学のフロンティア―理論・応用・政策』ミネルヴァ書房．
エイマール＝デュヴルネ，F. 著，海老塚明・片岡浩二・須田文明・立見淳哉・横田宏樹訳（2006）：『企業の政治経済学―コンヴァンシオン理論からの展望』ナカニシヤ出版．(Eymard-Duvernay, F. (2004): *Économie politique de l'entreprise*, Paris: La Decouverte.)
オルレアン，A. 著，坂口明義・清水和巳訳（2001）：『金融の権力』藤原書店．(Orléan, A. (1999): *Le pouvoir de la finance*, Paris: Odile Jacob.)
ケインズ，J. M. 著，塩野谷裕一訳（1983）：『雇用・利子および貨幣の一般理論』東洋経済新報社．
サール，J. R. 著，坂本百大・土屋　俊訳（1986）：『言語行為―言語哲学への試論』勁草書房．(Searle, J. R. (1969): *Speech acts: An essay in the philosophy of language*, Cambridge: Cambridge University Press.)
シャセラン，C・テヴノン，O. 著，海老塚明訳（2006）：コンヴァンシオンの経済理論の源泉へ―価格，規則，そして表象．バティフリエ，P. 編，海老塚明・須田文明監訳（2006）：『コンヴァンシオン理論の射程―政治経済学の復権』昭和堂：33-67．(Chaserant, C. and Thévenon, O. (2001): Aux origines de la théorie économique des conventions: Prix, régles et représentations. In Batifoulier, P. ed. *Théorie des conventions*, Paris: Economica: 35-61.)
須田文明（2004）：知識を通じた市場の構築と信頼―コンヴァンシオン経済学及びアクターネットワーク理論の展開から，『進化経済学会論集』8．
須田文明（2005）：「見える手」による市場経済の遂行―アクターネットワーク理論とコンヴァンシオン経済学の間で，『進化経済学会論集』9．
竹田茂夫（2004）：『ゲーム理論を読みとく―戦略的理性の批判』筑摩書房．
ドッス，F. 著，仲澤紀雄訳（2003）：『意味の支配』国文社．(Dosse, F. (1995): *L'Empire du sens: L'Humanisation des sciences humaines*, Paris: La Découverte & Syros.)
ノース，D. C. 著，竹下公視訳（1994）：『制度・制度変化・経済成果』晃洋書房．(North, D. C. (1990): *Institutions, institutional change and economic performance*, Cambridge: Cambridge University Press.)

ノーマン, D. 著, 野島久雄訳 (1990):『誰のためのデザイン？―認知科学者のデザイン原論』新曜社. (Norman, D. (1988): *The psychology of everyday things*, New York: Basic Books.)

ノーマン, D. 著, 野島久雄訳 (1992):認知的な人工物. 安西祐一郎・石崎 俊・大津由紀雄ほか編『認知科学ハンドブック』共立出版：53-64. (Norman, D. (1989): *Cognitive artifacts, paper presented for the workshop on cognitive theory and design in human-computer interaction at Kettle House Inn*, New York: Chappaqua.)

野中郁次郎・竹内弘高著, 梅本勝博訳 (1996):『知識創造企業』東洋経済新報社.

バティフリエ, P. 編, 海老塚明・須田文明監訳 (2006):『コンヴァンシオン理論の射程―政治経済学の復権』昭和堂. (Batifoulier, P. ed. *Théorie des conventions*, Paris: Economica.)

バティフリエ, P.・テヴノン, O. 著, 片岡浩二訳 (2006):解釈, および規則の慣行的基礎. バティフリエ, P. 編, 海老塚明・須田文明監訳 (2006):『コンヴァンシオン理論の射程―政治経済学の復権』昭和堂：277-324. (Batifoulier, P. and Thévenon, O. (2001): Interprétation et fondement conventionnel des règles. In Batifoulier, P. ed. *Théorie des conventions*, Paris: Economica: 219-252.)

ピオリ, M. J.・セーブル, C. F. 著, 山之内靖・永易浩一・石田あつみ訳 (1993):『第二の産業分水嶺』筑摩書房. (Piore, M. and Sabel, C. (1984): *The second industrial divide*, New York: Basic Books.)

ビヤンクール, O.・シャゼラン, C.・レベリゥ, A. 著, 海老塚明訳 (2006):コンヴァンシオン経済学―研究プログラムの確認. バティフリエ, P. 編, 海老塚明・須田文明監訳『コンヴァンシオン理論の射程―政治経済学の復権』昭和堂：243-276. (Biencourt, O., Chaserant, C. and Rebérioux, A. (2001): L'économie des conventions: L'affirmation d'un programme de recherche. In Batifoulier, P. ed. *Théorie des conventions*, Paris: Economica: 193-218.)

ファヴロー, O. 著, 海老塚明・黒澤 悠訳 (2013):ケインズ・アフター・コンヴァンシオン経済学.『経済学雑誌』113(4)：3-25.

ベッシー, C.・ショーヴァン, P. M. 著, 立見淳哉・須田文明訳 (2018):市場的媒介者の権力.『季刊経済研究』38(1-2)：19-50.

ベッシー, C.・ファヴロー, O. 著, 山本泰三・須田文明訳 (2011):制度とコンヴァンシオン経済学（上）.『四天王寺大学紀要』53: 451-480. (Bessy, C. and Favereau, O. (2003): Institutions et économie des conventions. *Cahiers d'Économie Politique*, 44: 119-164.)

ベッシー, C.・ファヴロー, O. 著, 山本泰三・須田文明訳 (2012):制度とコンヴァンシオン経済学（下）.『四天王寺大学紀要』54：567-586. (Bessy, C. and Favereau, O. (2003): Institutions et économie des conventions. *Cahiers d'économie Politique*, 44: 119-164.)

ボルタンスキー, L.・シャペロ, E. 著, 海老塚明・伊藤 祐訳 (2005):資本主義の精神（下）（抄訳）.『思想』979：132-148. (Boltanski, L. and Chapello, E. (1999): *Le nouvel esprit de capitalisme*, Paris: Gallimard.)

ボルタンスキー, L.・テヴノー, L. 著, 三浦直希訳 (2007):『正当化の理論―偉大さのエコノミー』新曜社. (Boltanski, L. and Thévenot, L. (1991): *De la justification: Les économies de la grandeur*, Paris: Gallimard.)

三浦俊彦 (1997):『可能世界の哲学―「存在」と「自己」を考える』NHK 出版.

三浦直希 (2007):訳者解説. ボルタンスキー, L.・テヴノー, L.『正当化の理論―偉大さのエコノミー』新曜社:459-473.

ルベリュ, A.・ビアンクール, O.・ガブリエル, P. 著, 須田文明訳 (2006):合意とコンフリクトの間におけるコンヴァンシオンのダイナミズム. バティフリエ, P. 編, 海老塚明・須田文明監訳 (2006):『コンヴァンシオン理論の射程―政治経済学の復権』昭和堂. (Rebérioux, A., Biencourt, O. and Gabriell, P. (2001): Dynamique des conventions entre consensus et conflit. In Batifoulier, P. ed. *Théorie des conventions*, Paris: Economica: 253-277.)

Akerlof, G. A. (1970): The market for "Lemons": Qualitative uncertainty and the market mechanism. *Quarterly Journal of Economics*, 84(3): 488-500.

Argyris, C. and Schön, D. (1978): *Organizational learning: A theory of action perspective*, Reading, MA: Addison Wesley.

Batifoulier, P., Bessis, F., Ghirardello, A., De Larquier, G. and Remillon, D. eds. (2016): *Dictionnaire des conventions: Autour des travaux d'Olivier Favereau*, Villeneuve-d' Ascq: Presses universitaires du Septentrion.

Bessy, C. (2002a): Institutional embeddedness of economic exchange: Convergence between new institutional economics and the economics of convention. In Favereau, O. and Lazega, E. eds. *Conventions and structures in economic organization: Markets, networks and hierarchies*, Cheltenham: Edward Elgar Publishing: 79-92.

Bessy, C. (2002b): Distributed cognition and the theory of the firm: Enriching Nelson and Winter's evolutionary analysis of organisational learning and memory (Paper delivered at the Conference on "Institutionnalismes et Evolutionnismes: Confrontations Autour de Perspectives Empiriques").

Bessy, C. (2002c): Représentation, coordination et institution. Des repères pour l'économie des conventions. *Document de travail 20/2002*. Paris: Centre d'études de l'emploi.

Bessy, C. and Chateauraynaud, F. (1995): *Experts et faussaires. Pour une sociologie de la perception*, Paris: Editions Pétra.

Bessy, C. and Eymard-Duvernay, F. (1997): *Les intermédiaires du marché du travail*. Cahiers du centre d'études de l'emploi 36, Paris: Presses Universitaires de France.

Denzau, A. and North, D. C. (1994): Shared mental models: Ideologies and institutions. *Kyklos*, 47: 3-31.

Diaz-Bone, R. (2011): The methodological standpoint of the "économie des conventions". *Historical Social Research*, 36(4): 43-63.

Dupuy, J.-P. (1989): Convention et common knowledge. *Revue Économique: L'Économie des Conventions*, 40(2): 361-400.

Dupuy, J.-P., Eymard-Duvernay, F., Favereau, O., Orléan, A., Salais, R. and Thévenot, L. (1989): L'économie des conventions. *Revue Economique*, 40(2): 141–146.

Eymard-Duvernay, F. ed. (2006): *L'économie des conventions: Méthodes et résultats*, Paris: La Découverte.

Favereau, O. (1995): L'Économie des conventions: Politique d'un programme de recherche en sciences sociales. *Actuel Marx: Théorie de la régulation, théorie des conventions*, 17: 103–113.

Hutchins, E. (1995): *Cognition in the wild*, Cambridge, MA: MIT Press.

Knight, J. and North, D. (1997): Explaining economic change: The interplay between cognition and institutions. *Legal Theory*, 3: 211–226.

Lewis, D. K. (1969): *Convention: A philosophical study*, Cambridge: Harvard University Press.

Orléan, A. (1994a): Introduction. In Orléan, A. ed. *Analyse économique des conventions*, Paris: Presses universitaires de France: 9–40.

Orléan, A. ed. (1994b): *Analyse économique des conventions*, Paris: Presses universitaires de France.

Orléan, A. (2005): La sociologie économique et la question de l'unité des sciences socials. *L'Année Sociologique*, 55(2): 279–306.

Salais, R. and Storper, M. (1992): The four worlds of contemporary industry. *Cambridge Journal of Economics*, 16: 169–193.

Salais, R. and Storper, M. (1993): *Les mondes de production: Enquête sur l'identité économique de la France*, Paris: Édition de EHESS.

Salais, R. and Thévenot, L. (1986): *Le travail: Marché, règle, conventions*, Paris: Economica.

Storper, M. (1997): *The regional world: Territorial development in a global economy*, New York: The Guilford Press.

Storper, M. and Salais, R. (1997): *Worlds of production: The action frameworks of the economy*, Cambridge, MA: Harvard University Press.

Suda, F. and Ebizuka, A. (2007): Book review: Philippe Batifoulier (ed), *Théorie des Conventions*. *Evolutional and Institutional Economic Review*, 4(1): 195–205.

Tatemi, J. and Nagao, K. (2016): New spirit of capitalism and the social construction of the "city". In Batifoulier, P. Bessis, F., Ghirardello, A., De Larquier, G. and Remillon, D. eds. *Dictionnaire des conventions: Autour des travaux d'Olivier Favereau*, Presses Universitaires du Septentrion: 109–113.

04 知識，規範，そして「フォルムへの投資」

荒川章義（2002）：国家と市場——制度の経済学的アプローチ，『政策分析 2002』九州大学出版会：279–302.

磯谷明徳（2007）：制度と進化の経済学，根井雅弘編著『わかる現代経済学』朝日新聞社：

155–184.

エイマール=デュヴルネ, F. 著, 海老塚明・片岡浩二・須田文明・立見淳哉・横田宏樹訳 (2006):『企業の政治経済学—コンヴァンシオン理論からの展望』ナカニシヤ出版. (Eymard-Duvernay, F. (2004): *Économie politique de l'entreprise*, Paris: La Decouverte.)

岡本耕平 (2000):『都市空間における認知と行動』古今書院.

軽部 大・武石 彰・青島矢一 (2007): 資源動員の正当化プロセスとしてのイノベーション—その予備的考察 (IIR ワーキングペーパー (一橋大学)).

サイモン, H. 著, 稲葉元吉・吉原英樹訳 (1999):『システムの科学 第3版』パーソナルメディア.

須田文明・海老塚明 (2006): モノの試験と正当化—ボルタンスキとテヴノの場合,『進化経済学会論集』10:230–239.

戸田山和久 (2002):『知識の哲学』産業図書.

ノース, D. C. 著, 竹下公視訳 (1994):『制度・制度変化・経済効果』晃洋書房.

ノーマン, D. 著, 野島久雄訳 (1992): 認知的な人工物, 安西祐一郎・石崎 俊・大津由紀雄ほか編『認知科学ハンドブック』共立出版:53–64. (Norman, D. (1989): *Cognitive artifacts, paper presented for the workshop on cognitive theory and design in human-computer interaction at Kettle House Inn*, New York: Chappaqua.)

バティフリエ, P. 編, 海老塚明・須田文明監訳 (2006):『コンヴァンシオン理論の射程—政治経済学の復権』昭和堂. (Batifoulier, P. ed. *Théorie des conventions*, Paris: Economica.)

ファヴロー, O. 著, 中原隆幸・須田文明訳 (2012): コンヴァンシオン経済学が寄与しうる情報理論についての覚え書き,『四天王寺大学紀要』53:417–450. (Favereau, O. (1998): Notes sur la théorie de l'information à laquelle pourrait conduire l'économie des conventions. In Petitt, P. ed. *L'économie de l'information: Les enseignements des théories économiques*, Paris: La Découverte: 195–249. の抄訳)

ベッシー, C.・ショーヴァン, P.-M. 著, 立見淳哉・須田文明訳 (2018): 市場的媒介者の権力,『季刊経済研究』38 (1–2):19–50.

ボルタンスキー, L.・テヴノー, L. 著, 三浦直希訳 (2007):『正当化の理論—偉大さのエコノミー』新曜社. (Boltanski, L. and Thévenot, L. (1991): *De la justification: Les économies de la grandeur*, Paris: Gallimard.)

松嶋 登・高橋勅徳 (2007): 制度的企業家の概念規定—埋め込まれたエージェンシーのパラドクスに対する理論的考察,『神戸大学大学院経営学研究科ディスカッションペーパー』48.

水野真彦 (2007): 経済地理学における社会ネットワーク論の意義と展開方向—知識に関する議論を中心に,『地理学評論』80(8):481–498.

水野真彦・立見淳哉 (2008): 認知的近接性, イノベーション, 産業集積の多様性,『季刊経済研究』30(3):1–14.

森際康友編 (1996):『知識という環境』名古屋大学出版会.

Amin, A. and Cohendet, P. (2004): *Architectures of knowledge: Firms, capabilities, and*

communities, New York: Oxford University Press.
Bessy, C. (2002a): Institutional embeddedness of economic exchange: Convergence between new institutional economics and the economics of convention. In Favereau, O. and Lazega, E. eds. *Conventions and structures in economic organization: markets, networks and hierarchies*, Cheltenham: Edward Elgar Publishing: 79–92.
Bessy, C. (2002b): Distributed cognition and the theory of the firm: Enriching Nelson and Winter's evolutionary analysis of organisational learning and memory (Paper delivered at the conference on "Institutionnalismes et Evolutionnismes: Confrontations Autour de Perspectives Empiriques").
Boltanski, L. and Esquerre, A. (2017): *Enrichissement: Une critique de la marchandise*, Paris: Gallimard.
Callon, M. (1993): Is science a public good?. Fifth Mullins Lecture, Virginia Polytechnics Institute, March.
Cowan, R. and Foray, D. (1998): Economie de la codification et de la diffusion des connaissances. In Petitt, P. ed. *L'économie de l'information: Les enseignements des théories économiques*, Paris: La Découverte: 301–329.
De Munck, J. (1999): *L'institution sociale de l'esprit: Nouvelles approches de la raison*, Paris: Presses universitaires de France.
Favereau, O. and Diaz-Bone, R. (2012): To move institutional analysis in the right direction: Olivier Favereau interviewed by Rainer Diaz-Bone. *Economic sociology_the european electronic newsletter*, 14(1): 40–46.
Foray, D. (2004): *The economics of knowledge*, Cambridge, MA; London: MIT Press.
Knight, J. and North, D. (1997): Explaining economic change: The interplay between cognition and institutions. *Legal Theory*, 3: 211–226.
Lorenzen, M. and Foss, N. J. (2002): Cognitive coordination, institutions, and clusters: An exploratory discussion. In Brenner, T. and Fornhl, D. eds. *Cooperation, networks and institutions in regional innovation systems*, Cheltenham: Edward Elgar.
Orléan, A. (1994): Introduction. In A. Orléan, ed. *Analyse économique des conventions*, Paris: Presses universitaires de France: 9–40.
Orléan, A. (2005): La sociologie économique et la question de l'inité des sciences socials. *L' Année Sociologique*, 55(2): 279–306.
Thévenot, L. (1986): Les investissements de forme. In Thévenot, L. ed. *Conventions Economiques*, Paris: CEE/Presses universitaires de France: 21–72.

05 産業集積の動態と関係性資産：児島アパレル産地の「生産の世界」

浅沼萬里（1990）：日本におけるメーカーとサプライヤーとの関係―「関係特殊的技能」の概念の抽出と定式化．『経済論叢』146：74-96．
浅沼萬里（1997）：『日本の企業組織革新的適応のメカニズム―長期的取引関係の構造と機能』東洋経済新報社．

大田康博（2002）：倉敷（児島），中小企業総合研究機構『産業集積における戦略策定及び実施施設に関する調査研究《ケーススタディ編》』（内部資料）：23-35．

岡山県アパレル工業組合（1999）：『産地概況調査』（岡山県アパレル工業組合資料）．

岡山県アパレル工業組合・産地ビジョン策定委員会（1997）：『岡山県アパレル産地ビジョン―モノ作り母機能をベースとしたグローバル産地をめざして』．

ギデンズ，A. 著，松尾精文・小幡正敏訳（1993）：『近代とはいかなる時代か？―モダニティの帰結』而立書房．(Giddens, A. (1990): *The consequences of modernity*, Cambridge: Polity Press.)

山陽新聞社編集局編（1977）：『せとうち産業風土記』山陽新聞社．

中小企業総合研究機構（2002）：『産業集積における戦略策定及び実施施設に関する調査研究《本編》《ケーススタディ編》』（内部資料）．通商産業省『工業統計表 産業編』〈http://www.meti.go.jp/statistics/tyo/kougyo/result-2/h29/kakuho/sangyo/index.html/（最終閲覧日：2018年12月15日）〉

富澤修身（1998）：『構造調整の産業分析―大競争下の日本産業・企業の構造調整』創風社．

友澤和夫（2000）：生産システムから学習システムへ―1990年代の欧米における工業地理学の研究動向．『経済地理学年報』46(4)：323-336．

長尾謙吉・立見淳哉（2003）：産業活動の資産としての都市―大都市の関係性資産と産業再生．安井國男・富澤修身・遠藤宏一編著『産業再生と大都市―大阪産業の過去・現在・未来』ミネルヴァ書房：253-269．

ピオリ，M. J. ・セーブル，C. F. 著，山之内靖・永易浩一・石田あつみ訳（1993）：『第二の産業分水嶺』筑摩書房．(Piore, M. and Sabel, C. (1984): *The second industrial divide*, New York: Basic Books.)

フクヤマ，F. 著，加藤 寛訳（1996）：『「信」無くば立たず』三笠書房．(Fukuyama, F. (1995): *Trust: The social virtues and the creation of prosperity*, New York: Free Press.)

水野真彦（1998）：生産の世界―経済行動の枠組み．『人文地理』50(3)：314-316．

Camagni, R. eds. (1991): *Innovation networks: Spatial perspectives*, London: Belhaven Press.

Capello, R. (1999): Spatial transfer of knowledge in high technology milieux: Learning versus collective learning processes. *Regional Studies*, 33: 353-365.

Coleman, J. (1988): Social capital in the creation of social capital. *American Journal*, 94: 95-120.

Dupuy, J.-P., Eymard-Duvernay, F., Favereau, O., Orléan, A., Salais, R. and Thévenot, L. (1989): Introduction. *Revue Economique: L'economi des convention*, 40: 141-145.

Favereau, O. (1995): L'économie des conventions, Politique d'un programme de recherches en sciences socials. *Actuel Marx: Theorie de la regulation et Theorie des conventions*, 17: 103-113.

Keeble, D. and Wilkinson, F. (1999): Collective learning and knowledge development in the evolution of regional clusters of high technology SMEs in Europe. *Regional studies*, 33: 295-303.

Orléan, A. (1994): Introduction. In Orléan, A. ed. *Analyse économique des conventions*, Paris: Presses universitaires de France: 9-40.
Putnam, R. (1993): The prosperous community: Social capital and public life. *The American prospect*, 13: 35-42.
Salais, R. (1994): Incertitude et interactions de travail: Des produits aux conventions. In A. Orléan, ed. *Analyse économique des conventions*, Paris: Presses universitaires de France: 371-403.
Scott, A. J. (1988): *New industrial space: Flexble production and regional economic development in the USA and western Europe*, London: Pion.
Storper, M. (1997): *The regional world: Territorial development in a global economy*, New York: The Guilford Press.
Storper, M. and Salais, R. (1997): *Worlds of production: The action frameworks of the economy*, Cambridge, MA: Harvard University Press.

06 フランスのショレ・アパレル縫製産地の変容

アマーブル, B. (2005):『五つの資本主義―グローバリズム時代における社会経済システムの多様性』藤原書店. (Amable, B. (2003): *The diversity of modern capitalism*, Oxford: Oxford University Press.)
アレール, G.・ボワイエ, R. 編, 津守英夫・清水 卓・須田文明・山崎亮一・石井圭一訳 (1997):『市場原理を超える農業の大転換―レギュラシオン・コンヴァンシオン理論による分析と提起』食料農業政策研究センター. (Allaire, G. and Boyer, R. (1995): *La grande transformation de l'agriculture: Lectures conventionnalistes et régulationnistes*, Paris: Economica.)
遠島貴美子 (2012):東京城東地域におけるカバン・ハンドバッグ産業集積の存立基盤―企業間の受発注連関とコミュニケーションの分析を通して,『地理学評論』85：342-361.
大田康博 (2007):『繊維産業の盛衰と産地中小企業―播州先染織物業における競争・協調』日本経済評論社.
川端基夫 (2008):『立地ウォーズ―企業・地域の成長戦略と「場所のチカラ」』新評論.
後藤和子 (2007):創造性へのインセンティブと都市政策―文化政策と産業政策の統合の視点から,佐々木雅幸・総合研究開発機構編著『創造都市への展望―都市の文化政策とまちづくり』学芸出版社：84-106.
スコット, A. J. 著,水岡不二雄監訳 (1996):『メトロポリス―分業から都市形態へ』古今書院. (Scott, A. J. (1988): *Metropolis: From the division of labor to urban form*, Berkeley: University of California Press.)
立見淳哉 (2000):「地域的レギュラシオン」の視点からみた寒天産業の動態的発展プロセス―岐阜寒天産地と信州 寒天産地を事例として,『人文地理』52：552-574.
立見淳哉 (2007):産業集積への制度論的アプローチ―イノベーティブ・ミリュー論と「生産の世界」論,『経済地理学年報』53(4)：369-393.

立見淳哉・川口夏希（2007）：ファッション産業―経済と都市文化をつなぐ，塩沢由典・小長谷一之編著『創造都市への戦略』晃洋書房：311-325.

立見淳哉・藤川　健・宮川　晃（2013）：地域中小企業の環境適応能力と産業集積―大阪府八尾市における中小企業の聞き取り調査から，『季刊経済研究』35(1/2)：41-69.

田中久美子（2005）：フランス革命におけるヴァンデ戦争の史的位置，『史窓』62：77-10.

長沢伸也（2002）：『ブランド帝国の素顔―LVMHモエヘネシー・ルイ ヴィトン』日本経済新聞社.

仁野　覚（2001）：『フランスファッションの光と影』繊研新聞社.

ノース, D. C. 著，竹下公視訳（1994）：『制度・制度変化・経済成果』晃洋書房．(North, D. C. (1990): *Institutions, institutional change and economic performance*, Cambridge: Cambridge University Press.)

バティフリエ, P. 編，海老塚明・須田文明監訳（2006）：『コンヴァンシオン理論の射程―政治経済学の復権』昭和堂．(Batifoulier, P. (2001): *Théorie des conventions*, Paris: Economica.)

藤本隆宏（2001）：アーキテクチャの産業論，藤本隆宏・武石　彰・青島矢一編『ビジネス・アーキテクチャ―製品・組織・プロセスの戦略的設計』有斐閣：3-26.

ベッシー, C.・ファヴロー, O. 著，山本泰三・須田文明訳（2011）：制度とコンヴァンシオン経済学（上），『四天王寺大学紀要』53：451-480．(Bessy, C. and Favereau, O. (2003): Institutions et économie des conventions. *Cahiers d'Économie Politique*, 44: 119-164.)

ベッシー, C.・ファヴロー, O. 著，山本泰三・須田文明訳（2012）：制度とコンヴァンシオン経済学（下），『四天王寺大学紀要』54：567-586．(Bessy, C. and Favereau, O. (2003): Institutions et économie des conventions. *Cahiers d'Économie Politique*, 44: 119-164.)

ポランニー, K. 著，玉野井芳郎・中野　忠訳（2005）：『人間の経済II―交易・貨幣および市場の出現』岩波書店．(Polanyi, K. (1977): *The livelihood of man*, New York: Academic Press.)

ボルタンスキー, L.・テヴノー, L. 著，三浦直希訳（2007）：『正当化の理論―偉大さのエコノミー』新曜社．(Boltanski, L. and Thévenot, L. (1991): *De la justification: Les économies de la grandeur*, Paris: Gallimard.)

ボルタンスキー, L.・シャペロ, É. 著，三浦直希・海老塚明・川野英二・白鳥義彦・須田文明・立見淳哉訳（2013）：『資本主義の新たな精神』ナカニシヤ出版．(Boltanski, L. and Chiapello, É. (1999): *Le nouvel esprit du capitalisme*, Paris: Gallimard.)

宮町良広（2000）：アフター・フォーディズムとレギュラシオンの経済地理学・序説，『経済論集』52(3)：146-168.

矢部直人（2012）：「裏原宿」におけるアパレル小売店集積の形成とその生産体制の特徴，『地理学評論』85：301-323.

山本健太（2007）：東京におけるアニメーション産業の集積メカニズム―企業間取引と労働市場に着目して，『地理学評論』80：442-458.

Amable, B. and Palombarini, S. (2005): *L'économie politique n'est pas une science morale*, Paris: Raison d'agir.

Aspers, P. (2010): Using design for upgrading in the fashion industry. *Journal of*

  Economic Geography, 10(2): 189–207.
Barrère, C. and Santagata, W. (2005): *La mode: Une économie de la créativité et du patrimoine, à l'heure du marché*, Paris: La Documentation française; Ministère de la culture et de la communication, Département des études, de la prospective et des statistiques.
Courault, B. (2005a): Les PME de la filière textile habillement face à la mondialisation: Entre restructurations et délocalisations. *Document de Travail*（*C.E.E*）, 41: 1–18.
Courault, B. (2005b): PME et industrialisation: Que sont devenues les PME du 《miracle choletais》(1945–2004)?. *Document de Travail*（*C.E.E*）, 53: 1–42.
CROCIS (2006): Le textile-habillement en Ile-de-France: Etat des lieux et évolutions. *Les Cahiers du CROCIS*, 92.
Denzau, A. and North, D. C. (1994): Shared mental models: Ideologies and institutions. *Kyklos*, 47: 3–31.
Ginsbourger, F. (1998): *La gestion contre l'entreprise: Réduire le coût du travail ou organiser sa mise en valeur*, Paris: La Découverte.
INSEE (2007): *L'industrie en France*, Paris: L'Institut National de la Statistique et des Études Économiques.
INSEE (2009): *Les façonniers de l'habillement*. 〈http://www.insee.fr/sessi/publications/dossiers_sect/habillement.html（最終閲覧日：2012 年 11 月 28 日）〉
Janin, E., Rauline, S. and Snégaroff, T. (2010): *Atlas de la France: Enjeux et défis*, Paris: Ellipses.
Montagné-Villette, S. (1985): Les nouveaux aspects de l'industrie du prêt-à-porter dans le Choletais. *Norois*, 125(1): 71–85.
Montagné-Villette, S. (1990): *Le Sentier: Un espace ambigu*, Paris: Masson.
Montagné-Villette, S. (2006): *La mode de la centralité à l'acentralité*（Paper presented in Colloque CNRS Institut du temps présent）.
Montagné-Villette, S. (2010): Fabricants et négociants du Sentier. In J.-C. Daumas ed. *Dictionnaire historique des patrons français*, Paris: Flammarion: 651–654.
Plaine Commune, Ville de Paris and IAU. (2008): *Étude sur le commerce de gros spécifique à Paris et Plaine Commune dans le quartier de la Porte d'Aubervilliers: Note de synthése phase 2*.
Rouet, F. (2005): Structure et mutations de l'économie de la mode: La dynamique création/patrimoine d'une industrie créative. *Développement Culturel*, 149: 1–9.
Salais, R. and Storper, M. (1993): *Les mondes de production: Enquête sur l'identité économique de la France*, Paris: Editions de EHESS.
Scott, A. (1988): *New industrial spaces: Flexible production organization and regional development in North America and Western Europe*, London: Pion.
Scott, A. (2000): *The cultural economy of cities: Essays on the geography of image-producing industries*, London: Sage Publications Ltd.
Scott, A. (2008): Resurgent metropolis: Economy, society and urbanization in an

interconnected world. *International Journal of Urban and Regional Research*, 32(3): 548–564.

Storper, M. (1997): *The regional world: Territorial development in a global economy*, New York: Guilford Press.

Storper, M. and Salais, R. (1997): *Worlds of production: The action frameworks of the economy*, Cambridge, MA: Harvard University Press.

Trigilia, C. (1986): Small-firm development and political subcultures in Italy. *European Sociological Review*, 2(3): 161–175.

Weller, S. (2007): Fashion as viscous knowledge: Fashion's role in shaping trans-national garment production. *Journal of Economic Geography*, 7(1): 39–66.

Williamson, O. E. (1985): *The economic institution of capitalism: Firms, markets, relational contracting*, New York; London: The Free Press.

Xerfi (2010): *Vêtements pour hommes et femmes（fabrication）*.

07 パリのファッション産業における価値づけの装置

荒木一視・高橋　誠・後藤拓也・池田真志・岩間信之・伊賀聖屋・立見淳哉・池口明子 (2007)：食料の地理学における新しい理論的潮流——日本に関する展望, 『E-journal GEO』2(1)：43–59.

伊賀聖屋 (2017)：能登地域におけるワイン専用種ブドウの供給体系の生成——知識・技術構築の観点から, 『経済地理学年報』63(2)：1–135.

エイマール＝デュヴルネ, F. 著, 海老塚明・片岡浩二・須田文明・立見淳哉・横田宏樹訳 (2006)：『企業の政治経済学——コンヴァンシオン理論からの展望』ナカニシヤ出版. (Eymard-Duvernay, F. (2004): *Économie politique de l'entreprise*, Paris: La Decouverte.)

エニオン, A. 著, 須田文明・立見淳哉訳 (2015)：良いワインとは何であろうか？　あるいは, 社会学をいかにしてモノの価値へと関心を向けさせるか, 『創造都市研究』11(1)：7–22.

大田康博 (2015)：繊維産業における市場創造志向の水平的協働——フランス・イタリア・日本の展示会と中小企業, 『徳山大学論叢』81：43–70.

カロン, M. 著, 北川亘太・須田文明訳 (2016a)：市場の配置とは何か（上）, 『関西大学経済論集』66(2)：127–160.

カロン, M. 著, 北川亘太・須田文明訳 (2016b)：市場の配置とは何か（中）, 『関西大学経済論集』66(3)：183–215.

カロン, M. 著, 北川亘太・須田文明訳 (2017a)：市場の配置とは何か（下）, 『関西大学経済論集』67(1)：63–85.

カロン, M. 著, 北川亘太・須田文明訳 (2017b)：市場的配置とは何か（付録1）, 『関西大学経済論集』67(2)：163–191.

カロン, M.・ミュニエーザ, F. 著, 山本泰三・須田文明訳 (2017)：計算の集合的装置としての経済市場, 『四天王寺大学紀要』64：345–374.

川口夏希（2008）：更新された商業空間にみるストリート・ファッションの生成―大阪市堀江地区を事例として，『人文地理』60(5)：443-461．
川端基夫（2006）：『アジア市場のコンテキスト』新評論．
川端基夫（2016）：『外食国際化のダイナミズム―新しい「越境のかたち」』新評論．
川村由仁夜（2004）：『「パリ」の仕組み―ファッションで頂点を保つ理由がここにある』日本経済新聞社．
國部克彦（2013）：経済活動と計算実践，『日本情報経営学会誌』33(4)：4-18．
グロー，F.-M. 著，鈴木桜子ほか訳（2012）：『オートクチュール―パリ・モードの歴史』白水社．
スターク，D. 著，中野 勉・中野真澄訳（2011）：『多様性とイノベーション―価値体系のマネジメントと組織のネットワーク・ダイナミズム』日本経済新聞出版社．
立見淳哉（2004）：産業集積の動態と関係性資産―児島アパレル産地の「生産の世界」，『地理学評論』77(4)：159-182．
立見淳哉（2007）：産業集積への制度論的アプローチ―イノベーティブ・ミリュー論と「生産の世界」論，『経済地理学年報』53(4)：369-393．
立見淳哉（2008）：知識・学習・産業集積―認知と規範をつなぐ，『経済学雑誌』58：37-58．
立見淳哉（2016）：認知資本主義と創造都市の台頭，山本泰三編『認知資本主義―21世紀のポリティカル・エコノミー』ナカニシヤ出版：85-102．
立見淳哉・川口夏希（2007）：ファッション産業―経済と都市文化をつなぐ，塩沢由典・小長谷一之編著『創造都市への戦略』晃洋書房：311-325．
立見淳哉・長尾謙吉（2013）：グローカル化，格差，コミュニティ―コンヴァンシオン理論を通した展望，『経済学雑誌』113(4)：85-103．
富澤修身（2013）：『模倣と創造のファッション産業史―大都市におけるイノベーションとクリエイティビティ』ミネルヴァ書房．
長尾謙吉・立見淳哉（2003）：産業活動の資産としての都市―大都市の関係性資産と産業再生，安井國雄・富澤修身・遠藤宏一編『産業の再生と大都市―大阪産業の過去・現在・未来』ミネルヴァ書房：253-269．
ネグリ，A.・ハート，M.・ハーヴェイ，D. 著，吉田 裕訳（2013）：『コモンウェルス』をめぐる往還，『現代思想』41(9)：72-89．
ノーマン，D. A. 著，岡本 明・安村通晃・伊賀聡一郎・野島久雄訳（2015）：『誰のためのデザイン？―認知科学者のデザイン原論 増補・改訂版』新曜社．
野尻 亘（2015a）：コンヴァンシオン理論と経済地理学―「生産の世界」論を中心として，『人間文化研究』2：87-140．
野尻 亘（2015b）：アクター・ネットワーク理論と経済地理学，『桃山学院大学経済経営論集』57(2)：1-42．
野尻 亘（2016）：日本におけるハラール食品の生産と供給へのアクター・ネットワーク理論応用の試み，『人文地理』68(4)：421-441．
ハーヴェイ，D. 著，森田成也・大屋定晴・中村好孝・新井大輔訳（2013）：『反乱する都市―資本のアーバナイゼーションと都市の再創造』作品社．
ファヴロー，O. 著，中原隆幸・須田文明訳（2012）：コンヴァンシオン経済学が寄与しう

情報理論についての覚え書き，『四天王寺大学紀要』53：417-450. (Favereau, O. (1998): *Notes sur la théorie de l'information à laquelle pourrait conduire l'économie des conventions*. In Petitt, P. ed. *L'économie de l' information: Les enseignements des théories économiques*, Paris: La Découverte: 195-249. の抄訳)

深井晃子（1993）：『パリ・コレクション―モードの生成・モードの費消』講談社.

ボルタンスキー, L.・シャペロ, E. 著, 三浦直希・海老塚明・川野英二・白鳥義彦・須田文明・立見淳哉訳（2013）：『資本主義の新たな精神（上・下）』ナカニシヤ出版.

ボルタンスキー, L.・テヴノー, R. 著, 三浦直希訳（2007）：『正当化の理論―偉大さのエコノミー』新曜社.

水野真彦（1998）：文献解題『生産の世界』，『人文地理』50(3)：314-316.

水野真彦（2011）：『イノベーションの経済空間』京都大学学術出版会.

森　正人（2009）：言葉と物―英語圏人文地理学における文化論的転回以後の展開，『人文地理』61(1)：1-22.

山本泰三編（2016）：『認知資本主義―21世紀のポリティカル・エコノミー』ナカニシヤ出版.

Agamben, G. (2007): *Qu'est-ce qu'un dispositif ?*, Paris: Payot & Rivages.

Apur (2015): *Nouveaux regards sur l'économie à Paris*, Apur.

Apur (2016a): *La mode et le design à Paris: Métiers/événementiel/lieux*, Apur.

Apur (2016b): *Les industries créatives: 25000 emplois créatifs créés en cinq ans dans la métropole parisienne*, Apur.

Aspers, P. (2010a): *Orderly fashion: A sociology of markets*, Princeton, NJ: Princeton University Press.

Aspers, P. (2010b): Using design for upgrading in the fashion industry. *Journal of Economic Geography*, 10(2): 189-207.

Beckert, J. and Aspers, P. (2011): *The worth of goods: Valuation and pricing in the economy*, Oxford: Oxford University Press.

Berndt, C. (2012): The creative economy at work. *Die Erde*, 143(4): 335-350.

Berndt, C. and Boeckler, M. (2009): Geographies of circulation and exchange: Constructions of markets. *Progress in Human Geography*, 33(4): 535-551.

Berndt, C. and Boeckler, M. (2010): Geographies of markets: Materials, morals and monsters in motion. *Progress in Human Geography*, 35(4): 559-567.

Berndt, C. and Boeckler, M. (2012): Geographies of marketization. In Trevor, J. Peck, J. and Sheppard, E. eds. *The wiley-blackwell companion to economic geography*, Chicester, West Sussex: Wiley-Blackwell: 199-212.

Bessy, C. (2002): Institutional embeddedness of economic exchange: Convergence between new institutional economics and the economics of convention. In Favereau, O. and Lazega, E. eds. *Conventions and structures in economic organization: Markets, networks and hierarchies*. Cheltenham: E. Elgar: 79-92.

Bessy, C. and Chauvin, P.-M. (2013): The power of market intermediaries: From information to valuation processes. *Valuation Studies*, 1(1): 83-117.

Camagni, R. (2016): Afterthoughts on urban economic theory and its focus. *Investigaciones Regionales: Journal of Regional Research*, 36: 87–105.
CCIP (2012): La filière création mode design: Situation en Ile-de-France en 2011. CCIP.
Eymard-Duvernay, F. (2009): L'économie des conventions entre économie et sociologie: L'homo conventionalis calcule et parle. In Steiner, P. and Vatin, F. eds. *Traité de sociologie économique*, Paris: Presses universitaires de France: 131–164.
Favereau, O. (1989): Marchés internes, marchés externes. *Revue économique*, 40(2): 273–328.
Favereau, O. and Diaz-Bone, R. (2012): To move institutional analysis in the right direction: Olivier Favereau interviewed by Rainer Diaz-Bone. *Economic sociology_the european electronic newsletter*, 14(1): 40–46.
INSEE (2011): La diversité des emplois créatifs: Une richesse pour l'Ile-de-France. *ILE-DE-FRANCE à la page*, 371.
Karpik, L. (2009): Eléments de l'économie des singularités, In Steiner, P. and Vatin, F. eds. *Traités de sociologie économique*, Paris: Presses universitaires de France: 165–208.
Kerténian, R. (2013): La mode en France: De 1914 à nos jours. In Salesses, L. ed. *Management et marketing de la mode*, Paris: Dunod: 7–20.
Macneill, S. and Jeannerat, H. (2016): Beyond production and standards: Toward a status market approach to territorial innovation and knowledge policy. *Regional studies*, 50(2): 245–259.
Malbec-Pantano, I. et al. (2013): Processus de collection: De la conception des collections à la realization des ventes. In Salesses, L. ed. *Management et marketing de la mode*, Paris: Dunod: 95–116.
Montagné-Villette, S. (2005): La mode de la centralité à l'acentralité (Paper presented in Colloque CNRS Institut du temps présent).
Salais, R. and Storper, M. (1993): *Les mondes de production: Enquête sur l'identité économique de la France*, Paris: Editions de EHESS.
Salesses, L. (2013): *Management et marketing de la mode*, Paris: Dunod.
Scott, A. (2000): L'économie culturelle de Paris. *Géographie, Économie, Société*, 2(2): 289–312.
Scott, A. (2010): Cultural economy and the creative field of the city. *Geografiska Annaler: Series B, Human Geography*, 92(2): 115–130.
Scott, A. (2014): Beyond the creative city: Cognitive-cultural capitalism and the new urbanism. *Regional Studies*, 48(4): 565–578.
Storper, M. (1997): *The regional world: Territorial development in a global economy*, New York: Guilford Press.
Sunley, P., Pinch, S., Reimer, S. and Macmillen, J. (2008): Innovation in a creative production system: The case of design. *Journal of Economic Geography*, 8: 675–698.
Tatemi, J. and Nagao, K. (2016): New spirit of capitalism and the social construction

of the "city". In Batifoulier, P., Bessis, F., Ghirardello, A., De Larquier, G. and Remillon, D. eds. *Dictionnaire des conventions: Autour des travaux d'Olivier Favereau*, Villeneuve-d'Ascq: Presses universitaires du Septentrion: 109-113.

Wild, M.-H. (2013): La création stylistique dans l'industrie de la mode. In Salesses, L. ed. *Management et marketing de la mode*, Paris: Dunod: 77-79.

08　資本主義の新たな精神と豊穣化の経済：地場産業製品への価値の再付与

大内秀明（2012）：『ウィリアム・モリスのマルクス主義―アーツ＆クラフツ運動を支えた思想』平凡社.

須田文明（2016）：コモンにおける真正性の試験と評価―テロワール・ワインと有機農産物を事例に，山本泰三編『認知資本主義―21世紀のポリティカル・エコノミー』ナカニシヤ出版：103-120.

高岡市産業振興部産業企画課（2010）：『高岡特産産業のうごき　平成22年度版』高岡市産業振興部産業企画課.

立見淳哉（2014）：「資本主義の新たな精神」と手仕事の復権，『地域開発』11：25-29.

ナガオカケンメイ（2013）：『D&Department に学んだ，人が集まる「伝える店」の作り方―学びながら買い，学びながら食べる店』美術出版社.

ナガオカケンメイ（2018）：『もうひとつのデザイン―ナガオカケンメイの仕事』D&Department project.

日本商工会議所・全国商工会連合会（2005）：『平成16年度JAPANブランド育成支援事業』日本商工会議所・全国商工会連合会.

濱田琢司（2006）：『民芸運動と地域文化―民陶産地の文化地理学』思文閣出版.

濱田琢司監修（2007）：『新しい教科書　民芸』プチグラパブリッシング.

ピオリ, M. J.・セーブル, C. F. 著，山之内靖・永易浩一・石田あつみ訳（1993）：『第二の産業分水嶺』筑摩書房. (Piore, M. and Sabel, C. (1984): *The second industrial divide*, New York: Basic Books.)

藤塚吉浩・高柳長直編（2016）：『図説 日本の都市問題』古今書院.

フロリダ, R. 著，井口典夫訳（2008）：『クリエイティブ資本論―新たな経済階級（クリエイティブ・クラス）の台頭』ダイヤモンド社.

ボルタンスキー, L.・エスケール, A. 著，中原隆幸・須田文明訳（2017）：資本主義の新たな形態としての『コレクション』―過去への経済的価値付与とその帰結（上），『阪南論集・社会科学編』52(2)：225-251.

ボルタンスキー, L.・シャペロ, E. 著，海老塚明・川野英二・白鳥義彦・須田文明・立見淳哉・三浦直希訳（2013）：『資本主義の新たな精神（上・下）』ナカニシヤ出版.

柳　宗悦（1956）：『丹波の古陶』日本民芸館.

山本泰三編（2016）：『認知資本主義―21世紀のポリティカル・エコノミー』ナカニシヤ出版.

Bessy, C. and Chateauraynaud, F. (2014): *Experts et faussaires: Pour une sociologie de la perception* (2em édition), Paris: Editions Pétra.

Boltanski, L. and Esquerre, A. (2017): *Enrichissement: Une critique de la marchandise*, Paris: Gallimard.

Boltanski, L. and Thévenot, L. (1992): *De la justification: Les économies de la grandeur*, Paris: Gallimard.

Karpik, L. (2007): *L'économie des singularités*, Paris: Gallimard.

Nachi, M. (2006): *Introduction à la sociologie pragmatique: Vers un nouveau style sociologique?*, Paris: Armand Colin.

Scott, A. (2014): Beyond the creative city: Cognitive-cultural capitalism and the new urbanism. *Regional Studies*, 48(4): 565–578.

事項索引

A-Z
GREMI　10, 24, 25

あ行
アーツ・アンド・クラフツ運動　197
アイデンティティ　114
　　——の慣行　63, 93, 111
　　社会的——　178
アクターネットワーク理論（ANT）　152, 153, 155
アタッチメント　158
アパレル企業
　　——の高級品の下請製造　129
　　——の独立型企業　129
　　その他の——　129
暗黙的で個人的な知識　72
暗黙的で集団的な知識　72

偉大さの序列化　52
偉大さの試練　52
イノベーション　151, 152
　　漸進的——　80
　　ラディカル・——　80
イノベーティブ・ミリュー論　v, 18, 24, 86
イル・ド・フランス　160
インスピレーションのシテ　186

ヴァンデ戦争　135

オートクチュール　164
　　——・メゾン　165
オーベルヴィリエ　162, 163
穏やかな労使関係　148
オルタナティブなファッション　164

か行
外部経済　4, 5

カウンターカルチャー　188
学生服　101
　　——王国　97
カジュアルウェア　104, 105
価値　155, 190, 191
価値づけ　156, 176
　　——研究　152, 153
　　——の仕組み　156
家内的シテ　186
可能世界　59, 122, 123
　　——の類型論　60
関係性資産　88, 89
関係論的・認知的アプローチ　31
関係論的地理学　20
慣行　44, 46, 47, 92, 93, 122, 191　→コンヴァンシオン
　　——的規約　47
　　アイデンティティの——　63, 93, 111
　　構成的——　80
　　参加の——　63, 94, 114
　　質の——　vi, 55, 155, 166, 173, 180
　　ショレ産地システムの制度——　147
　　人格化されたアイデンティティの——　115
完全合理性　32

記憶的力　196
企業　68
　　——間ネットワーク　29
　　——間の相互作用　112
規制的規則　47
機能的・地理的アプローチ　30
規約　46
教育機関　179
共通世界　52

共通善　52
　　——の空間　154
共通の計算空間　54
共通の上位原則（＝評価モデル）　50
共通の尊厳　51
共通の人間性の原理　51
共有信念　93
共有知識　49
　　——の仮定　48
局地化の経済　2

空間的論理　30
偶然集積　1
クチュリエ　159
倉敷市児島地区　97
クラフト（製）品　183, 189, 192, 197
クリエーション　169, 171
　　——の過程　168, 180
クリエーター　174
グローバルパイプライン　30

経済地理学　19
計算空間　154
　　共通の——　54
計算主義　73
芸術家の批判　188
形態　191
ゲームの規則　121
現実世界　60, 62, 117, 123
限定合理性　32, 33, 68

行為枠組み　149
高級ブランド企業　130
高級プレタポルテ　126
工業＋市場の世界　103
工業製品　199
工業的シテ　186
工業的生産　198
工業の世界　61, 91, 95, 102, 103, 108, 116

事項索引　　239

工場　152
構成的慣行　80
構成的規則　48
行動論的立地論　34
合理性
　完全——　32
　限定——　32, 33, 68
　実質的——　32, 156
　制約された——　32
　手続き——　32, 33, 156
国際分業の進展と産業集積の関係　7
児島（アパレル）産地　96, 97
児島産地の生産の世界　117
個人間の世界　61, 91, 95, 107, 108, 113, 114, 116, 122, 126, 180
個人所有のショップ　163
コミュニケーション　139, 140
コミュニティ　199
コレクション　193
　——形態　193, 194, 196, 199, 208, 209
　——形態の構造図式　194
　体系的——　193
コンヴァンシオン　44, 46, 47, 92, 93, 122, 191　→ 慣行
　——経済学　vi, 42, 44, 124, 211
　——理論　152, 154, 155
コンピテンス　21, 69

さ行
再帰性　88
最適な認知的距離　14
差別化定番品　104
参加の慣行　63, 94, 114
産業集積　1
　——への制度論的なアプローチ　11
産業雰囲気　5

産地　196
　——内の企業間関係　110
　——内のつきあい　111, 112
サンティエ地区　126-128

ジーンズ　104
試験　79
市場的装置　158, 178
市場的力　192, 195, 196
市場の世界　91, 95, 103, 108, 114-116, 122
市場の特性　89
実質的合理性　32, 156
実践共同体　14
質の慣行　vi, 55, 155, 166, 173, 180
シテ　50, 79, 154, 155, 186
　——の論理　186
　インスピレーションの——　186
　家内的——　186
　工業的——　186
　市民社会的——　186
　商業的——　186
　七つの——　186
　プロジェクト志向の——　186, 208
　世論の——　186
資本主義
　——の新たな精神　152, 183, 186
　——の（三つの）精神　185-187
　——の第一の精神　186, 187
　——の第三の精神　186, 187
　——の第二の精神　186-188
　——への批判　186
　認知——　151, 181
市民社会的シテ　186
社会関係資本　89
社会的アイデンティティ　178
社会的批判　188
社会ネットワーク　v
Japanブランド育成支援事業　183
集合的認知装置　67, 75, 157
集積地域　158
集積の「範囲の経済」効果　144
集団学習　81, 86
柔軟な専門化　iii, 188
純粋集積　1
商業的シテ　186
消費者への接続　180
叙述的な提示　192, 206
ショレ産地システムの制度慣行　147
ショレ地域　120, 121, 127, 132, 134, 142, 148
試練＝テスト　52
　偉大さの——　52
人格化されたアイデンティティの慣行　115
進化経済地理学　20
進化理論　69
進化論的アプローチ　157
シングルループ学習　65
新経済地理学　11
新産業空間　ii
　——論　ii
真正性　195
　モノの——　203
人的ネットワーク　172

水平的な協力関係　144
スタイル・オフィス　167
スチリスト　158, 159
ストリート　175
擦合せ型の製品　120, 121

成員システム　112
生産の可能世界　91, 96
生産の世界　96, 101, 115-117, 154
　——論　56, 64, 87, 89,

91, 95, 122
児島産地の—— 117
制度 17, 18, 21, 54, 73, 78, 93, 179
——の経済学 17
——の定義 121
——補完性 123
ナショナルな—— 145
制度概念の拡張 76
制度化されたフォーカル・ポイント 39
制度・慣行 143, 182
制度論的／関係論的な産業集積論 34
制度論的経済地理学 20
生による生の生産 151
西部地域モード産業 144
——拠点 144
制約された合理性 32
世界
 可能—— 59, 122, 123
 共通—— 52
 現実—— 60, 62, 117, 123
 工業＋市場の—— 103
 工業の—— 61, 91, 95, 102, 103, 108, 116
 個人間の—— 61, 91, 95, 107, 108, 113, 114, 116, 122, 126, 180
 知的資源の—— 62, 92, 95
セレクトショップ 107
漸進的イノベーション 80
相互依存性
 取引されざる—— 3, 26, 122
 取引を通じた—— 3
相互学習 81
創造階級論 151
創造経済 184
創造産業 184
装置 vi, 22, 75, 155
 市場的—— 158, 178
 集合的認知 67, 75,

157
調整と価値づけの—— 179
認知的—— 69
領域化された調整と価値づけの—— 182
その他のアパレル企業 129

た行
体系的コレクション 193
高岡市 204
高岡銅器産地 204
多品種少量生産 107
ダブルループ学習 65
地域暗黙知 120, 180
地域コミュニティ 115
知識 69-71, 120
 ——の再生産 70
 暗黙的で個人的な—— 72
 暗黙的で集団的な—— 72
 共有—— 49
 明示的で個人的な—— 72
 明示的で集団的な—— 72
 命題的—— 70
知的資源の世界 62, 92, 95
チュニジア 136
長期雇用 140
調整と価値づけの装置 179
地理的政治経済学 20

テイラー主義的労働 i
デザイナー 159
手続き合理性 32, 33, 156
展示会 167
伝統的な立地論 33

投資の公式 52
投入物の特性 90
独占レント 9

独立型生産者 129
独立系デザイナー 163
都市化の経済 2
取引されざる相互依存性 3, 26, 122
取引を通じた相互依存性 3
トレンド 166-168, 180
トワル 168, 176

な行
ナショナルな制度 145
七つのシテ 186
認知 67
 ——資本主義 151, 181
 ——資本主義論 151, 184
 ——的装置 69
 ——的論理 30
 分散—— vi, 53, 74
認知的・文化的経済 119

ネットワーク 171
 企業間—— 29
 社会—— v
 人的—— 172

は行
配置 22, 154
発注企業 129
パリ地域 124, 133, 160
パリのオートクチュール産業 125
判断デバイス 158

評価モデル 47, 50, 64
「標準」形態 196, 208

ファッション 166
 ——・アパレル産業 119
 ——・アパレル製造業 127
 ——の民主化 126
 ——・リーダー 126

フォーカル・ポイント　37, 38, 74
フォーディズム　i
フォルムへの投資　67, 77, 78
　　──の代償　77
複数均衡　93
複数の世界の混合　123
物的な要素　181
不動性の原理　51
ブルターニュ地方　127
プレタポルテ　125, 158, 164
プロジェクト志向のシテ　186, 208
プロトタイプ　195
分散認知　vi, 53, 74
　　──理論　53, 73
分析的な提示　192

別注　102

豊穣化　190
　　──の経済　183, 189, 190, 200, 208, 209

ま行
ミニスカート　159
ミリュー　24, 26, 157
　　──の効果　39
民藝運動　197, 198

六つの正当化の文法　50

明示的で個人的な知識　72
明示的で集団的な知識　72
命題的知識　70

黙約　46
モジュール化　9
モデリスト　159
モノ　157
　　──の真正性　203
　　──のデザイン　200
物語性　195

や行
有期限雇用契約　140

四つの価値づけ形態　192
世論のシテ　186

ら行
ライセンスビジネス　159
ラディカル・イノベーション　80

領域化された調整と価値づけの装置　182

ルーティン　21

レギュラシオン理論　44, 124

労働運動　146
ローカルバズ　29

わ行
ワーキング・ユニフォーム　103

人名索引

A-Z
Akerlof, G. A. *57*
Asheim, B. T. *5, 10*

Coleman, J. *89*
Cooke, P. *10*

De Munck, J. *75*

Ginsbourger, F. *148*

Hall, S. *22*
Harrison, B. *iii, 6*

Jeannerat, H. *152*
Jones, A. *21*

Kerténian, R. *158, 159*

Lipietz, A. *iii*

Macneill, S. *152*
Martin, R. *12*
Matteaccioli, A. *25*
Morgan, K. *10*

Rouet, F. *131*

Salesses, L. *166*
Sheppard, E. *20*
Sunley, P. *152*
Swain, A. *22*

Tabariés, M. *25*
Thrift, N. *10*

Walker, R. *iii*
Weller, S. *119*

あ行
アージリス（Argyris, C.） *14, 65*
アイザード, W. *33*
アイダロ（Aydalot, P.） *10, 24, 25*
アウグスティヌス *51*
青木昌彦 *17*
青山裕子 *17*
アガンベン（Agamben, G.） *155*
浅沼萬里 *88*
安次富隆 *202, 207*
アスパー（Aspers, P.） *119, 120, 152, 163, 164, 176*
アマーブル, B. *123, 146*
アミン（Amin, A.） *6, 10-12, 71, 72*
荒川章義 *70*
荒木一視 *154*
アルマン・フェルナンデス *195*
アレール, G. *124*
アンドレ・クレージュ *159*
アンヌ・マリー・ベレッタ *159*

イヴ・クライン *194, 195*
イヴ・サン=ローラン *159, 176*
伊賀聖屋 *154*
磯谷明徳 *54, 74*

ヴィトゲンシュタイン, L. *47*
ウィリアムソン（Williamson, O. E.） *17, 24, 26, 145*
ウィリアム・モリス *197*
ウィルキンソン（Wilkinson, F.） *28, 86*
ウィルド（Wild, M.-H.） *166, 167*
ウィンストン・チャーチル *196*
ウェーバー, A. *4, 33*
ヴェナブルズ（Venables, A. J.） *29*
上野直樹 *14*
ヴェブレン, T. *17, 21*
ウェンガー, E. C. *14, 15*

エイマール=デュヴルネ（Eymard-Duvernay, F.） *21, 33, 34, 38, 42, 43, 48, 54, 67-69, 73, 74, 76-78, 154, 155, 157*
エスケール（Esquerre, A.） *80, 183, 189-192, 194, 196, 197, 199, 206, 208*
エスレッツビヒラー（Essletzbichler, J.） *17, 21*
エニオン, A. *156, 158*
海老塚明 *44, 58, 79, 80*
エマニュエル・カーン *159*
エリー・ジャコブスン *158*
エルビス・プレスリー *126*
遠藤貴美子 *121*

オイケン, W. *17*
大内秀明 *197*
大田康博 *29, 96, 122, 163, 167*
オーマン（Aumann, R. J.） *37*
岡本耕平 *82*
小野里奈 *203, 206*
オルレアン（Orléan, A.） *35, 36, 42, 44, 45, 48, 49, 58, 75, 77, 93*

人名索引

か行

ガートラー（Gertler, M.） 16
カペッロ（Capello, R.） 28, 86
カマーニ（Camagni, R.） 6, 24, 26-28, 30, 31, 33, 39, 86
鎌倉夏来 13
カルピック（Karpik, L.） 158, 191
軽部 大 80
ガロフォリ（Garofoli, G.） 24
カロン（Callon, M.） 22, 76, 154, 155, 158
川口夏希 120, 175, 178
川端基夫 120, 153, 180
川村由仁夜 165, 167

キーブル（Keeble, D.） 28, 86
北川亘太 155
ギデンズ, A. 88

國部克彦 154
グライフ, A. 17
グラノベッター, M. 15, 26
グリーンハット, M. L. 33
クリプキ, S. 47
グリュックラー（Glückler, J.） 17, 20-22
クルーグマン, P. 11, 12
クルボアジェ（Crevoisier, O.） 24
クルンメ（Krumme, G.） 34
クロー（Courault, B.） 130, 135, 136
グロー, F.-M. 159, 165

ケインズ, J. M. 46, 50, 75

小泉 誠 206
コエンデ（Cohendet, P.） 71, 72
後藤和子 119
コモンズ, J. R. 17
コワン（Cowan, R.） 76

さ行

サール, J. R. 47
サイモン（Simon, H. A.） 32, 33, 68, 69, 73
サレ（Salais, R.） v, vii, 24, 34, 39-42, 48, 56-59, 61-64, 83, 85, 87, 89, 90, 93-95, 110, 112, 114, 116, 121-128, 137, 154, 155, 180
サン＝シモン 51
サンタガタ（Santagata, W.） 125, 136

シェリング, T. 35, 37, 38, 40, 49, 50, 74, 75
シャセラン, C. 48
シャトーレイノ（Chateauraynaud, F.） 43, 203
シャバンス, B. 17, 18
シャペロ（Chapello, E.） ii, iv, vi, 51, 146, 147, 152, 179, 183, 186, 187, 197, 207, 209
シャルル・ド・ゴール 194, 196
シャルロット・ペリアン 197
ジャン・キャシャレル 158
シュテール（Stöhr, W.） 24
シュモラー, G. 17
ショーヴァン（Chauvin, P.-M.） 43, 55, 56, 80, 155, 156
ショーン（Schön, D.） 14, 65
ジョンソン, B. 71, 72
ジリー（Gilly, J.-P.） 24

スコット（Scott, A.） ii-iv, 3, 10, 18, 20, 23, 24, 34, 85, 88, 119-121, 125, 127, 151, 152, 159, 160, 175, 184
須田文明 44, 58, 79, 80, 189, 203
スティーブ・ジョブズ 188
ストーパー（Storper, M.） ii-v, vii, 3, 7, 8, 10, 18, 23, 24, 26, 29, 34, 39-41, 56-59, 61-64, 83, 85-90, 92, 94, 95, 112, 114, 116, 121-128, 137, 154, 155, 180
スナイダー, W. M. 14
スペンダー, J. C. 71, 72
スミス, A. 51

セーブル, C. F. iii, 61, 85, 185
セキア（Sekia, F.） ii, 18

ソーヤーりえこ 14
ソニア・リキエル 159

た行

高橋勅徳 80
高柳長直 196
竹内弘高 54
竹田茂夫 48
立川裕大 202
立見淳哉（Tatemi, J.） 4, 7, 15, 24, 33, 44, 80-82, 88, 93, 120-122, 124, 152, 154, 157, 175, 182
田中久美子 135
ダニエル・エシュテル 158

ディアツボーン（Diaz-Bone, R.） 19, 45, 52-56, 75, 157
ディッケン（Dicken, P.） 2, 3

テヴノー（Thévenot, L.）
22, 42, 47, 48, 50-54, 58, 59, 62, 67, 68, 76-81, 155, 186, 204
テヴノン, O.　48, 52
デカルト, R.　45
テトリング（Tödling, F.）24
デューイ（Dewey, J.）80
デュピュイ（Dupuy, J.-P.）42, 44, 49
デンザウ（Denzau, A.）18, 54, 121

ドゥルーズ, G.　154
ドーリンジャー, P. B.　42
トール（Torre, A.）　10, 24
富樫幸一　34
戸田山和久　70
戸田祐希利　200-202
ドッス, F.　42, 45, 59
富澤修身　102, 103, 114, 163
友澤和夫　ii, 24, 86

な行

ナイト（Knight, J.）　33, 53, 54, 74
ナガオカケンメイ　199, 200
長尾謙吉（Nagao, K.）　7, 44, 88, 93, 154, 157
長沢伸也　131
中原隆幸　189
ナシ（Nachi, M.）　187

仁野　覚　125

ネグリ, A.　iv, v, 15, 152

能作克治　205-208
ノース（North, D. C.）17, 18, 33, 53, 54, 74, 78, 121

ノーテブーム（Nooteboom, B.）　10, 13-15
ノーマン, D. A.　53, 54, 74, 157
野尻　亘　154
野中郁次郎　54

は行

ハーヴェイ, D.　9, 18, 152
ハート, M.　iv, v, 15, 152
バーナード・リーチ　197
ハイエク, F.　17
ハシンク（Hassink, R.）19, 20
ハッチンス（Hutchins, E.）53, 54
パットナム（Putnam, R.）89
バティフリエ（Batifoulier, P.）　43-46, 52, 56, 80, 121
バテルト（Bathelt, H.）　7, 17, 20-22, 29, 30
バニャスコ（Bagnasco, A.）　10
濱田琢司　197
ハミルトン, W.　17
バルテュス　195
バレール（Barrère, C.）125, 136
ビアンキ（Bianchi, P.）24
ピオリ（Piore, M.）　iii, 42, 44, 61, 85, 185
日野明子　199
ビヤンクール（Biencourt, O.）　33, 47, 51
ヒューム, D.　46
ファブロー（Favereau, O.）　19, 41-44, 46, 48, 74, 75, 157
フーコー, M.　21, 75, 155, 157
フーバー, E. M.　33

フォーレイ（Foray, D.）69-71, 76
フォス（Foss, N. J.）　35, 38, 82
深井晃子　158, 159
フクヤマ, F.　89
藤川昇悟　3
藤塚吉浩　196
藤本隆宏　120
ブラックラー, F.　71, 72
ブルスコ（Brusco, S.）　ii, 10
ブルデュー, P.　51
フレンケン（Frenken, K.）11, 20, 21
フロリダ（Florida, R.）iv, vi, 10, 151, 184, 185, 190
ベカティーニ（Becattini, G.）　5, 6, 10
ベックラー（Boeckler, M.）　22, 152, 158
ベッシー（Bessy, C.）19, 33, 43, 44, 53, 55, 56, 73-76, 80, 153, 155-157, 203
ペラン（Perrin, J.-C.）　30
ベルント（Berndt, C.）22, 152, 158
ベンコ（Benko, G.）　ii, 10
ポーター, M.　2, 11
ホジソン（Hodgson, G. M.）　5, 17, 24
ボシュマ（Boschma, R.）11, 20, 21
ホッブス, T.　51
ポランニー, K.　17, 70, 72, 76, 148
ボルタンスキー（Boltanski, L.）　ii, iv, vi, 22, 42, 47, 48, 50-54, 58, 59, 62, 68, 77-81, 146, 147, 152, 153, 155, 179, 183, 185-187,

189-192, 194, 196, 197, 199, 204, 206-209
ボワイエ, R. *iii, 42, 124*

ま行
マーシャル, A. *4-6, 86*
マーチ（March, J. G.） *13, 32*
マスケル（Maskell, P.） *24*
松嶋 登 *80*
松原 宏 *4, 13, 34*
マルベック＝パンタノ（Malbec-Pantano, I.） *168, 173, 175*

三浦俊彦 *59*
三浦直希 *51, 52*
水野真彦 *7, 12, 13, 15, 16, 20, 80-82, 95, 152, 154*
宮町良広 *7, 123*
ミュニエーザ, F. *153, 154*

ムーリエ＝ブータン, Y. *iv, 151*

ムラート（Moulaert, F.） *ii, 18*

メンガー, C. *17*

森際康友 *70*
森 正人 *154*
モンタニェ＝ヴィレット（Montagné-Villette, S.） *126-128, 133, 159*

や行
柳 宗悦 *197, 198*
矢部直人 *120*
山本健兒 *7, 20, 24*
山本健太 *119*
山本泰三 *151, 184*
與倉 豊 *16, 29*
ヨハンニソン（Johannisson, B） *24*

ら行
ライプニッツ, G. *59*
ラレ（Rallet, A.） *24*

ランドバル, B.-Å. *71, 72*
リグビー（Rigby, D.） *17, 21*
ルイス（Lewis, D. K.） *26, 46-48, 58, 59*
ル・コルビュジェ *197*
ルソー, J.-J. *51*
ルベリゥ, A. *65*
ルントクヴィスト（Lundqvist, M.） *24*

レイヴ, J. *14*
レオナルド・ダ・ヴィンチ *194, 195*

ローレンツェン（Lorenzen, M.） *35, 38, 82*
ロディ, N. *175, 180*

わ行
渡辺幸男 *8*

立見淳哉（たてみ じゅんや）
[所属] 大阪市立大学商学部・大学院経営学研究科准教授。
[略歴] 1977 年岐阜生まれ。関西大学文学部史学地理学科卒業。大阪市立大学大学院文学研究科地理学専攻前期博士課程修了。名古屋大学大学院環境学研究科社会環境学専攻後期博士課程修了。博士（地理学）。大阪市立大学大学院創造都市研究科講師，准教授を経て，現職。
[主な研究テーマ] コンヴァンシオン理論と産業集積（空間）理論の架橋，創造産業における財・サービスの価値付け，斜陽工業地域における社会連帯経済の可能性。
[主著・主要論文]「パリのファッション産業における価値づけの装置」（『人文地理』70(1)，2018）「資本主義の新たな精神と豊穣化の経済——地場産業製品への価値の再付与」（『創造都市研究』17・18, 2018），『認知資本主義——21 世紀のポリティカル・エコノミー』（共著，ナカニシヤ出版，2016），*Dictionnaire des conventions*（共著，Presses Universitaires du Septentrion, 2016），「フランスのショレ・アパレル縫製産地の変容——制度・慣行の役割」（『地理学評論』88(1), 2015）。

産業集積と制度の地理学
経済調整と価値づけの装置を考える

2019 年 3 月 31 日	初版第 1 刷発行
2023 年 3 月 31 日	初版第 3 刷発行

著　者　立見淳哉
発行者　中西　良
発行所　株式会社ナカニシヤ出版
〒606-8161 京都市左京区一乗寺木ノ本町 15 番地
Telephone　075-723-0111
Facsimile　075-723-0095
Website　http://www.nakanishiya.co.jp/
Email　iihon-ippai@nakanishiya.co.jp
郵便振替　01030-0-13128

印刷・製本＝ファインワークス／装幀＝白沢　正
Copyright © 2019 by J. Tatemi
Printed in Japan.
ISBN978-4-7795-1387-9

本書のコピー，スキャン，デジタル化等の無断複製は著作権法上の例外を除き禁じられています。本書を代行業者等の第三者に依頼してスキャンやデジタル化することはたとえ個人や家庭内での利用であっても著作権法上認められていません。